Fritz Meyer-Scharffenberg · Zwischen Meer und Bodden

Fritz Meyer-Scharffenberg

Zwischen Meer
und
Bodden

Überarbeitet von Klaus Meyer

Mit Illustrationen von Heinz Holzgräbe

Hinstorff

ISBN 3-356-00012-8

© VEB Hinstorff Verlag Rostock 1959
2. (7.) überarbeitete Auflage 1988. Lizenz-Nr. 391/77/88
Printed in the German Democratic Republic
Schutzumschlag und Einband: Heinz Holzgräbe
Lichtsatz: INTERDRUCK Graphischer Großbetrieb Leipzig – III/18/97
Druck und Binden: Offizin Andersen Nexö, Grafischer Großbetrieb,
Leipzig – III/18/38
Bestell-Nr. 5227938

00820

Heide und Nehrung

In den Stürmen fernster Zeiten

Eis und tropische Glut, völlige Verödung und üppige Vegetation lösten Millionen Jahre lang einander ab, bis die letzten eisigen Panzer unter arktischen Stürmen, wechselnd mit mildem West- und Südwind, vor 15 000 Jahren auch die Erde der Küstenlandschaft an der Ostsee freigaben.

Vor gut 7000 Jahren begannen sich unser Kontinent und der südliche Grund der Nord- und Ostsee zu senken. Man spricht von der Litorinaüberflutung, benannt nach der Meeresschnecke Litorina litorea. Nach gut 3500 Jahren stellte sich diese Bewegung ein, die ungefähre Gestalt der heutigen Küste entstand. Ruhelos arbeitende Winde, Meeresströmungen und wechselndes Klima bewirken aber noch heute eine zwar nicht gleich sichtbare, doch andauernde Veränderung.

Diese erdgeschichtlichen Geschehnisse spielten sich allerdings in Zeit- und Raumrelationen ab, die selbst im Zeitalter der Weltraumforschung mit ihren komplizierten Berechnungen und großen Entfernungen nicht zum Alltäglichen gehören. Sich vorzustellen, was zur Zeit der Großeltern geschah, anhand von historischen Werken einen literarischen Spaziergang durch einige Jahrtausende unserer Geschichte vor der Zeitrechnung – durch die Welt der Assyrer und Perser, der Griechen und Römer – zu machen, all das mag noch angehen; doch was Stürme, Wasser, Frost und Hitze vor zwanzig, vierzig, sechzig Millionen Jahren auftürmten, sprengten, niederrissen, wegspülten und wieder anlandeten, Tausende von Kilometern über die Erde schleppten und schoben – das entzieht sich unserem Vorstellungsvermögen.

Durch geduldige Forschungsarbeit, genaue Messungen, Vergleiche, Berechnungen und Beobachtungen über Generationen hin, auf Grund von Erfahrungswerten, Funden, Bohrungen und ungewöhnlichen Beispielen der Natur schufen dennoch Geologen, Prähistoriker, Geographen, Botaniker, Meteorologen und viele andere Wissenschaftler ein Bild vom Werden unserer Erde. Einige von ihnen, darunter die Professoren Geinitz, von Bülow und Hurtig, befaßten sich auch mit dem Küstengebiet der Ostsee. Ihnen verdanken wir die Möglichkeit, uns ein Bild von der erdgeschichtlichen Entwicklung der vielgestaltigen Landschaft zu machen, die sich wie ein Geschmeide zwischen Bodden und offener See um einen Abschnitt unserer Küste legt. Sie beginnt mit der Rostocker-Gelbensander Heide, verläuft über das Vorland zum eigentlichen Fischland, dann weiter über das Darßer Vorland zum Darß und endet mit dem Zingst. Begrenzt wird sie im Westen und Norden von der See, im Osten und Süden vom Saaler, Bodstedter und Barther Bodden; den Abschluß bildet der Grabow, eine Wasserfläche, die zwischen dem Zingst und dem Bock, einer Insel neben der Einfahrt nach Stralsund, mit der offenen See verbunden ist.

Das Waldgebiet der Rostocker-Gelbensander Heide, das in den »Ribnitzer Stadtforst« ausläuft, nimmt seinen Anfang am Ostufer der Warnowmündung und endet ungefähr in Höhe von Dierhagen. Das Gebiet besteht zum großen Teil aus Sand, Torfboden und Moor. Seine höchste Erhebung ist mit 13 Metern die Hohe Düne bei Neuhaus.

Das bei Dierhagen am Saaler Bodden beginnende Vorland des Fischlandes gleicht einer Nehrung. Es ist dreihundert bis zweitausend Meter breit und wird im Westen durch einen niedrigen Dünenwall begrenzt, dem sich ein künstlicher Deich anschließt. Nach Osten hin fallen Wiesen,

Kolke und Gräben zum zerlappten Boddenufer ab; sie liegen nur zehn bis dreißig Zentimeter über dem Meeresspiegel.

Kurz vor Wustrow beginnt das eigentliche Fischland. Seine höchste Erhebung ist der Bakelberg, der eine Höhe von 18 Metern hat. Das Fischland erstreckt sich über fünf Kilometer, unterbrochen von Bodenwellen und Hügeln, von denen der Sandberg bei Althagen 17,2 Meter und der Schifferberg bei Ahrenshoop ungefähr 13 Meter erreichen. Sie sind das Ergebnis größerer Gletscherablagerungen. Das mit Ahrenshoop beginnende Vorland des Darßes und der Neudarß wurden aus marinen Sanden aufgeweht, während der dazwischenliegende Altdarß aus abgelagerten Sanden der Eiszeit entstand.

Ohne Zweifel reichte die Westküste einst weit ins Meer hinein. Spaltfrost, Grundwasser, Uferschwalben, die anrollende See und nicht zuletzt Einwirkungen von Menschenhand haben zum Küstenzerfall am Fischland beigetragen. Der Zerfallschutt hätte allmählich die Herausbildung eines flacheren Ufers bewirkt, doch Brandung und Süd-Nord-Strömung transportierten das Material von der abgebauten Steilküste und der wesentlich flacheren Küste des Altdarßes weiter und landeten es im Norden des Altdarßes wieder an.

Die Darßer-Ort-Spitze mit der Bernsteininsel ist ein Ergebnis der letzten Jahrhunderte. Zur Zeit der Schlacht im Teutoburger Wald also, als die Cherusker die Legionen des römischen Sklavenhalterstaates besiegten, brandete über weite Teile des nördlichen Darßes ungehindert die See, und die Westküste des Landes zwischen Meer und Bodden ragte noch wesentlich weiter in sie hinein.

Ein Teil der Ablandung von der Westküste wird auch vom Wind und vom Wasser in der Prerowbucht angelandet.

Aus diesen wenigen Sätzen mag deutlich werden, daß eine Landschaft mehr als die Idylle ländlicher Schönheit, mehr als Waldeseinsamkeit oder Sonnenstrand zu bieten hat. Sie erzählt dem, der sehen und beobachten gelernt hat, die großartige Geschichte vom gigantischen Kampf der Elemente, von der Macht des Sandkornes, das, vereint mit Wind und Wasser, Berge versetzt, vom Samenkorn, das hartnäckig zum Licht dringt, bis es legionenweise seinen Raum erobert hat, und vom unermüdlichen Kampf des Menschen, der das Naturgeschehen genau beobachtet und überlegt, wie er sich vor den Elementen schützen, sie überlisten und sie sich dienstbar machen kann.

Eroberung der Ödnis

Während der letzten Eiszeit hatte sich der Wald bis in den Süden und Südosten Europas zurückgezogen. Von dort nahm er die Eroberung der nördlichen Gebiete wieder auf. Als dies endlich beginnen konnte, war zunächst ein breiter Tundragürtel zu überwinden; das war verhältnismäßig einfach, wenn dazu auch viele tausend Jahre benötigt wurden. Schwieriger gestaltete sich der Angriff auf die dahinterliegende riesige Schutthalde, die die Gletscher um sich geschaffen hatten. Als sie Tundra geworden war, folgte der Wald.
So überzogen sie gemeinsam in zähem Ringen auch dieses Gebiet, und als sie genügend Kraft gesammelt hatten, rückten sie weiter vor, bis auch dort, wo Hunderttausende von Jahren lang nur das Eis regiert hatte, wieder die ersten Samen keimten.
Am Ausgang der Älteren Steinzeit – Schmelzwasser, Frost, Wärme und Stürme hatten unablässig gearbeitet – war das Küstengebiet teilweise schon Tundra geworden. Die mangelnde Sommerwärme und der Bodenfrost verhinderten noch den Baumwuchs, dort aber, wo der Boden etwas besser war, siedelten sich schon Zwergbirkengestrüpp und Stranddorn an. Sie sind also hochachtbare Veteranen unserer Wälder. Dazwischen gab es weite Flächen, zum Teil mit

Moosen und Kräutern bewachsen, von denen der Silber-
wurz zu den ältesten gehört.

Professor Kurt von Bülow, der das treffende Wort von der
»Sterbestunde des Eises« geprägt hat, gibt ein anschauliches
Bild vom Werden unseres Waldes. Danach konnten am
Ende der Mittleren Steinzeit – das Grundwasser war all-
mählich gestiegen – auf besseren Böden die Birken und auf
sandigen die Kiefern ihren Einzug halten. Das ging tau-
send Jahre gut, vielleicht auch etwas länger, da brachten
Temperaturschwankungen einen Rückschlag. Große Baum-
bestände gingen ein, und das Land glich einer öden
Steppe.

Vor rund 9 000 Jahren, als sich das Klima dann wesentlich
verbesserte und sich Birken und Kiefern erholten, begann
sich die Hasel auffallend zu verbreiten; es wird sogar von
einer Haselzeit gesprochen. In ihrem Gefolge befanden
sich Erle und Weide, Linde, Rüster und schließlich die Eiche. So entstand allmählich ein Mischwald, der mit seinem
Werden und Vergehen wesentlich zur Verbesserung des
Bodens beitrug.

Nachdem unsere Erde im Küstengebiet also schon eine
Zeitlang einer solchen Vegetation mit all ihren Begleitern
unter den Gräsern und Kräutern Lebensmöglichkeiten ge-
boten hatte, erfolgte in der Jüngeren Steinzeit die Litorinaüberflutung. Weite Gebiete wurden vom Wasser der Ostsee
überspült, und unsere Küste nahm im großen und ganzen
ihre noch heute bestehende Form an. Da nun der Grund-
wasserspiegel erneut stieg und das Klima feuchter wurde,
waren bessere Voraussetzungen für das Gedeihen eines
Mischwaldes gegeben. Die Kiefer ging allerdings zurück,
während für das Weichholz gute Bedingungen geschaffen
waren. Von friedlichem Wachstum und Nebeneinander
kann aber nicht die Rede sein. Das erste Opfer im Kampf
um Licht und Bodennahrung war die Hasel; sie mußte
ihren Platz weitgehend anderen überlassen. In die moorigen Waldgegenden zogen die Torfmoose ein; als Einzel-

pflanze zwar nur klein und winzig, schafften sie sich vereint erbarmungslos Raum, erstickten hohe Bäume, wucherten weiter auf deren Leichen und schlichen auch in Wälder, die weniger feucht waren, um dort die gleiche tödliche Arbeit zu verrichten.

Als die Überflutung endgültig zum Stillstand gekommen war, die Wärmezeit ausklang und das Klima an Feuchtigkeit verlor, verringerte sich auch die Kraft der Moose. Die Buche hielt ihren Einzug in Norddeutschland; sie zog bald mit der Eiche gleich, bis sie den bisher mächtigsten Baum dieser Wälder überflügelte und eine Vormachtstellung erreichte, die sie bis zum heutigen Tag wahrt.

Damit kommen wir zu der Zeit, in der der Mensch ein Wort über Sein und Nichtsein der Wälder mitzusprechen begann. Der Rentierjäger mag einer der ersten gewesen sein; er zog noch umher. Die Menschen der Bronzezeit wurden bereits seßhaft; sie rodeten und bauten Hirse, Gerste und Weizen an.

In der Rostocker-Gelbensander Heide und auf dem Fischland-Darß-Zingst werden zur Zeit der frühesten Besiedlung wohl nur auf dem Fischlandkern um Wustrow Menschen in größerer Dorfgemeinschaft gesiedelt haben und in kleineren Gruppen an wenigen anderen, ebenfalls trockenen Stellen. Das übrige Land bestand aus Wald, Moor, Düne und Sumpf, zum Teil war es auch noch überschwemmt.

Als im Mittelalter, nach voraufgegangenen Kämpfen mit den Slawen, Westfalen, Holsteiner und Niedersachsen gezogen kamen, begann das große Roden. Es entstanden die »-hagen«-Dörfer, deren Namen uns etwas über ihre Entstehung verraten: Dörfer wie Hinrichshagen, Rövershagen, Wiethagen, Willershagen in der Heide und Dierhagen, Nienhagen und Althagen auf dem Fischland wurden aus dem Wald herausgeschlagen; nicht viel anders wird es mit Born, Wieck, Prerow und den meisten anderen Dörfern gewesen sein. Seit der Zeit bestimmte der Mensch immer

mehr die Ausdehnung und später auch die Gestalt des Waldes, bis er ihn völlig beherrschte und über Struktur und Bestand entschied.

Nach diesem zeitraffenden Überblick über die Entwicklung der Vegetation, die sich in ähnlicher Form auch an anderen Teilen der Küste vollzogen haben wird, machen wir einen Sprung in uns näher liegende Jahrhunderte, über die wir durch Chroniken, Funde und Protokolle genauere Kenntnisse besitzen.

Hinten in der Heide

Zwischen dem Strand der Ostsee und der fast parallel dazu verlaufenden Straße nach Stralsund liegt die weite Rostokker-Gelbensander Heide. Sumpf, Moor, Wiese, Wald und wieder Wald werden durchzogen von Schneisen, Bächen, Wassergräben, Wildwechseln, Pfaden und Wegen. Mitten hindurch führt eine alte Heerstraße, die erst seit 1964 eine glatte Decke trägt. Wo sie im rechten Winkel nach Norden abbiegt, behauptet sich gegen den wuchernden Wald das alte Heidedorf Hinrichshagen. Zum Hausbau vielfach verwendetes Holz macht deutlich, wie gut die Hinrichshäger ihre Umgebung zu nutzen wußten. Bei manchem wird solch ein aus roh behauenen Stämmen errichtetes Blockhaus, wie man es dort finden kann, Kindheitserinnerungen an fast vergessene Geschichten über die Prärie wecken.

Ein gutes Stück hinter Hinrichshagen biegt rechts die Georg-Schneise ab. Das im Winkel zwischen Schneise und Straße liegende Flurstück heißt Wallensteins Lager. Gewiß ist es nicht das von Schiller verewigte, und eine Kapuzinerpredigt wird sich dort wohl kaum über die Landsknechte Wallensteins ergossen haben; denn wahrscheinlich kampierten sie dort nach der Belagerung Stralsunds, das sie auf Geheiß ihres Feldherrn mit Gewalt vom Himmel herunterreißen sollten, aber nicht bezwangen, und sicher hätten sie die Schimpfkanonade eines Kapuziners nach ihrer Niederlage nicht ohne zu meutern hingenommen.

Hiermit sind wir schon mitten in die Historie der Heide geraten, doch beginnen wir lieber mit dem Anfang: es begann am 25. März Anno 1252. An diesem Tag kaufte Rostock für 45 Mark Rostocker Pfennige dem Fürsten Borwin III. die Heide ab. Die Stadt ließ sich den Kauf sorgfältig verbriefen und besiegeln und verwahrte die Urkunde gut.

Bald nach diesem Kauf gab »ein hochwohllöblicher Rat« die Genehmigung zur Rodung, und es fanden sich Unternehmungslustige genug, die sich weder vor vierbeinigen Wölfen noch vor zweibeinigen in Ritterrüstung fürchteten. So entstanden mitten im Urwald Rövershagen, das Spaßvögel von »Räubershagen« ableiten wollen, Blankenhagen, Willershagen, Klockenhagen und dort, wo angeblich vier Heinriche rodeten, Hinrichshagen. In Markgrafenheide, wo sich gelegentlich ein benachbarter Markgraf aufgehalten haben soll – es ist aber auch möglich, daß durch Verballhornen aus »Maargraben« »Markgraf« wurde –, richtete sich ein

Schäfer ein. Wo auf alten Karten die Flurbezeichnungen noch »wüstes Feld« oder »wüste Hufe« lauten, haben sicher einst blühende Siedlungen gestanden, die von der Feuersbrunst, im Dreißigjährigen Krieg oder durch die Pest dem Erdboden gleichgemacht und dann vom Heidewald zurückerobert worden sind.

Einen solchen Wald aber aus Eichen, Eiben, Kiefern, Lärchen, Fichten und Buchen hatten nicht viele Städte im Mecklenburger Land aufzuweisen. Da war es denn auch kein Wunder, daß sich bald Neider fanden. Zu ihnen gehörte der mecklenburgische Herzog Karl Leopold. Die Stadt Rostock hatte unvorsichtigerweise seinem Vorgänger das Jagdrecht in der wildreichen Heide eingeräumt, wonach sich »de willen Swien« wie die Karnickel vermehrt und auf den Fluren der Dörfer bösen Schaden angerichtet hatten. Seitdem hielten die Rostocker gar nichts von herzoglichen Jägern.

Als dieser fürstliche Weidmann dann in die ewigen Jagdgründe gewechselt hatte, beanspruchte Karl Leopold als sein Nachfolger, trotz Protestes der Rostocker, dieses Recht nun auch für sich. Die Sache kam vor den Reichshofrat in Wien. Doch Wien war weit. Der selbstherrliche Herzog warf einen Leutnant und zwanzig Dragoner nach Rövershagen, veranstaltete eine tolle Wolfsjagd, sperrte die Rostocker Ratsherren einfach ein und ließ zu seinem Jagdpläsier Anno 1717 von hundert Bauern in fünf Wochen etliche Jagdschneisen durch die Stadtholzung hauen, »deren eine sogleich durchgeht, fünfviertel Meil Weg und 30 Schritt breit, dreizehn aber, so in die Länge und Quere gemacht, halb so breit«.

Alle Schritte gegen die Selbstherrlichkeit des Herzogs waren vergebens gewesen; wie sollte es auch anders sein, das Sprichwort von der Krähe, die der andern kein Auge aushackt, traf auch hier zu. Erst als der Herzog gestorben war, kamen die Rostocker wieder in den Vollbesitz ihrer Heide, wobei sie feststellen konnten, daß die Schneisen sehr zweckmäßig angelegt waren. Sie dienen auch noch heute der Waldwirtschaft.

Aus dieser bewegten Zeit stammt auch die Bezeichnung Rostocker Heide, sie wurde 1765 zum erstenmal schriftlich erwähnt. Für Reisende aber war und blieb die Heide noch lange unheimlich. Wohl nicht umsonst heißt dort so manches Wasserloch deshalb Mörder- oder Düwelskuhl.

Ungeheuerliches hatte der Poet und Gelehrte Johannes Zastrow erlebt, der 1541 über die Landstraße gezogen kam, die sich neben der heutigen Kunststraße durch die Alte Heide nach Ribnitz schlängelt. Bei Willershagen wurde Zastrow gleich von drei Räubern überfallen. Er wehrte sich zwar und stieß mit dem Sauspieß kräftig zu, verletzte auch einen der Angreifer tödlich, bekam aber selbst einen betäubenden Hieb, von dem er sich erst in Stralsund nach der Behandlung durch einen geschickten Wundarzt erholen konnte. Auch Ulrich von Hutten fiel in der Heide unter die Räuber. – Am schlimmsten trieb es Peter Pipelock aus Althagen auf dem Fischland. Er wurde 1553 vor dem Petritor in Rostock gerädert, nachdem er mehrfach an Frauen und Männern in der Heide Raubmord begangen hatte.

Die Heide, die so mancher heute nur noch von schneller Durchfahrt kennt, steckt aber nicht nur voller Räubergeschichten. Zwar wäre noch von Sagen und Märchen zu erzählen, von versunkenen Schätzen, von Seeräubern und Wildschützen, aber auch von nüchternen Kaufleuten, die 1760 von der Großen Moorwiese einen Kanal zum Radelsee graben ließen, um den Torf bequem abfahren zu können. Diesen Kanal oder vielmehr Graben muß noch heute beim Forsthaus hinter Markgrafenheide jeder überqueren, der nach Graal-Müritz weiterwandern will. Der Kanal diente jedoch nicht lange seinem eigentlichen Zweck, denn der in seiner Nähe gewonnene Torf stank so abscheulich, daß der Betrieb eingestellt werden mußte. Niemand wollte sich mit einer solchen Feuerung das Haus vollstänkern. Im Jahre 1883 wurde der Kanal dann bis zum Moorhof schnurgerade erweitert, damit auf ihm Holz geflößt werden konnte. Diesen Wasserweg, der im Breitling endet, sollen jedoch nicht nur die Flößer, sondern auch viele Warnemünder und die benachbarten Groß Kleiner eifrig benutzt haben, um sich ohne umständliche Formalitäten ein paar Faden Brennholz zu besorgen.

Blicken wir uns heute im Heidewald um, so hat sich wohl einiges verändert – er ist seit 1952 Staatsforst –, aber geblieben ist die wohltuende Stille, sobald man sich nur wenige Schritte von der Straße entfernt. Es ist die alte Heide mit ihren hohen, oft knorrig verwachsenen Bäumen. Kieferngruppen, reine Buchenbestände wechseln mit Mischwald und reizvollen Heideflächen. Auch die schimmernde Birke ist noch immer da, wenn sie auch aus forstwirtschaftlichen Gründen zurückgedrängt wurde. Unter den Kiefern entfaltete sich mannshoch der Adlerfarn, von den Forstleuten als Unkraut bekämpft. Wo der Boden mooriger wird, wuchern Königs-, Frauen-, Wurm- und Tüpfelfarn. Und immer taucht irgendwo die glänzende Stechpalme auf, leuchten die roten Beeren, steht dunkel der Wacholder. Und überall wachsen Preisel- und Blaubeeren. Pilze schießen aus dem weichen Waldboden und dienen dem Wild als Nahrung, wenn sie nicht die Taschen der Sammler füllen. Wer suchen und sehen kann, wird auch die Linnéblume oder Linnaea borealis entdecken, eine botanische Seltenheit.

Im Sommer seltener, doch öfter im Winter sieht man den Seeadler, der den Menschen um das Dreifache an Lebensalter übertrifft. Über den Breitling und die Warnow hinauf bis zum Alten Hafen geht sein Flug nach Beute. Fischadler, Weihen, Sperber und Habichte teilen mit Kranichen, Reihern und Schwänen das Revier. Im Herbst fallen die Zugvögel scharenweise über die Beeren her und stärken sich für die weite Südreise. Reh-, Rot- und Schwarzwild sind seit uralten Zeiten in der Heide zu Hause. Marder, Iltis, Fuchs, Dachs und Hase gehören dazu. Allen Kreaturen bietet der Wald seit eh und je Daseinsmöglichkeiten.

Die Forstleute hegen dieses Waldrevier und nutzen es gewissenhaft. Was sie pflanzen, wird in hundert oder hun-
dertfünfzig Jahren späteren Generationen dienen, so daß

auch die noch ihre Freude an der sich immer wieder verjüngenden alten Heide haben werden.

Lassen wir abschließend zwei Männer der Feder zu Wort kommen. Adolf und Rudolf Ahrens erzählen in ihrem Büchlein »Die Heide, das Kleinod der Stadt Rostock« (1920) von uralten Bäumen, die selten geworden oder sogar schon ganz aus unseren Wäldern verschwunden sind: »Die ältesten sahen noch wendisches Wesen und hörten noch wendische Laute. Das sind die Eiben ganz im Osten der Heide, nicht weit von der Hundeteichschneise; ungefähr 100 Meter nördlich von der Rostock-Ribnitzer Straße, da, wo der Kilometerstein 16,2 steht ...

Ortsnamen wie Eibau und Eibenstock, Eibenschitz und Eibenspitz, Ibenhain und Ibenhorst und Ivendorf bezeugen, daß in früheren Zeiten der Eibenbaum häufiger war. Die noch erhaltenen Eibenbestände werden jetzt pfleglich behandelt und vor dem Beil des Holzhauers geschützt. Das verdient der Baum, denn er ist der Vertreter einer alten Zeit. Sein hartes Holz, das deutsche Ebenholz, wurde von den Germanen zu ihren Bögen benutzt. In Pfahlbauten bei Wismar sind Pfeil- und Harpunenspitzen aus Eibenholz gefunden worden.

Kränze aus Eibenzweigen dientem zum Schmuck bei Opferfesten und zierten Grab und Sarg der Verstorbenen. Gegen böse Geister schützten die Zweige.

Die Römer, die übrigens, wie ihre Gräber zeigen, recht dauerhafte Gefäße aus dem Holze des Eibenbaumes herzustellen verstanden, hielten den Baum von der Wurzel bis zur Krone für giftig und waren der Ansicht, daß schon das Schlafen unter seinen Zweigen für den Ruhenden gefährlich sei und betäubend wirke. Die Wissenschaft hat auch nachgewiesen, daß das Laub des Baumes ein Gift enthält, das Taxin, es hat betäubende Wirkung. Pferde gehen ein, wenn sie vom Laub fressen, Hasen und Rehe genießen Laub und Früchte ohne Schaden.«

Wer heute in die Heide will, benutzt gewöhnlich Bus, Bahn oder Wagen. Eine Straße führt von Warnemünde mitten hindurch, und die Entfernung bis Graal-Müritz beträgt nur 12 Kilometer. Auf knapp halbem Wege befindet sich Markgrafenheide. Es gehört noch zu Rostock und ist inzwischen zu einem ansehnlichen Ortsteil angewachsen. In der Mitte der zwanziger Jahre zählte Markgrafenheide gerade zwei Dutzend Einwohner. Während der Zeit des sogenannten Dritten Reiches entstand dort ein Seefliegerhorst, zu dem die notwendigen Wohnungen für das Personal kamen, so daß sich der Ort schnell vergrößerte.

Im Sommer wird es in Markgrafenheide besonders lebendig, dann beziehen in der Nähe Zeltbewohner ihre luftige Behausung und erholen sich im Wald und am Strand.

Von Rostock kann man über Rövershagen mit der Kleinbahn in die Heide fahren; im letzten Abschnitt verläuft die Strecke parallel zur Chaussee. Kurz vor Graal-Müritz überqueren Bahn und Chaussee den Stromgraben. Jenseits dieses Wasserweges liegt der Gelbensander Forst. Die Kleinbahn wurde 1925 eröffnet. Es war beabsichtigt, sie über Neuhaus und Dierhagen weiter bis nach Wustrow zu leiten, doch daraus ist leider nichts geworden.

Diese Waldlandschaft erfreut nicht nur das Auge, sondern sie verfügt auch über ein Lebenselexier, dessen heilsame Wirkung den Menschen erst im letzten Viertel des vorigen Jahrhunderts bewußt wurde.

Medizinalrat Dr. Mettenheimer und Professor Dr. Benecke waren es, die dies ausfindig machten. Es gab zu jener Zeit bereits viele Badelustige, die Graal und Müritz gern aufsuchten und bei den Büdnern Unterkunft und Verpflegung fanden. Damals war aber noch keine Rede von einem Strandbetrieb im heutigen Sinne. Der damaligen Sitte gemäß badeten Männlein und Weiblein in Badeanstalten, selbstverständlich genügend weit voneinander entfernt. Zu den Erholungsuchenden gehörten nun auch ·die beiden Ärzte. Sie hatten bald festgestellt, daß in diesen Dörfern über jeden Zaun der Wald blickt und der Seewind springt. Aus dem Zusammenspiel, meinten sie, müßte ' sich ein Klima ergeben, das nicht nur allgemein die Erholung fördern, sondern auch Heilfaktoren für Herz- und Kreislaufkranke enthalten könnte. Vielleicht heilte es sogar an Bronchitis und Asthma Erkrankte. Sie hatten sich nicht geirrt, und so begannen sie bereits 1880 mit den ersten Kuren.

Leider aber war diese Möglichkeit zur Gesundung nur wenigen gegeben. Es wurden zwar in dem ersten Hotel, dem 1879 erbauten Haus »Anastasia«, zwei Zimmer für Kranke eines Schweriner Kinderhospitals reserviert, doch damit war für die Minderbemittelten nur sehr wenig getan.

In jenen Jahren stürzte sich die Konjunktur auch auf diese Waldecke. Zuerst erfaßte sie Müritz. Städtisch wirkende Häuser, keineswegs eine Zierde des Dorfbildes, schossen empor; immerhin sollten sie einem relativ guten Zweck dienen, kamen aber nur einem sehr geringen Kreis zugute. 1884 entstand mit dem Tannenhof ein Kindererholungsheim.

Bevor wir aber mit der jüngeren Geschichte dieses Seeheilbades fortfahren, sei ein weiterer historischer Rückblick gestattet. Während Müritz bereits 1328 im Zusammenhang mit dem Kloster in Ribnitz anläßlich der Schenkung eines Hofes, auf den der Flurname Müritz übertragen worden ist, erwähnt wurde, soll der Name Graal in den Urkunden erst 1567 aufgetaucht sein. Durch eine andere Urkunde weiß man, daß es 1649 in Graal eine fürstliche Meierhofstelle gab, die später bis auf einen Stammhof in Büdnereien aufgeteilt wurde.

Beide Orte schlossen sich 1938, nachdem man sich lange um die Reihenfolge der beiden Ortsnamen gestritten hatte, zu der Gemeinde Graal-Müritz zusammen. Seit 1960 lautet die offizielle Bezeichnung Ostseebad Graal-Müritz, Seeheilbad. Auch eine Schnapszahl spielt in der jüngeren Ge-

schichte eine Rolle, denn bei der Volks- und Berufszählung im Jahre 1965 hatte das Ostseebad auf den Kopf genau 3333 Einwohner.

Obwohl Graal-Müritz eine nicht geringe Anzahl von Auspendlern hat, die Morgen für Morgen an ihre Arbeitsplätze nach Rostock und Ribnitz-Damgarten fahren, sind doch viele Einwohner am Ort tätig, in erster Linie im Gesundheitswesen. Sie betreuen die vielen Patienten, die Sommer und Winter zur Kur in die Sanatorien kommen. Andere arbeiten auf dem Gebiet der Volksbildung, in der Verwaltung, in der Forstwirtschaft, im Lebensmittel- und Hotelgewerbe oder als Handwerker.

Inzwischen hat sich Graal-Müritz einen soliden Ruf erworben. Das Herz- und Kreislaufsanatorium »Richard Aßmann« im Ortsteil Graal, mit seinen Nebengebäuden in Müritz, behandelt Erwachsene und Kinder. Es erfreut sich ganz besonderer Wertschätzung. In einigen anderen Häusern des Freien Deutschen Gewerkschaftsbundes werden im Winter vorbeugende Gesundheitsschutzkuren durchgeführt.

Der Fremde, wann immer er dieses Wald- und Seebad auch besucht, könnte glauben, sich in einem Ort zu befinden, der nur Sonntage kennt. Bekräftigt wird dieser Eindruck durch den erst vor einigen Jahren angelegten Park mit seiner an unserer Küste einmaligen Rhododendronpracht, mit dem unter Blütengold sich neigenden Ginster, dem silbernen Wacholder und den diese Anlage schirmenden Buchen. Doch nicht nur dieser Park, der ganze Ort ist ein einziges Waldidyll mit der See vor der Tür. Die Anlage schuf Gartenarchitekt F. K. Evert.

Während sich in Graal, dessen alter Dorfkern unmittelbar an der Straße gegenüber der Mühle liegt, das Kurwesen weiter entwickelte, diente Müritz vorwiegend als Naherholungsziel der Rostocker.

Im ältesten Viertel des Ortsteiles Müritz stehen in der Karl-Marx-Straße zwischen den jüngeren, villenartigen Bauten

noch die sogenannten »Marinehäuser«. Eine ungewöhnliche Bezeichnung, aber man sagt, daß dort, als Napoleon seinen Plan von einer Landung in England aufgeben mußte, im Jahre 1811 sechs Soldaten der Invasionsarmee angesiedelt wurden. Es sollen Einheimische gewesen sein, denen von der mit Frankreich verbündeten mecklenburgischen Regierung Büdnereien versprochen worden waren, wenn sie sich für die französische Flotte anwerben ließen. In der Karl-Liebknecht-Straße ziemlich am Ende des Ortes, stehen breit und behäbig in ihren Gärten noch einige rohrgedeckte Häuser, einstmals von Büdnern und Erbpächtern bewohnt. Sie entstanden zu der Zeit, als auch die Marinehäuser gebaut wurden.

Von diesen beiden sich durch den ganzen Ortsteil ziehenden Straßen führen in kurzen Abständen schmale Wege durch das Moor an den Strand. An einem von ihnen, dem Hufenweg, lag der bereits im 14. Jahrhundert erwähnte Meierhof des Klarissenklosters in Ribnitz.

Der lange Strand mit seiner Uferpromenade bietet selbst in der Hochsaison noch reichlich Platz.

Der Strandwanderer soll noch darauf aufmerksam gemacht werden, daß sich den Strand entlang, bis zur Hohen Düne an der Warnowmündung, die Waden- und Reusenfischer ihre Hütten gebaut hatten. Die Flurbezeichnungen Püker-, Knieper- und Schoferbude erinnern daran. Im März 1906, so heißt es, zog der letzte große Heringsschwarm vorbei. Er soll so dicht gewesen sein, daß ein zwischen die wimmelnden Fische gesteckter Bootsriemen nicht umkippte. Allmählich haben Wind und Wetter die Buden zernagt, nur der Name ist geblieben. Die Fischer schlossen sich den Fischereiproduktionsgenossenschaften in Warnemünde und Ribnitz-Damgarten an, um mit modernen Fanggeräten zu fischen und so ihre Fangergebnisse zu verbessern.

Vom Ostende dieses wohl fünf Kilometer langen Bades führt die Chaussee dann schnurgerade nach dem einsam liegenden Klein Müritz und von dort weiter über Klockenhagen nach Ribnitz-Damgarten, während der alte Ribnitzer Landweg schon bei Klein Müritz abbiegt und, weiter die Heide durchquerend, über Körkwitz ebenfalls die Stadt am Saaler Bodden erreicht. Diesen alten Weg benutzten im vorigen Jahrhundert die Fischländer »Goodswagen« mit den Seeleuten »an Bord«, wenn sie zu ihren in Warnemünde und Rostock überwinternden Schiffen oder von dort zurück in ihre Dörfer auf dem Fischland oder dem »swarten Darß« wollten.

Nicht übersehen werden aber sollte vorher in dem langgestreckten Klockenhagen ein von Bauernhausforschern aus vielen Ländern und von interessierten Laien gern aufgesuchtes Kulturdenkmal. In der Mitte des Dorfes liegt ein altes Hallenhaus. Der Eigentümer hat durch bauliche Veränderungen den ehemaligen Zustand seines Hauses, das etwa 1690 errichtet wurde, wieder hergestellt. Um 1800 war das Hallenhaus, dessen Diele durchgehend war, so daß ein Erntewagen auf der einen Seite hinein- und auf der anderen wieder hinausfahren konnte, durch einen Wohnungsanbau erweitert worden. Davor lebte die Familie während des

Winters in der Döns, dem allein heizbaren Raum, im Sommer dagegen lebte sie in der sogenannten Lucht. Diese Lucht war vermauert worden. Sie wurde von den Bauern Heinrich Peters erkannt und von ihm durch Herausreißen einiger Wände und Einfügen neuer Balken wieder hergestellt. Ein Hallenhaus mit einer solchen geöffneten Lucht gibt es im ganzen Norden der Republik nur einmal. Am Ende der Diele befindet sich der von einem Schwibbogen überdachte Herd, dessen Rauch durch die Tür abzog. Das Vieh war beiderseits der Diele untergebracht.

In seinem Gutachten bezeichnete der Ethnograph Dr. Baumgarten dieses Haus als das historisch wertvollste und ethnographisch aussagekräftigste Beispiel traditioneller Volksarchitektur im Ostseebezirk. Heinrich Peters, der aus eigener Initiative dafür sorgte, daß der Nachwelt ein so altes Kulturdenkmal erhalten blieb, hat sein Gehöft 1969 dem Rat der Stadt Ribnitz-Damgarten als Denkmalshof übergeben, der in den nachfolgenden Jahren um weitere historische Gehöftsanlagen erweitert wurde.

An der Schwelle

In der Nähe des Heidedorfes Gelbensande beginnt der Kreis Ribnitz-Damgarten. Das Land ist leicht gewellt, fruchtbar und mit Dörfern reichlich versehen. Im Hintergrund wird bald ein Teil der Kreisstadt sichtbar, daneben liegt, eingefaßt von schilfigem Ufer, der Saaler Bodden.

Vom Ausgang des Dreißigjährigen Krieges bis zum Anfang des 19. Jahrhunderts gehörte ein Teil dieses Gebietes zu Schweden und später zum preußischen Vorpommern. Das wirtschaftliche und gesellschaftliche Leben in den Dörfern und kleinen Städten wurde von knapp sechzig Gutsbesitzern und einem dreiviertel Dutzend Domänenpächtern sowie einer nicht geringen Anzahl Großbauern bestimmt.

Über das Pflaster der heutigen Kreisstadt – sie trägt ihren

Doppelnamen erst seit 1950 – holperten und knarrten die Karren und Planwagen mittelalterlicher Bauersleute und Kaufherren, später dann die Fuhrwerke der Ackerbürger, die Droschken und schweren dickzölligen Wagen aus den Gutsdörfern und schließlich die motorisierten Fahrzeuge. Dieses Städtchen am Bodden erweckte den Eindruck, als ob alle großen Veränderungen in der Welt es kaum streiften. Ribnitz hatte zwar seine mit galligem Humor gewürzten Episoden in der Vergangenheit gehabt, die einiges Aufsehen erregten, doch das war lange her. Mit dem Ende der Segelschiffahrt – die Werften hatten sich zu größeren Handwerksbetrieben entwickelt – schien die mecklenburgische Grenzstadt Ribnitz ihre Zukunft hinter sich zu haben. Entwicklungsmöglichkeiten für eine Industrie schien es nicht zu geben.

Auf der pommerschen Seite hatte im unmittelbar benachbarten Damgarten bis 1913 zwar noch eine Glashütte existiert, sie war dann aber von einem Monopol aufgekauft und aus Gründen der Konkurrenz stillgelegt worden. In diesem Betrieb hatten sich die ersten Arbeiterorganisationen gebildet, worauf sich auch in Ribnitz Bauarbeiter, Eisenbahner und Landarbeiter in Gewerkschaften zusammenschlossen. Eine Ortsgruppe der Sozialdemokratischen Partei war ebenfalls gegründet worden. Ihre Stärke kam besonders bei den Reichstagswahlen von 1912 zum Ausdruck.

Hatte es also bis dahin auch weiterhin keine Industrie gegeben, so entstanden in der Nazizeit die Bachmann- oder Aero-Sport-Werke, hinter denen sich allerdings ein typischer Rüstungsbetrieb verbarg, der Teile für Jagdflugzeuge herstellte. Um die Produktion zu steigern, wurden rücksichtslos selbst öffentliche Räume, darunter die Volksschule, beschlagnahmt.

Aus dieser unheilvollen Zeit gibt es ein Ereignis besonderer Art. Als 1945 das KZ Barth evakuiert wurde, kamen mehrere Gruppen der Insassen dieses Lagers nach Ribnitz.

In der von der Bezirksleitung Rostock der SED und dem Rat des Bezirkes Rostock herausgegebenen Broschüre »Stärker als der Tod« schildert Franz Baumhammer aus Ribnitz-Damgarten als Augenzeuge die Vorgänge auf dem Marktplatz der Stadt:

»Als die Front schon in die Nähe der Stadt vorrückte, kam eine lange Kolonne von Frauen in Häftlingskleidern, elend und vollkommen erschöpft, durch die Straßen gezogen. Plötzlich setzte sich die SS-Bewachung ab, und die Häftlinge verstreuten sich langsam. Das ging den faschistischen Militärs anscheinend gegen den Strich. Der ›Kommandant‹ der Stadt, ein Hauptsturmführer der SS, ließ die Frauen auf dem Marktplatz zusammentreiben und gab Oberleutnant Bremer den Befehl, sie zu erschießen. Bremer ließ die Hitler-Jugend antreten, stellte neben dem Rathaus ein Maschinengewehr auf und forderte die Bevölkerung auf, den Platz zu räumen. Die Häftlingsfrauen, die von der Hitler-Jugend wie Schlachtvieh in die Mitte des Platzes getrieben wurden, glaubten, daß nach all dem, was sie bisher erlebten, ihre letzte Stunde geschlagen hätte. Doch die Bevölkerung ließ sich nicht einschüchtern und umringte die Frauen. So war an ein Schießen nicht zu denken. Die Erregung erreichte ihren Höhepunkt. Die Frauen schrien aus Angst, und die Offiziere fluchten. Da entriß ein in der Nähe stehender Soldat dem Bremer das Maschinengewehr und verschwand. Ich warf mich in diesem Moment Bremer an die Brust und schlug ihn nieder. Er lag bewußtlos im Rinnstein, bis ein Offizier ihn wegtrug. Zwei Stunden später rollten am 1. Mai sowjetische Panzer ein und befreiten die Stadt.«

Die Zerschlagung des Faschismus machte den Weg frei für eine friedliche demokratische Entwicklung. Antifaschistische Parteien entstanden, und am 5. April 1946 kam es in der »Bürgerhalle« zum Zusammenschluß der beiden Arbeiterparteien.

Die demokratische Neuordnung hatte bereits begonnen, die Enteignung der Kriegs- und Naziverbrecher war erfolgt, als durch die Bodenreform endlich auch in allen ehemaligen Guts- und Großbauerndörfern eine neue gesellschaftliche Entwicklung beginnen konnte. Allein im Kreisgebiet erhielten nicht weniger als 3200 Landarbeiter, Umsiedler und landarme Bauern Bodenreformland. Damit war eine wichtige Voraussetzung für das Bündnis der Arbeiterklasse mit den werktätigen Bauern gegeben. Diese Maßnahme erforderte aber nicht nur die Einsicht, sondern auch den Mut kühner Männer und Frauen, die sich den schweren Aufgaben stellten. Es mangelte, wie überall, an geeigneter Saat, an Rindvieh, an guten Pferden, vom Ackergerät und gar von Zugmaschinen ganz zu schweigen. Wenn man bedenkt, daß für das gesamte Kreisgebiet 1949 nur vier Lastkraftwagen und 51 Traktoren der verschiedensten Typen zur Verfügung standen, begreift man, was in den nächsten Jahren geschafft worden ist: im Jahre 1969 waren es dann schon 227 Lastkraftwagen und 1326 Traktoren!

Hinter dieser Steigerung steht eine Revolution, galt es doch die Menschen zu überzeugen, ihnen Hoffnungen zu machen, ihnen erreichbare Ziele zu zeigen und sie zu neuen, ungewohnten Taten zu bewegen.

Die Traktoristen, Genossenschaftsbauern und -bäuerinnen aber, die einen solchen Weg bahnten, und alle, die mit ihnen gingen, sind auch mitgewachsen. Sie wurden Meister der Landwirtschaft, staatlich geprüfte Landwirte, Diplomlandwirte, Direktoren oder gewählte Vorsitzende landwirtschaftlicher Produktionsgenossenschaften von einigen tausend Hektar Land, andere wurden leitende Mitarbeiter in der Sozialistischen Einheitspartei Deutschlands, oder sie übernahmen wichtige Verwaltungsarbeit im Staatsapparat.

Aber auch auf dem Fischland, im Darß und auf dem Zingst ging die in der Landwirtschaft tätige Bevölkerung den Weg zu einer sozialistischen Intensivierung und Nutzung der landwirtschaftlichen Großproduktion.

Auf der Halbinsel hatte es seit je einfach zum Leben dazugehört, bevor man sich zum nächsten Schritt entschloß, jede Neuerung erst einmal genau und bedächtig auf Herz und Nieren zu prüfen, Grund und Boden, Haus und Hof waren seit Generationen vererbt und fleißig genutzt worden. Die Bauern und Büdner wirtschafteten allein und auf sich selbst angewiesen, nur gelegentlich nahmen sie die Hilfe von Frauen und Halbwüchsigen aus der Nachbarschaft in Anspruch. Die neue Arbeitsweise, sozialistisches Denken und Handeln entwickelten sich deshalb langsam, bis man sich schließlich überzeugt hatte, daß zum Beispiel mit den Apparaten und Geräten der Maschinenausleihstationen größere Gewinne dem Boden abgerungen werden konnten. Als dann die Umwälzung zur Entwicklung einer sozialistischen Landwirtschaft begann, waren immer noch manche Vorurteile zu überwinden. Schließlich fanden sich auch dort Bauern und Büdner zur Gründung landwirtschaftlicher Produktionsgenossenschaften zusammen.

Besonders erfolgreich wurde die Produktionsgenossenschaft »Klaus Störtebecker« in Wustrow auf dem Fischland, die sich 1961 gebildet hatte und sich vor allem um die Steigerung der Viehwirtschaft bemühte. So konnte die Milchproduktion schon im Jahre 1966 um 254 Prozent erhöht werden. Die Produktionsgenossenschaft »Ostseestrand«, der die Bauern und Büdner in Niehagen, Althagen und Ahrenshoop angehörten, bauten mit Erfolg Kartoffeln an und begannen mit einer lohnenden Schweinemast.

Die Produktionsgenossenschaft in Wieck schloß sich 1966, die in Prerow 1967, die in Dändorf und Born 1968 dem 1964 mit den Genossenschaftsbauern auf dem Zingst gegründeten volkseigenen Gut an. Damit war ein entscheidender Schritt zur größeren Intensivierung und Nutzung der landwirtschaftlichen Produktion in dieser Landschaft getan.

Neben der Neugestaltung der Produktionsverhältnisse und des gesellschaftlichen Lebens auf dem flachen Lande waren aber auch in den beiden Ausgangsstädten Ribnitz-Damgarten und Barth andere Lebensbedingungen geschaffen worden. Durch kluge Politik und fleißige Arbeit entwickelte sich dort eine Industrie, die bald internationale Anerkennung fand.

Der Anfang war mühselig. Aus den Trümmern des Bachmannschen Rüstungsbetriebes entstand das volkseigene Faserplattenwerk Ribnitz-Damgarten. Faserplatten aus Rapsstroh erfreuten sich bald eines guten Rufes. Um der Nachfrage gerecht werden zu können, begann der Betrieb in vier Schichten zu arbeiten. Ein entscheidender Erfolg wurde erreicht, als das Werk 1960/61 durch den Bau einer Spanplattenanlage erweitert wurde und somit eine bessere Versorgung der Möbelindustrie unserer Republik ermöglichte. Dies war das Ergebnis hervorragender Leistungen aller Betriebsangehörigen. Die Belegschaft des Faserplattenwerkes, deren Bewußtseinsentwicklung auf das öffentliche Leben in der Stadt und bis weit in den Kreis hinein ausstrahlte, erreichte durch kluge sozialistische Kaderpolitik, daß der Betrieb nach 15 Jahren über 8 Hochschul- und 29 Fachschulabsolventen, über 23 Meister und 387 Facharbeiter verfügte. Inzwischen hat sich die Zahl der Hoch- und Fachschulkader weiter erhöht.

Das Faserplattenwerk ist heute der Stammbetrieb des VEB Möbelkombinats Ribnitz-Damgarten.

Der hohe Schornstein des Werkes unmittelbar an der Ausgangsstraße zum Fischland wirkt wie ein Ausrufungszeichen. Weniger auffällig, doch nicht minder wichtig für die wirtschaftliche Entwicklung nach dem zweiten Weltkrieg ist der volkseigene Betrieb »Ostsee-Schmuck« geworden. Da Bernsteinschmuck seit uralten Zeiten sehr begehrt ist, kam die Belegschaft dieser Forderung nach und stellte ihren Betrieb auf Mechanisierung der Bearbeitung um. Die Bernsteinschleiferei wurde vergrößert und eine Abteilung Werkzeugbau eingerichtet, so daß die Schnitt- und Stanzwerkzeuge selbst hergestellt werden können. Schmuck aus verschiedenen Metallen, der neue Schmuckstein Polybern und die Neuentwicklung Polyed, ein Schmuckbesatz aus

Plast in edelsteinähnlicher Farbgebung, sind begehrte Artikel auf allen Messen und werden in viele Länder exportiert.

Mit welchem Geist überhaupt an den Aufbau einer neuen Wirtschaft herangegangen wurde, geht u. a. auch aus einem ungewöhnlichen Beispiel im Ortsteil Damgarten hervor. Dort hatte sich aus einem privaten Kleinbetrieb der volkseigene Lederwarenbetrieb »riled« entwickelt. Um das Ergebnis ihrer Arbeit schnell und erfolgreich zu steigern, brachte sich ein Teil der Arbeiterinnen zu Anfang die Nähmaschinen von zu Hause mit! Schließlich wurden durch Forschungs- und Entwicklungsarbeiten aller Mitglieder Kleinmechanisierung, Vervollkommnung der Technologie und Rationalisierungsmaßnahmen erfolgreich eingeführt, so daß eine Anfertigung von Taschen bester Qualität möglich wurde.

Bürger und Nonnen

Vor dem alten Ribnitzer Stadtkern stehen helle Häuser, geschmückt mit Balkons und umgeben von Grünanlagen. Auch jenseits der Stadt, wo durch die Recknitz getrennt der jetzige Stadtteil Damgarten liegt, erheben sich neue Wohnbauten, die schon weit vom Osten her sichtbar sind. Entstanden sind diese Viertel im ersten und zweiten Jahrzehnt des Bestehens der Deutschen Demokratischen Republik. Hinter dem modernen Viertel vor dem Stadtteil Ribnitz erhebt sich wie ein Wächter aus vergangenen Tagen ein wuchtiges, blendengeschmücktes gotisches Turmtor. Seine Baumeister haben es aus Gründen der Sicherheit schräg zur Straße gestellt, und da man ja bis heute noch nicht um die Ecke schießen kann, konnte auch in früheren Zeiten, dank der weisen Voraussicht der Erbauer, der Bürger ruhig über die Straße gehen – selbst dann, wenn der Feind vor dem Tor stand.

Hinter dem Rücken dieses Recken einer vergangenen Zeit liegt das alte Ribnitz. 1210 wurde der Ort Rybanitz bereits urkundlich erwähnt, und 1233 wurde von einer Stadt gesprochen. Der Name entstammt dem Slawischen und bedeutet Fischort, Ribnitz ist eine Gründung aus frischer Wurzel, das heißt, die Stadt wurde von deutschen Siedlern auf dem jetzigen Platz neu angelegt.

Als im letzten Viertel des vergangenen Jahrhunderts die Kunstmaler von dem landschaftlichen Reiz des Fischlandes angezogen wurden, entdeckten sie auch das an der ehemaligen mecklenburgisch-pommerschen Grenze und am Weg zu ihrem Reiseziel liegende Ribnitz neu, wobei sie feststellten, daß diese zwar nicht besonders schöne Stadt doch eine eigenartige Anziehungskraft besitzt, die ein Verweilen in ihren Mauern zum Erlebnis werden läßt. Vor allem ihr Herz, der ungewöhnlich weite Marktplatz – er heißt heute Karl-Marx-Platz –, war bis in die Gegenwart hinein Schauplatz vielfältiger Ereignisse. Auf ihm tagte im Mittelalter das hochnotpeinliche Gericht, dort stand der Schandpfahl mit dem Halseisen, und dort erhob sich der Galgen; über den Platz schlich die Pest, um ihn heulten verheerende Brände, und auf ihm biwakierte die Soldateska aus Schweden und Dänemark, aus deutschen Landen, aus Böhmen, Mähren, Kroatien. Ferdinand von Schill mit seinen Freischärlern jagte über ihn hinweg, und während der letzten Tage des Hitlerkrieges bewiesen dort Ribnitzer Männer Mut, als sie fast verhungerte Häftlinge vor den tödlichen Schüssen ihrer Peiniger retteten.

Könnten die Steine reden, so erzählten sie aber nicht nur von Mord, Brand, Pest und Sturmfluten, sie wüßten auch manches zu erzählen über die kleinen Genüsse des Bürgers in Friedenszeiten, von heimlicher Liebe und ausgelassener Freude, wenn aus den benachbarten Dörfern die Landleute zum Jahrmarkt in die Stadt gezogen kamen, wenn die Schifferbälle stattfanden oder unter dem Jubel von lütt un grot ein neuer Segler in der Werft vom Stapel lief. Am Abend vor dem Herbstmarkt zum Beispiel kamen die Darßer mit Booten in die Stadt und feierten die Nacht durch, und die Ribnitzer sangen frech und ausgelassen:

»De lang nich hett un will eens giern,
de kann hüt nacht up de Darßer Diern.«

Weit früher, als der Marktplatz wahrscheinlich noch gar nicht gepflastert war, ging es in Ribnitz schon bunt zu, denn hundert Jahre nach der Gründung – Ribnitz hatte inzwischen das Lübische Recht erhalten – brachte die Stiftung des Klarissenklosters (1323) Unruhe in die Stadt.
Auch Mecklenburg – nicht nur Niedersachsen – besaß einen Herzog Heinrich, der sich »der Löwe« nannte. Die Glocke über dem Eingang zum Münster in Bad Doberan ist zum Beispiel eine Stiftung von ihm. Er hatte während großer Beutezüge, in Fehden und durch diplomatisches Ränkespiel seinen Landbesitz derart vergrößert, daß er sich den Zorn der sich besonders geschädigt fühlenden geistlichen Würdenträger zuzog. Angeblich aus Reue und nicht zuletzt aus Angst vor dem Bannstrahl des Papstes gab er später nicht nur die geraubten Kirchengüter wieder heraus, sondern stiftete außerdem auf seinem Fürstensitz zu Ribnitz ein Nonnenkloster.
Die Ribnitzer erwarteten von dieser Stiftung jedoch nichts Gutes, und ihre Befürchtung bestand zu Recht. Das Kloster beanspruchte bald das Patronatsrecht über die Pfarrkirche – es ist die Kirche am Rande des Karl-Marx-Platzes –, um sich auf diese Weise den Einfluß auf die Gemeinde zu sichern. Da die Ribnitzer hierüber sehr empört waren, beim Bau des Klosters auch keine Hand mit angelegt und keinerlei Spanndienste geleistet hatten, fürchteten Fürst und Bischöfe sehr um die wirtschaftliche Sicherheit der Nonnen. Deshalb schenkte ihnen der Herzog das Fischland oder »Swante Wustrow« (das bedeutet »Heilige Insel«), dazu ein großes Stück Wald der benachbarten Heide, die

Nutzung zweier Wassermühlen und das Fischereirecht für den Mühlenteich.

So war das Kloster in kurzer Zeit bei den Ribnitzern höchst unbeliebt geworden. Weiter wurde den Nonnen gestattet, zwei Aborte über die Stadtmauer hinweg zu errichten und Durchbrüche für die Abwässer anzulegen. Da verloren die Bürger die Geduld, und sie erhoben energisch beim Herzog Einspruch, fanden aber natürlich kein Gehör. Dann starb der mecklenburgische Löwe. Kaum hatte sich die Kunde von seinem Tod verbreitet, als auch schon eines Nachts die beiden Nonnenthrone, wie sie der Volksmund nannte, »heruntergestürzt« waren. Damit nicht genug, mecklenburgische Dickschädel vermochten noch mehr. Als ein Ordensgeneral mit zahllosen Kuttenträgern und später ein Bischof mit Gefolge die Straße nach Ribnitz gezogen kamen, um den Schwestern im Kloster zu helfen, verriegelten die Ribnitzer am hellen Tag das Stadttor und stellten den geistlichen Würdenträgern ihre Bedingungen, die schließlich anerkannt, doch später nie eingehalten wurden.

Die Ribnitzer drohten nun unmißverständlich, den Nonnen buchstäblich kräftig einzuheizen, worauf sogar der Papst vom fernen Rom aus besorgt eingriff und veranlaßte, alle Bauten aus Stein auszuführen. Das war aber leichter gesagt als getan, denn die städtischen Ziegeleien rückten nicht einen Mauerstein heraus. Dem Kloster blieb nichts anderes übrig, als die Steine aus den benachbarten Städten herankarren zu lassen. Damit waren sie aber noch nicht in der Stadt, denn den Fuhrwerken wurde ganz einfach die Einfahrt verweigert, und es blieb den gedungenen Klosterbauern nichts anderes übrig, als vor den Toren abzuladen.

Doch nicht alles vermochten Dickschädel, Bürgerstolz und Hartnäckigkeit; der Fürsten Macht und des Papstes Wort reichten weiter. Unauffällig waren Kraft und Einfluß des Klosters durch Landkauf, aber auch durch Intrigen gestiegen. Was die Insassen besaßen und erwarben, mehrten sie mit Geschick, so daß sie ihren Platz, trotz des oft gewaltigen Lärms der Ribnitzer, behaupten konnten. Sie verlangten sogar die Wiedererrichtung der anrüchigen Nonnenthrone, und wahrhaftig, die Ribnitzer waren gezwungen, dies auf eigene Kosten zu tun.

Bis in das 19. Jahrhundert hinein bestanden diese Streitigkeiten, und die Nonnenthrone haben 500 Jahre lang die Mauer »geziert«, bis sie die Stadt endlich, wiederum auf eigene Kosten, mit »großzügiger« Genehmigung des Klosters beseitigen durfte.

Heute ist es still im Klostergarten; nur wenn auf der im Nationalen Aufbauwerk errichteten Freilichtbühne kulturelle Veranstaltungen die Bürger erfreuen, geht es unter den alten Bäumen lebhafter als gewöhnlich zu. Wer sich über Geschichte des Bernsteins genauer unterrichten will, kann es in dem liebevoll ausgestatteten Museum im ehemaligen Kloster tun, wobei er nicht versäumen sollte, auch die Werke des früh verstorbenen Ribnitzer Malers Karl Meyer – gestorben kurz nach dem zweiten Weltkrieg – zu betrachten, der seine Bilder mit »Korlmeyer« zu signieren pflegte. Über ihn schrieb der Kunsthistoriker Professor Oscar Gehrig: »Sein Strich verrät vitale Kraft, und seine Farbe ist so vollsaftig, seine künstlerische Welt so erdennah, daß man angesichts seiner köstlichen Arbeiten, besonders aus der Stadt Ribnitz und der näheren Umgebung, an einen spätgeborenen und doch in der malerischen Neuzeit stehenden ›Holländer‹ denken könnte.«

Der faschistische Krieg verhinderte die Weiterbildung dieser starken Begabung, die sich nicht mehr zu voller Reife entfalten konnte.

Auch das von dem Utrechter Philip Brandin und seinen Gesellen geschaffene Grabmal der streitbaren Äbtissin Ursula in der Klosterkirche ist sehenswert. Die ungewöhnlich feinen Stickereien der Nonnen haben im Schweriner Museum ihren Platz gefunden.

Draußen im schattigen Klostergarten und in den benachbarten typisch kleinstädtischen Gassen scheint die Welt zu träumen. Doch auf dem nicht fernen Karl-Marx-Platz, Durchgangspunkt der alten Handelsstraße zwischen Rostock und Stralsund, pulsiert das Leben. Der spätklassizistische Putzbau des Rathauses und die durch Sturm und Brand ihres spitzen Turmes beraubte Kirche flankieren seltsam vornehm und gelassen den weiten Platz, auf dem sich Autos, Busse und nicht zuletzt viele Feriengäste, die alljährlich in großer Zahl voller Erwartungen und Sehnsucht nach Meer, Strand und Sonne eintreffen, ein Stelldichein geben. Die alten Straßen führen von diesem Platz noch immer steil zum Hafen hinunter, und der Blick schweift weiter über den Bodden, hinter dem das Fischland, der Darß und der Zingst auf die Gäste warten.

Himmel und Erde

Du ahnst das Meer, siehst aber nur den Bodden, du hast über dir das hohe Himmelsgewölbe und rings um dich weite, flache Wiesen und Weiden. So beginnt das Land, von dem du gelesen hast, von dem du schwärmen hörtest und Bilder von Rohrdachkaten unter vom Wind gezausten Bäumen sahst.
Ohne Zweifel, dieses Stück Erde zwischen Meer und Bodden unter hohem Widerschein des von zwei Wasserflächen gebrochenen Lichts ist von ungewöhnlichem Reiz.
Kurz vor Körkwitz unterquert ein Bach die Straße und fließt durch die Wiesen in den Bodden. Von nun an prägen See und Wind das Bild der Landschaft. Im Dorf, noch einigermaßen sturmgeschützt, stand jahrhundertelang ein mächtiger Lindenbaum; darunter lag ein Findling, auf dem an das unermüdliche Wirken des Volkskundlers Professor Wossidlo erinnert wurde, der in Körkwitz unter den Landarbeitern mit seinen Forschungen über Land und Leute,

Bräuche und Sprüche begann. Die Zeit hat die Linde gefällt; Junge Pioniere haben eine neue gepflanzt.

Wir sind geneigt, spätestens beim Überschreiten des erwähnten Baches, der anfangs Wallbach, dann Körkwitzer Bach genannt wurde, vom Fischland zu sprechen. Bleiben wir aber bei der Bezeichnung Vorland und tragen somit auch dem Wunsch derjenigen Fischländer Rechnung, die die alten historischen Grenzen betont wissen möchten, jene Grenzen, deren eine »Der Permin«, eine Bucht im Bodden, unmittelbar vor Wustrow liegend, und deren andere der kaum auffallende Graben – fast nur noch eine Rinne – gleich vor Ahrenshoop ist. Nur das dazwischenliegende Land, im Osten durch den Bodden, im Westen durch das Meer begrenzt, so heißt es, wird seit Ende des 16. Jahrhunderts Fischland genannt. Seitdem geriet der vorherige Name »Swante Wustrow« in Vergessenheit.

Seit die Reiselustigen Ende des vorigen Jahrhunderts den Reiz dieser Landschaft entdeckten, hatten es die meisten eilig, das Ziel ihrer Wünsche, das Fischland oder den Darß, zu erreichen. Nur wenige fanden Zeit und Muße für das Wiesen-, Wald-, Heide- und Moorland am Wege, von dem ein großer Teil – um es landwirtschaftlich intensiver nutzen zu können – melioriert wurde. Es ist aber noch immer eine zauberhafte Landschaft, ein Eldorado der Fauna und Flora, besonders wenn sich im Frühling der vielfarbige Blütenteppich über Bruch und Moor breitet, wenn Kriechweide, Gagelstrauch und Wollgras sie schmücken, wenn Lungenenzian und Sonnentau blühen, der Königsfarn im Wind sein gefiedertes Blattwerk schwingt, Rausch- und Moosbeeren ansetzen, damit der Herbst verschwenderisch verschenken kann, was Frühling und Sommer versprachen. In Scharen fällt dann die Vogelwelt auf ihrer Zugstraße aus dem Norden ein und labt sich im »Gasthaus« zum Uhlenhorst, zum einsamen Torfwärter oder am glucksenden Fischergraben.

Diese geheimnisvolle Welt war in ihrem »Urzustand« gar

nicht so einfach zugänglich, doch um so reizvoller war es, wenn sich der Schwingrasen des Hochmoores gefährlich unter den Füßen senkte, schmale Stege passiert werden mußten und sich neben den mit Gras und Flechten überzogenen Dünen ein Revier auftat, das man gewöhnlich nur von Bildern oder aus Filmen kannte. Durch diese Stille führt seit 1967 eine breite und gepflegte Straße. Sie biegt nicht weit hinter Körkwitz-Hof links ab und verläuft über Bollhagen und Neuhaus nach Dierhagen-Strand, wo sie bald darauf die Fernverkehrsstraße wieder erreicht.

Von Bollhagen war 1967 außer einer Ruine, die nach einem Brand im Jahre 1966 zurückblieb, nicht mehr als der Name geblieben. Er taucht seit der Reformation in den Ribnitzer Akten auf, doch fast nur in Verbindung mit Klagen, denn die ständig wechselnden Pächter konnten dem schlechten Boden nur wenig abgewinnen.

Im Heidedorf Neuhaus sind die Bodenverhältnisse nicht besser. Die Schäferei konnte wohl einigermaßen Fuß fassen, doch die Gutspächter wechselten auch dort immer wieder. Das Dorf lag lange so versteckt, als ob es sich vor seiner eigenen Armut verkriechen wollte. Große Hoffnungen flackerten auf, als ein reicher Rostocker Bürger auf der Hohen Düne ein Hotel bauen ließ und glaubte, damit den Grundstein zu einem vielbesuchten Ostseebad gelegt zu haben. Das war eine Fehlspekulation. Dieser unsichere Zustand hörte erst auf, als nach 1945 der FDGB die Sache in die Hand nahm und in dem Bau das Ferienheim »Lebensfreude« gründete; seitdem erfüllt es seinen Zweck. Die Umgebung mit ihren ungewöhnlich hohen Dünen, den Flechten und knorrigen Kiefern – ein Bild, das in seiner Urwüchsigkeit an den wilden Strand der Nordsee erinnert – bietet wirklich gute Erholungsmöglichkeiten.

Überraschend ist die dichte Besiedlung des sich in Richtung Wustrow erstreckenden Waldes mit Wochenendhäuschen, die aber so eingewachsen sind, daß sie dem Ortsunkundigen kaum, oft gar nicht auffallen.

Zwischen Neuhaus und Dierhagen-Strand wurde 1966/68 auf dem »Witten Barg« das schöne Gästehaus der Regierung gebaut. Von dort ist es dann nicht mehr weit bis Dierhagen-Strand, einem Ortsteil des am Bodden liegenden alten Dorfes Dierhagen. Dierhagen-Strand mit dem 1957 gebauten FDGB-Heim »Ernst Moritz Arndt«, zu dem eine Versorgungs- und Kultureinrichtung sowie drei Bettenhäuser und viele Bungalows gehören, den Wochenendhäusern, Villen, Gaststätten und Betriebsheimen wird jeden überraschen, der bisher nur auf der Fernverkehrsstraße vorbeigefahren ist und in dem abseits liegenden Waldstück wohl kaum einen so lebhaft bevölkerten Badeort vermutet hat.

Dierhagen-Strand schließt sich Dierhagen-Ost an. Dieser Ortsteil hat eine eigenartige Geschichte, in der Wunsch und Wirklichkeit unvereinbar aufeinanderprallen. Sie begann 1928, als die ersten Häuser entstanden, Bungalows dazukamen und der neue Ort den stolzen Namen Ostseebad Ribnitz erhielt.

Ein Stadtrat, der sich als Gründer dieser Kolonie fühlte und es nicht verschmerzen konnte, das Ribnitz immer noch keine See- und Hafenstadt geworden war, schlug anläßlich der Siebenhundert-Jahr-Feier des alten Ribnitz 1933 vor, »die brach und öde liegende Stadtwiese, ein Schmerzenskind der Ribnitzer, zu besiedeln und sie zum Badeort auszubauen; weitschauend wies ich darauf hin, daß infolge des Ausbaues der Bodden wieder durch einen bestimmt einst erfolgenden Durchstich zum Meer in der Gegend des alten Stromes bei den Stadtwiesen ein Hafengebiet werden würde, das für Handels- und Marinezwecke für Ribnitz sowohl als auch für Mecklenburg und das Reich von großer Bedeutung sein werde ...«

Aus dem Ostseebad Ribnitz ist nun »Dierhagen-Ost« geworden. Damit versank dieser Ortsteil aber nicht in einen Dornröschenschlaf, er entwickelte sich vielmehr zu einem Naherholungszentrum.

Nachdem die Fernverkehrsstraße verbreitert und begradigt worden war, erhielten die alten Dörfer Dändorf und Dierhagen-Dorf ihre wohltuende Ruhe zurück, die ihnen die vielen Fahrzeuge auf der schmalen und kurvenreichen Dorfstraße genommen hatten.

Dändorf ist der erste Ort, der mit seinen anheimelnden Seefahrer- und Bauernhäusern hinter gepflegten Vorgärten und unter alten Bäumen dem Auge das bietet, was der Besucher vom Anblick eines Dorfes in dieser Landschaft erwartet, anders zwar als das Fischland und die Darßdörfer, nämlich mehr den landwirtschaftlichen Charakter betonend, doch nicht minder eigenwillig und voller Stimmung.

Es hieß nicht umsonst »Golddorf«. Die Bewohner verstanden es, etwas aus sich zu machen. Eines der großen, sich für sie lohnenden Geschäfte war im 18. Jahrhundert der Umschlag des Salzes über Sülze. Es kam in Prähmen auf der Recknitz über den Bodden, wurde von den Dändorfern auf Wagen verladen und nach dem »Soltlock« zwischen Dierhagen und Neuhaus gefahren. Vom »Soltlock« wurde es weiter nach Wismar gesegelt. Das Kopfsteinpflaster der »See-End« genannten Dorfstraße zum schilfumwachsenen Hafen stammt noch aus der Zeit des schwunghaften Salzhandels.

Das Salzgeschäft hätten auch die nur ein paar Kilometer nördlich wohnenden Dierhäger machen können, doch die Dändorfer waren fixer, und als sie zu ahnen begannen, daß sich die Segelschiffahrt bezahlt machen würde, ließen sie den Salzhandel und wiesen dem Ackerpflug die zweite Stelle zu. Sie durchpflügten statt dessen auf eigenen Schiffen das größeren Gewinn bringende Meer. Es dauerte gar nicht lange, da hatten sie so viel Wohlstand zusammengesegelt, daß sie sich den Wustrowern ebenbürtig fühlten. Gemeinsam mit dem Nachbardorf Dierhagen besaßen sie nicht weniger als 71 Segelschiffe. Als dann die Segelschifffahrt zum Erliegen kam, hatte mancher sein Scherflein beiseite gelegt, so daß die damit verbundenen Umstände ihm nicht allzuviel anhaben konnten, wenn dem einen und anderen auch die Luft knapper geworden sein mag.

Die Umstellung zum Badeort wollte allerdings nicht so schnell gelingen. Was beim Salzhandel zum Vorteil gereicht hatte, schlug in diesem Fall zum Nachteil um; Dändorf liegt vier Kilometer von der offenen See entfernt. So entwickelte es sich erst 1960 mit Unterstützung des Reisebüros zu einem wirklich gutbesuchten Badeort. Dank einer günstigen Busverbindung und einer glatten Straße kann es jetzt jährlich einige tausend Urlauber als Gäste beherbergen.

Das letzte Dorf im Vorland in Richtung Fischland ist das Ostseebad Dierhagen. Sicher denkt der eine oder andere beim Hören oder Lesen dieses Namens an »Tierort«. Die Überlieferung will wissen, daß sich während der slawischen Besiedlung dort ein Hof mit einem großen Gestüt befand. Die dort gezüchteten Tiere waren zäh und wuchsen halbwild unter rauhen, einer freien Wildbahn ähnlichen Gegebenheiten heran. Erst kurz vor dem Dreißigjährigen Krieg hörte die Zucht in Dierhagen auf.

Bemerkenswert sind auch die Funde mittelsteinzeitlicher Geräte aus dieser Gegend, wie Pfeilspitzen, Beile, Klingen, Schaber und sehr viele Abschläge aus schwarzem Feuerstein, die übrigens an vielen Stellen des Fischlandes und des Darßes noch heute gefunden werden. In großer Anzahl kamen diese Zeugen einer vergangenen Kultur bei Baggerarbeiten zutage, als 1961 der Boddendeich verstärkt wurde. Es ist anzunehmen, daß dort eine Werkstatt oder Siedlung während der Litorinaüberflutung unterging.

Urkunden besagen weiter, daß es einst zwei dicht nebeneinanderliegende Dörfer und einen fürstlichen Hof Dierhagen gab. Im Jahr 1327 wurden die Dierhäger dann Klosterbauern, und der erwähnte Hof erhielt einen Verwalter. Nach fast drei und einem halben Jahrhundert war der Hof

schließlich heruntergewirtschaftet. Die Bauern, nach dem Dreißigjährigen Krieg in großer Not lebend, entschlossen sich zu gemeinsamer Pacht und bewirtschafteten so den Hof mit seinen Ländereien 180 Jahre. Das frühe genossenschaftliche Unternehmen bewahrte die Dierhäger nicht nur vor dem Hunger, sondern auch vor der Leibeigenschaft.

Der wirtschaftliche Höhepunkt um die Mitte des vorigen Jahrhunderts fiel – wie fast überall an der Küste – auch in Dierhagen mit der Blütezeit der Segelschiffahrt zusammen.

Doch nicht nur die Schiffahrt gab dem Dorf das Gepräge, auch die Bauernwirtschaften und Büdnereien spielten stets eine Rolle. Ihre Besitzer waren gewöhnlich Teilhaber von Schiffen und verdienten somit doppelt. Man war überhaupt vielseitig in Dierhagen. So wurde auch der Fischfang nicht vernachlässigt. Der Hering, in einer auf dem »Rökerbarg« eingerichteten Räucherei veredelt, war ein lohnendes Handelsobjekt. Dieser Berg ist inzwischen beim Bau der Fernverkehrsstraße eingeebnet worden. Zu Beginn der »fetten Jahre« äscherte ein Brand am 10. August 1859 in vier Stunden 42 Büdnerhäuser und 10 Bauerngehöfte ein. Eine Frau fand dabei den Tod. Doch mancher Besitzer war kapitalkräftig genug, um sich wieder solide anzubauen. Vom Brand verschont blieben nur das Fischerhaus im Kronwinkel, das in der Strandstraße auf 50 cm dicken Balken ruhende Schifferhaus – es stand bereits 1740 – und das Gehöft »Bauer Brandt«.

Als dann die Segelschiffzeit vorüber war, dünkte sich mancher ehemaliger Seefahrer nicht zu gut, sich auf Fischerei umzustellen. Fischer aus dem Oderhaff hatten sich angesiedelt und den sich noch immer bewährenden Bootstyp, Heuer genannt, mitgebracht. Noch heute spricht man in Erinnerung an diese Fischer gelegentlich von den »Stettinern«. – Ferner boten natürlich Grund und Boden mit totem und lebendem Inventar eine Verdienstquelle.

Als sich in der Nachbarschaft der Fremdenverkehr zu lohnen schien, überlegten die Dierhäger nicht lange. Sie stellten bald fest, daß bei ihnen ebenfalls die Voraussetzungen für die Aufnahme badelustiger Gäste vorhanden waren. Die Dorfstraßen machten einen ansehnlichen Eindruck, sie hatten schattenspendende Bäume, und die Häuser waren von Grün umgeben, dazu befand sich in der Nähe der schöne Strand, und wem es nicht den ganzen Tag über am Wasser gefiel, der konnte sich im Wald die Füße vertreten. Also wurde begonnen, und die Gäste kamen. Dierhagen wurde zwar kein Modebad, doch die Besucher brachten zusätzlich Geld ins Haus. Einigen gefiel die Ruhe und Schönheit des Dorfes so gut, daß sie gar nicht wieder weg wollten; sie kauften Grundstücke, bauten, und bald gesellte sich ein neuer Ortsteil zum alten dazu.

Seit 1934 heißt das Dorf »Ostseebad Dierhagen«, und nachdem es nach 1945 Erholungszentrum des FDGB-Feriendienstes geworden war, stieg die jährliche Gästezahl auf über 25 000 an. Helle Straßenbeleuchtung und eine Wasserleitung machen das alte Dorf am Bodden wohnlicher, als es jemals war.

Im Norden Dierhagens liegen die Ribnitzer Stadtwiesen; auch sie haben ihre Geschichte. Die Wiesen wurden früher jährlich neu an die Fischländer verlost. Die Mahd besorgten traditionsgemäß die Klockenhäger. Das Auslosen war mit einem großen Volksfest bei der Kittelhütt verbunden, dabei gab es reichlich Spickaal, Kuchen und Bier. Anwesend waren auf dem Fest auch die Ribnitzer Ratsherren, die diese Gelegenheit für eine Herrenpartie nutzten und gleichzeitig den Pachtzins kassierten. Der fröhliche Brauch besteht heute nicht mehr, übriggeblieben ist nur noch ein kleines Wäldchen; es liegt kurz vor der Nebelstation rechts in den Wiesen. Im Schatten seiner Bäume stand dort die Kittelhütt, wo sich die Schnitter und Gäste trafen. Anfang der siebziger Jahre wurden die ehemaligen Ribnitzer Stadtwiesen vom VEG Zingst-Darß-Fischland melioriert. Soweit die Wiesen nicht als Weideland dienen, wird das Gras nach dem Schnitt getrocknet und als Trockengrüngut verwendet.

Fischland

❋

Cyrus, Vater der Fischländer Navigation

Das breite Band der Betonstraße läuft mit wenig Kurven
nordwärts über die Nehrung weiter nach dem Fischland,
dessen Mittelpunkt das Ostseebad Wustrow ist. Der Ort
würde sich kaum von anderen abheben, doch der weit
sichtbare, auf einem Hügel ruhende Gebäudekomplex der
Seefahrtschule – der offizielle Name lautet: Ingenieurhochschule für Seefahrt Warnemünde/Wustrow – fesselt den
Blick und gibt dem Badeort eine besondere Bedeutung. Mit
dieser Lehrstätte – eine Seefahrtschule gibt es seit anderthalb Jahrhunderten in Wustrow – ist das Wirken eines
Mannes verknüpft, das nicht vergessen werden sollte.
Johann Jacob Christian Cyrus, Sohn des Schulhalters Justus
Andreas Cyrus und seiner Ehefrau Catharina Elisabeth
Meiern zu Althagen, Büdnerei 52, geboren 1763, wurde der
Vater der modernen Navigation auf dem Fischland. Gewiß
gab es vor ihm alte Schiffer, die sich den Nachwuchs heran-
zogen und ihn mit den notwendigsten Kenntnissen in der
Schiffsführung ausrüsteten; Cyrus aber brachte nicht nur
Systematik in die Ausbildung, er bereitete seine Schüler
auch so weit vor, daß sie selbst Anforderungen gewachsen
waren, wie sie die Führung größerer Schiffe mit sich
brachte. Befuhren zu Cyrus' Zeiten die Fischländer auf
Jachten hauptsächlich die Ostsee, so rüstete man künftig
Galeassen, Schoner und später Briggschiffe und Barken aus,
die sich in die Nordsee wagten und weiter über alle Meere
der Welt.

Von Johann Jacob Christian wurde erzählt, daß er selbst zur See gefahren war und es bis zum Steuermann gebracht hatte. Da er aber krank wurde und für die Seefahrt nicht mehr tauglich schien, blieb er an Land und wurde Adjunkt bei seinem Vater in Althagen, später Schulhalter daselbst. Er hatte sich aus Holland ein Lehrbuch »van der Kunst der Stüerlüden« mitgebracht. Nach diesem Werk unterrichtete er die jungen Seeleute, die im Winter zu ihm kamen. Mit großem pädagogischem Geschick brachte er den wißbegierigen Matrosen, die ja nur die Dorfschule besucht hatten, Grundbegriffe der Trigonometrie, Stern- und Kursberechnung bei. Er lehrte sie die alten Instrumente handhaben, als da sind das Log, die Merkatorkarte, das Astrolabium, der Quadrant und der Jakobstab.

Diese Instrumente erklärt der ehemalige Dozent an der Seefahrtschule in Wustrow, Walter Steinfatt, folgendermaßen: »Das Astrolabium war ein hölzerner vierkantiger Kreisring mit vier zueinander senkrechten Speichen. Über dem Endpunkt einer Speiche befand sich eine Öse zum Aufhängen des Instrumentes. Der hölzerne Ring trug auf dem oberen Halbkreis eine Gradeinteilung, die an den beiden Endpunkten des horizontalen Durchmessers mit o Grad begann und links und rechts herum bis zum höchsten Punkt des Ringes bis 90 Grad zählte. Um den Mittelpunkt war eine Alhidade mit zwei mit Schlitzen versehenen Dioptern drehbar. Zur Beobachtung wurde das Astrolabium so aufgehängt, daß der unter der Öse liegende Durchmesser senkrecht hing und die Ebene des Instrumentes mit der Meridianebene zusammenfiel. In dieser Stellung wurde die Alhidade so gedreht, daß ein Lichtstrahl der Sonne gleichzeitig durch die beiden Diopterschlitze fiel. Die Ablesung an der Alhidade auf dem oberen Halbkreis ergab die Meridianhöhe der Sonne.

Der Quadrant war ein hölzerner Kreissektor, dessen Bogen in 90 Grad geteilt war. Auf dem einen Begrenzungsradius waren zwei Diopter mit kleinen Lochblenden angebracht,

so daß die Verbindungslinie der Öffnungen parallel zu
dem vom Mittelpunkt nach dem Endpunkt der Teilung
führenden Radius ausgerichtet war. Aus dem Mittelpunkt
hing ein Fadenlot frei herab. Visierte man durch die beiden
Lochblenden die Sonne an, während der Quadrant in der
Meridianebene gehalten wurde, konnte man neben dem
frei herabhängenden Lot die Meridianhöhe der Sonne auf
dem Gradbogen ablesen. Der Quadrant eignete sich zur
Messung von Nordsternhöhen und Sonnenhöhen, wenn
bei leichter Bewölkung die Sonnenstrahlung so stark ge-
schwächt war, daß sich am Astrolabium der durch die beiden Diopterschlitze fallende Lichtstrahl nicht mehr genügend hell abzeichnete.«

Über den Jakobstab schreibt Steinfatt: »Dieses im Vergleich
mit dem Astrolabium und Quadranten verbesserte Meßin-
strument war ein vierkantiger Holzstab, auf dem ein oder
mehrere senkrechte, verschieden lange Querbrettchen ver-
schoben werden konnten. Der Stab ging durch den Mittelpunkt der Brettchen. Zur Höhenmessung hielt man das
Auge gegen das eine Ende des horizontal gehaltenen Sta-
bes und stellte eines der Querbrettchen so ein, daß man
über seine untere Kante die Kimm und über die obere
gleichzeitig das Gestirn anvisierte. Die zu den einzelnen
Querbrettchen gehörenden Winkelteilungen waren auf
dem Stab angebracht und wurden in einer einfachen geo-
metrischen Zeichnung konstruiert.«

Es ist wahrscheinlich, daß Cyrus seine Schüler auch in den
Gebrauch der in seinem Jahrhundert entwickelten Oktan-
ten und Sextanten einführte.

Am 22. Januar 1795 heiratete Cyrus Marie Schumann und
nach deren Ableben – sie starb an der »Steinkrankheit« –
deren Schwester Sophie Elisabeth. Sie waren Töchter des
Barther Schulmannes Christian Schumann. Im selben Jahr
hatte der Barther Magistrat Cyrus zum Schreib- und Re-
chenmeister gewählt, und er übte dieses Amt noch 30 Jahre
aus. »Wegen dieser Wahl«, heißt es in der Barther Chronik

von W. Bülow (1922), »entstand zwischen dem Präpositus Werner und dem Rat eine Mißstimmung; doch der Gewählte war ein vorzüglicher Lehrer, und der Rat erkannte dies auch an, indem er ihm bei seinem Tode am 15. 8. 1825 einen öffentlichen Nachruf widmete.« Er starb, 62 Jahre alt, an Entkräftung.

Über diese Zeit berichtet der Lehrer H. Süße in der Festschrift »700 Jahre Stadt Barth 1255–1955«: »Der Anbeginn des Berufsschulwesens in Barth ist eigentlich im Jahre 1820 zu suchen, in welchem der alte, bewährte Schulmeister Cyrus die Navigationsschule für junge Seeleute, ›die sich zur Schiffsführung geschickt machen wollten‹, gründete. Später« – wahrscheinlich erst im Jahre 1863 – »entwickelte sich diese Schule unter dem Namen Seefahrtschule weiter und ist erst 1924 nach Stettin verlegt worden.«

Nach Cyrus gaben auf dem Fischland die Schiffer Niklas Permin und Hans Hinrich Voß der Jugend während der Wintermonate seemännischen Unterricht. Während Cyrus noch nach dem Vermögen seiner Schüler bezahlt worden war, erhielten 1834 die Lehrer der in jener Zeit »Vorbereitungsschulen für den Beruf als Steuermann« genannten Unterrichtsstätten in Wustrow und Dändorf von der mecklenburgischen Regierung eine Besoldung und Unterstützung, die aber sehr gering gewesen sein muß.

Gerhard Ringeling schreibt in seinem Buch »Fischländer Volk«, das im Carl Hinstorff Verlag erschien: »Der nächste Steuermannslehrer, Klaus Niemann, beruft sich im Jahre 1841 ausdrücklich auf den ›berühmten‹ Navigationslehrer Cyrus, der den Fischländern ein helles Licht in der Seefahrt- und Steuermannskunde brachte, und bekennt sich mit Stolz als dessen Schüler. Aus einem Bericht an das Ministerium erfahren wir, daß in Wustrow und Dändorf gleichfalls jüngere Navigationslehrer ihres Amtes walten und daß die Regierung ihnen – sage und schreibe – dreißig ganze Reichstaler Zuschuß ausgeworfen hat. Er, Niemann, bittet – er ist damals bereits im 72. Lebensjahr – ›ihn auch für den Rest seines Erdenlebens, wenigstens solange er seinem Schulgeschäft vorsteht, durch ein jährliches Gehalt zu beglücken‹.«

Allmählich aber hatte die Seefahrt ein immer größeres Ausmaß angenommen, und die Winterkurse reichten nicht mehr aus. Die mecklenburgische Regierung entschloß sich deshalb zur Errichtung einer Navigationsschule, nur wußte sie noch nicht, ob in Rostock oder in Ribnitz. Als die Wahl auf die kleine Stadt am Bodden fiel und bereits mit dem Bau begonnen worden war, erhoben die Einwohner Einspruch, fürchteten sie sich doch vor der Unruhe, die von den jungen Seeleuten in ihre Stadt getragen werden konnte. Diesem Umstand ist es zu verdanken, daß die Schule schließlich in Wustrow gebaut wurde. Es war zwar nur ein bescheidenes einstöckiges Gebäude, das im Jahre 1846 entstand, doch es führte den klingenden Namen »Großherzoglich Mecklenburgische Navigationsschule«.

Diese kleine, auf dem fernen Fischland gelegene Schule, in der nur ein paar Unterrichtsräume im Erdgeschoß vorhanden waren, hatte sich nun gegenüber den Schulen in Rostock, Barth und Stralsund zu behaupten. Sie schaffte es und blieb bis heute bestehen, so daß viele tausend Steuerleute und Kapitäne sie mit Erfolg im Laufe all der Jahre verlassen konnten. Gewiß erfuhr sie manchen Umbau, denn nach ihrer Fertigstellung begann die Blütezeit der Segelschiffahrt, der Niedergang folgte ungefähr 30 Jahre später, Dampfer und schließlich Dieselfahrzeuge kamen auf und mit ihnen neue Navigationseinrichtungen und -methoden, die wiederum neue Unterrichtspläne und schließlich Umbauten erforderten; die wichtigsten Erweiterungen dieser Zeit erfolgten in den Jahren 1916 und 1935. Während der Nazizeit hieß sie Reichsseefahrtschule, und die Anzahl der Schüler betrug rund 50 Personen.

Die Schulburg auf dem Stegberg

Nach dem zweiten Weltkrieg schien es so, als ob nach genau 100 Jahren das Ende der im Jahre 1846 gegründeten »Seefahrtschule« auf dem Stegberg in Wustrow gekommen sei. Bis zu dieser Zeit waren dort nur Kapitäne und Steuerleute auf großer Fahrt ausgebildet worden.

Im Jahre 1949, dem Geburtsjahr der Deutschen Demokratischen Republik, wurde der Lehrbetrieb mit bescheidenen Lehrgängen für Kleine Patente wieder aufgenommen, und bald konnten 21 »Kapitäne in kleiner Hochseefischerei« die Schule verlassen.

Zum 110jährigen Bestehen dieser Lehrstätte hieß es dann in der zu diesem Tag herausgegebenen Festschrift schon voller Stolz: »Unsere Absolventen dienen keinem kapitalistischen Reeder. Sie brauchen in ihrer späteren verantwortungsvollen Arbeit als Schiffsoffiziere nicht die Sorge um den Menschen und andere humanistische Grundsätze Profitinteressen unterzuordnen oder gar über Bord zu werfen. Dementsprechend werden sie erzogen und ausgebildet ...

Entsprechend dem in unserem Staat herrschenden Prinzip, daß der Jugend ein umfassendes Wissen vermittelt werden soll, wurden neue Unterrichtsfächer aufgenommen und bestehende erweitert. Dadurch trat eine Verlängerung des Studiums ein. Besuchte früher ein Kapitän auf großer Fahrt insgesamt 85 Wochen (einschließlich Steuermannskursus) die Seefahrtschule, so dauert das Studium in unserer Schule heute 3 Jahre, das sind 114 Unterrichtswochen. Dabei muß noch berücksichtigt werden, daß unsere Schüler andere theoretische Voraussetzungen mitbringen als früher. In der Deutschen Demokratischen Republik ist der Matrosenberuf ein Lehrberuf mit dreijähriger Lehrzeit einschließlich einer zehnmonatigen Berufsschulzeit geworden. Auch dieser Fakt trug dazu bei, daß das Unterrichtsniveau bedeutend angestiegen ist.«

Gleichzeitig hatte sich der Schiffbau in der Republik entwickelt. Die Werftindustrie war auf dem Wege, nach der Stapellauf-Tonnage eine der zehn größten Schiffsexporteure der Welt zu werden und im Fischereifahrzeugbau – ohne Mutterschiffe und Transportschiffe – sogar den ersten Platz zu erreichen. Ihre Erfolge begründeten sich vor allem auf kurze Lieferzeiten, auf gute Qualität und auf einen hohen technischen Stand. Außerdem ermöglichte die Spezialisierung der Werften auf bestimmte Schiffstypen eine große Serienfertigung. Neue Schiffstypen wie Schnellfrachter für den Stückgut- und Containertransport, Küstenmotorschiffe mit 600 Tonnen Tragfähigkeit u. a. waren in Auftrag gegeben. Zu den Auftraggebern gehörten Länder wie Norwegen, die BRD, Kuba, Jugoslawien und als größter nach wie vor die Sowjetunion. Sowjetische Experten vermittelten den Schiffsbauern der Deutschen Demokratischen Republik, als an der Ostseeküste vier neue Großwerften entstanden, ihre reichen Erfahrungen. Ohne die enge wissenschaftlich-technische Zusammenarbeit mit ihnen wäre die rasche Entwicklung dieses Industriezweiges nicht denkbar gewesen.

Bald erreichte die Handelsflotte ein Ladevermögen, das die Millionengrenze weit überschritt. Sie hat längst internationale Bedeutung erlangt, und ihre Schiffe laufen heute Häfen in aller Welt an.

Eine moderne Flotte von großem Ausmaß aber benötigt nicht nur eine große Anzahl von Beschäftigten, sondern sie verlangt auch, besonders vom seemännischen Personal, ein einwandfreies technisches Profil. Da die Automatisierung mehr und mehr Bereiche erfaßt, werden die Matrosen der Zukunft auch Maschinisten und Elektriker sein und ein hochentwickeltes Antriebssystem, dazu Funknavigation, Stromversorgung, Ankersystem, Sicherheitstechnik usw. zu ihrem Arbeitsbereich gehören.

Die Schule in Wustrow mußte schon bald solchen Anforderungen Rechnung tragen. Die alten Räume reichten deshalb bei weitem nicht aus. Für 15 Millionen Mark wurde

völlig ausgebaut. Neue Gebäude mit Internat, Unterrichts-
und Wirtschaftsräumen entstanden, und nach 120 Jahren
stand auf dem Stegberg in Wustrow eine moderne seemännische Ausbildungsstätte mit internationalen Ruf, den sie
als eine der zehn Seefahrtschulen im alten Deutschland nie
in dem Maße besessen hatte. In ihr werden nicht nur
Schiffsoffiziere aus der Deutschen Demokratischen Republik, sondern auch Kapitäne und Offiziere aus den jungen
Nationalstaaten Afrikas und des Nahen Ostens ausgebildet.
Die Anzahl der Studenten erreichte bald 300, und über
40 Kapitäne und Fachlehrer vermittelten den künftigen Kapitänen, Steuerleuten und Funkoffizieren der volkseigenen
Handelsflotte und der Hochseefischerei ein hohes Wissen
und praktische Kenntnisse in über 20 Studienfächern.
1969 wurde die Ingenieurhochschule für Seefahrt Warne-
münde/Wustrow gegründet. Die ehemalige Seefahrtschule
Wustrow und die Ingenieurschule für Schiffstechnik »Ernst
Thälmann« in Warnemünde wurden zu einer modernen
Bildungseinrichtung für Hoch- und Fachschulkader umgestaltet.

Vom Leben und Treiben der Seefahrtschüler vergangener Zeiten berichtete der Volkskundler Professor Wossidlo: »Dat wier von öltlings her so Bruk, dat de Stüermanns-schäuler hier in Wustrow, de ehr Exaam mit Utteiknung maakt hadden, bi den' Ümtogg dörch den' Uurt 'ne witt Schört drögen. Wenn se vör dat mündlich Exaam stünnen, treckten se mit 'n Wagen rüm un haalten dat Frühstück von de Brutens af.«

Der eine und andere künftige Schiffsoffizier findet sicher auch heute noch seine Frau in Wustrow und wird dort vielleicht seßhaft werden und den Anteil der seebefahrenden Bevölkerung Wustrows erhöhen.

Streiterei am Permin

Eins der größten Streitobjekte zwischen dem Körkwitzer Bach am Anfang der Nehrung und Pramort auf dem äußersten Zipfel des Zingst war im Mittelalter Der Permin. Er ist eine Bucht des Boddens, die unmittelbar vor Wustrow fast die Straße berührt. Dieser Wasserarm reichte einst weiter bis ins Meer und trennte das Fischland vom Festland. Er war der südliche Mündungsarm der Recknitz, die bei Ribnitz-Damgarten den Bodden erreicht. Lange Zeit war er Gegenstand erbitterter Auseinandersetzungen. Diese Streitigkeiten und die Sturmfluten trugen dazu bei, daß er genauso wie der nördliche Arm der Recknitz vor Ahrenshoop verlandete. Geblieben ist nur die Bucht, die vom Bodden her ein Stück ins Land reicht und den Namen Der Permin trägt.

Der Altertumsforscher Dr. Lisch gibt dazu folgende Erklärung: »Das Wort vlote ist plattdeutsch und unser Fluß, jedoch nicht ganz mit dem Begriff eines sichtbar fließenden Wassers, sondern eines schmalen, fahrbaren Wassers, auch wenn es nicht fließt. Permin ist wendisch und bedeutet dasselbe, wird daher durch vlote erläutert. Es heißt nämlich

auf böhmisch prom, auch pram, Fähre, der Prahm, und pro-
min, Arm eines Flusses.«

Still und unauffällig liegt heute dieser schilfumstandene
Wasserarm vor Wustrow; selbst wenn der Orkan über die
See tobt, ist es hinter dem Deich an dieser Stelle verhältnismäßig ruhig und geschützt, und es hat den Anschein, als
habe dort nie das Meer geherrscht.

Die Stadt Ribnitz betrachtete im Mittelalter diese Zugänge
zur offenen See als unbedingt notwendig für ihre wirtschaftliche Entwicklung, und Wustrow bewertete sie ähnlich, begann es doch ebenfalls früh mit einer eigenen
Schiffahrt zu liebäugeln. Die Slawen waren schon früher
kühne Seefahrer gewesen und hatten bis nach Dänemark
Handel getrieben.

Die benachbarten Hansestädte Rostock und Stralsund hielten jedoch nichts von einer sogenannten Bauernschiffahrt
oder von Klipphäfen, wie sie alle Häfen ohne Stadtrecht
nannten. Dazu gehörten Boltenhagen, die Golwitz auf
Poel, Alt Gaartz – heute Rerik –, Warnemünde, Müritz,
Wustrow und Ahrenshoop. »Schiffahrt den Hansen, den
andern die Fischerei«, das war die Devise der Städte. Ihre
Besorgnis wegen der Konkurrenz galt aber nicht so sehr
den Bauernschiffern als vielmehr den Fürsten. Da die Hansestädte den Einfluß des Landesfürsten weitgehend aus
ihren Mauern verbannt hatten, der Fürst somit auch nicht
am großen Gewinn teil hatte, versuchten er und auch die
Ritterschaft es mit eigener Verschiffung des Getreides und
anderer Güter über die Klipphäfen. Das aber entsprach
durchaus nicht den Vorstellungen der Hansen, und sie grif-
fen brutal ein, sobald sie Bestrebungen dieser Art feststellten. Nun hatte der pommersche Herzog vom Sund bei Ah-
renspör – so hieß Ahrenshoop z. B. Ende des 14. Jahrhunderts – bereits eine Art Feste zur Sicherung des nördlichen
Mündungsarmes der Recknitz angelegt, und es hieß, er
wolle dort eine regelrechte Seestadt bauen lassen. Da
schlug 1395 Rostock zu. Um die gleiche Zeit soll mit Unter-

stützung der Stralsunder ein ähnlicher Schlag Rostocks auch gegen die Nutzung des südlichen Mündungsarmes bei Wustrow geführt worden sein.

Die hansischen Kaufleute hatten die Sache geschickt eingefädelt. Ihr Eingreifen, so sagten sie, war notwendig, um der Seeräuberei ein Ende zu machen. In der Gegend um Wustrow hatten sich nämlich einige Vitalienbrüder – auch Likedeeler genannt – eingenistet, zu denen der Sage nach Störtebeker gehört haben soll. Die Historiker behaupten allerdings, daß die Namen Störtebeker und Gödeke Michael erst nach der Flucht der Vitalienbrüder in die Nordsee auftauchten. Im Verfestungsbuch der Stadt Wismar befindet sich aber eine Eintragung aus dem Jahre 1380, die besagt, daß damals zwei Wismarer festgenommen wurden, »weil sie dem Nikolaus Störtebeker fünf blaue Stellen geschlagen hatten«.

Die Rostocker blockierten die Mündungsarme der Recknitz durch versenkte Schiffe, die zudem ein schnelles Versanden förderten. Die Aktion gegen die angeblichen Piraten war so gründlich durchgeführt worden, daß das Wustrower Tief bis in die Gegenwart verschlossen blieb. Das Ahrenshooper Tief, der sogenannte Loop, auch Darßer Kanal genannt, soll später zum Ärger der Hansestädte noch einmal geöffnet worden sein, doch mit dem Ausbau einer Seestadt war es auch dort ein für allemal vorbei. Geblieben ist ein fast nicht mehr zu erkennender Graben, der die mecklenburgisch-pommersche Grenze bildete. Am deutlichsten sichtbar ist er neben dem Weg, der von der Betonstraße zum romantisch gelegenen Dornenhaus führt, dem sogenannten Grenzweg.

Ribnitz und Wustrow aber, unterstützt vom mecklenburgischen Herzog, gaben trotzdem noch lange keine Ruhe. Immer wieder fanden sich Generationen, die die Hoffnung, die Landenge am Permin für die Schiffahrt wieder öffnen zu können, nicht aufgeben wollten. Es kam auch zu Prozessen, nachdem die Herzöge die Beschwerden der Hansestädte auf den Landtagen nicht mehr angenommen hatten. Die Hansen befanden sich daher insofern im Nachteil, als sie nur auf angemaßtes Gewohnheitsrecht pochen konnten. Das hinderte sie jedoch nicht, hartnäckig gegen jeden Hafenplan weiter zu kämpfen, bis es ihnen gelang, das mecklenburgische Fürstenhaus beim Kaiser anzuschwärzen. Sie behaupteten, der Herzog wollte den Hafen Wustrow nur ausbauen, um zum eigenen Vorteil mit den Holländern undurchsichtige Geschäfte zu machen. Sie fanden auch beim kaiserlichen Gericht Glauben, so daß dem Herzog aufgetragen wurde, sich jeglicher Hafenbauten zu enthalten, worauf er mit einer Urkunde herausrückte, in der ihm schon Kaiser Karl V. die Erlaubnis erteilt hatte, in Ribnitz und in der Gollwitz Häfen zu errichten.

Endlich, nach dem Dreißigjährigen Krieg, sollte der Durchstich vollzogen werden. Man hatte bereits mit dem Graben begonnen, als das beteiligte Schweden seine Haltung änderte und jede Unterstützung einstellte. Der Hauptgegner Rostock rieb sich die Hände. Doch die Pläne gerieten auch danach nicht in Vergessenheit. Um die Mitte des 18 Jahrhunderts wurden am Permin erneut Vermessungen vorgenommen, und man begann wiederum mit dem Ausschachten, wobei drei von den um 1400 herum versenkten Schiffen ausgegraben werden konnten; leider ist von ihnen nichts erhalten geblieben. Nach mündlicher Überlieferung sollen sie Ähnlichkeit mit Spitzgatjollen gehabt haben. Auch diesmal blieb der Durchstich unvollendet.

Dieser Streit, der im Mittelalter eine bedeutende Rolle gespielt hatte, begann also kurz nach der deutschen Besiedlung. Was vorher im Lande Swante Wustrow geschah, ist uns nur der Sage nach bekannt.

Bald nachdem die Germanen während der Völkerwanderung das Land verlassen hatten, werden hier Slawen nachgewandert sein und sich auf diesem vor Überflutung verhältnismäßig sicheren Landstück niedergelassen haben. Über diese Niederlassung berichtet eine Sage. Swantewit –

so sagen die einen –, ein Riese – behaupten die anderen – trug mit seinem Schimmel in einer Nacht den Hügel – heute steht dort die Kirche – zusammen, auf dem Gott Swantewit zu Ehren ein Heiligtum und seinen Verehrern ein Schutzwall errichtet wurde. Proben weisen nach, daß die Erde des Hügels tatsächlich herbeigeschafft worden ist.

Um sich vor Überfällen zu schützen, bauten die Slawen gern auf einer Insel; so war ihnen dieses Stück Land gerade recht. Sie nannten es Zwantwozstrowe, auch Svante Wustrowe und ähnlich, in den ältesten Urkunden steht Swantewustrow, Heilige Insel. Dieser Name wurde bis Ende des 16. Jahrhunderts beibehalten. Seitdem taucht dann immer häufiger die Bezeichnung Fischland für das Ländchen zwischen Permin und Grenzgraben auf, während der Name Wustrow für das Kirchdorf gebräuchlich blieb.

Zum erstenmal wurde Swante Wustrow im Jahre 1235 urkundlich genannt. Papst Gregor IX. bestätigte es – zusammen mit Bentwisch und Volkenshagen – als Schutzgebiet des Zisterzienser-Klosters Dünamünde in Livland. Aber Mönche und Papst waren weit. Danach hatten es die Herren von Preen als fürstliche Lehnsmänner inne, ihnen folgten ein dänischer Truchseß und dann die Herren von Huda. Fast 100 Jahre nach der Bestätigung durch den Papst – die Welt schrieb das Jahr 1328 – kam das Ländchen zum Klarissinnenkloster zu Ribnitz. Dieser Abschnitt dauerte bis zum 18. September 1569, in jenem Jahr erfolgte dann die Übergabe an das Domanium.

In einem Inventarverzeichnis des Klosters, das wahrscheinlich 1577 während einer Visitationsreise nach Wustrow angelegt wurde, heißt es: »... wird sonsten auch das Fischland genannt. Und ernähren sich die Pauren neben Viehzucht und Ackerbau mit der Fischerei.« Erwähnt werden dann die Dörfer Althagen, Niehagen, Bergesdorf (Barnstorf) und das Kirchdorf Wustrow, wo bereits eine dreischiffige gotische Kirche mit einem erhöhten Mittelschiff stand, die später wegen Baufälligkeit abgerissen werden mußte. Die jetzige Kirche konnte 1873 vollendet werden.

Nach diesem Inventarverzeichnis folgert C. J. F. Peters 1884 in »Das Land Swante-Wustrow oder das Fischland«: »Aus dieser Mitteilung geht unzweifelhaft hervor, daß unter der Benennung ›Fischland‹ nur das Territorium der vier angeführten Ortschaften zu verstehen ist, welche das Land Swante Wustrow ausmachten. Die in jetziger Zeit hin und wieder vorkommende Auffassung, als ob der ganze südwestlich gelegene Teil der Landenge mit den Dörfern Dierhagen und Dändorf zu Fischland gehöre, müssen wir daher als eine ganz falsche bezeichnen, ebenso den üblichen Zusatz Halbinsel umwerfen, da das Fischland niemals eine Halbinsel war und auch jetzt noch keine solche ist.«

Die Fischländer lebten lange wie auf einer Insel und kannten keinen Adel, der sie in Fron nahm. Auch dort wären Ritter und später Junker ohne Zweifel seßhaft geworden, hätten Bauern und Kätner gelegt und das Land zum eigenen geschlagen; das rauhe Klima, der wehende Sand und die stets drohenden Sturmfluten aber hielten sie zurück.

Für hartes Geld auf allen Meeren

Eine Insel, von der im vorigen Kapitel geschrieben wurde, gibt es nicht mehr. Die Insellage aber hatte sich natürlich auf das Bewußtsein und den Charakter der Bewohner ausgewirkt.

Während der großen Zeit der Segelschiffahrt waren einige Fischländer, auch Einwohner der benachbarten Dörfer, recht wohlhabend geworden. Da diese Schifferfamilien bald den Ton angaben, führte dies nicht selten zu einem Standesdünkel, auch »Schippernagel« genannt. Daneben gab es allerdings Familien, die äußerst dürftig, ja armselig lebten. Dann setzte die Zeit den Hobel an, doch der Schippernagel soll sich noch lange gehalten haben.

Der »Kontinent« war weit, das muß man bei den Betrachtungen über einen Ort wie Wustrow berücksichtigen. Die See bot die meisten Chancen, und wo immer Meerwasser die Fußspitzen berührte, gab es stets Wagemutige, die ihren Booten, Kähnen, Schuten und sich selbst das Letzte zumuteten, die weit hinausfuhren und an Erfahrungen reicher heimkehrten. Sie tasteten sich mit dem Lot voraus, richteten sich nach den Tiefen, nach dem Bewuchs des Meeresgrundes und dem Wind und gaben ihre Erkundungen von Generation zu Generation weiter, so daß sich diese Menschen auf dem Wasser so gut wie auf dem Lande auskannten. Das gab Selbstbewußtsein, und als die Deutschen in den im Mittelalter an der Ostsee gegründeten Städten, die bald der Hanse angehörten, jeglichen Transport über Wasser als ihr alleiniges Privileg in Anspruch nahmen, widersetzten sich die Mutigen und Seekundigen der alteingesessenen Einwohner, zusammen mit den Unternehmungslustigen unter den Zugezogenen, in manchem Dorf an der Küste auf ihre Weise. So kam es oft zum rücksichtslosen Kampf der Städter gegen die Klipphäfen. Der Streit endete zwar immer mit einem Vorteil der Städter, aber es gab auch wieder Zeiten im Lauf der Jahrhunderte, die außerhalb der Hafenstädte vorübergehend Möglichkeiten für die nie völlig eingeschlummerte Lust zur Seefahrt boten; besonders war dies nach dem Niedergang der Hanse der Fall.

In der zweiten Hälfte des 17. Jahrhunderts – der Dreißigjährige Krieg war noch gar nicht ganz vergessen – segelten schon Schuten vom Darß und vom Fischland mit Holz und Torf nach Barth, Stralsund oder Wismar, und stabilere Fahrzeuge kreuzten mit 40 bis 60 Zentner Ladung nach Lübeck und Malmö hinauf. Man sprach damals noch nicht von Bruttoregistertonnen, sondern sagte: »Last«; eine Last betrug 40 Zentner.

Es ist überliefert, daß Zingst 1696 schon acht und Prerow fünf Fahrzeuge bis zu fünf Last besaß. Im Jahre 1735 lagen in Born 23 und in Wieck 27 seetüchtige Boote und Schiffe. Ein

1764 an die herzogliche Kammer Mecklenburgs gerichteter Bericht erwähnt, daß sich die Fischländer kleine und mittlere Fahrzeuge in beträchtlicher Zahl bauen ließen. Es werden stattliche Schiffe gewesen sein, denn in dem Bericht heißt es: »... und begnügen sich nicht, auf die Küsten der Ost-See bis nach Rußland, Preußen, Schweden und Dänemark zu trafiquieren; sie gehen nicht selten durch den Sund in die Nordsee nach Holland.«

Daraus ist klar ersichtlich, daß die Fischländer bereits wohlhabend genug waren, um Geld für größere Unternehmungen aufbringen zu können. So konnten 1751 die Schiffer Hans Niemann, Hinrich Zeplin, Claus Hinrich, Claus Voß, Ewald und Hans Dade, Christoffer Balrüß, Gerdt Claus und. Hinrich Hinzmann der Wustrower Kirche sogar vier zinnerne Leuchter im Barockstil schenken.

Aus dem Jahre 1783, also rund 20 Jahre nach dem erwähnten Bericht an die herzogliche Kammer über die Bewohner des Fischlandes, besaßen in Pommern Prerow 17, Zingst 93, Born 6 und Wieck 18 Fahrzeuge, von denen 29 auf Werften in Zingst und Barth gebaut worden waren. Sicher werden kleinere Boote mitgezählt worden sein, doch es waren auch Schiffe darunter, die bis zu 95 Last getragen haben und hauptsächlich Getreide und Holz transportierten.

Wie tief die Seefahrt in das Leben der Menschen eingriff, geht aus einem Aufsatz über die Prerower Kirchenbücher hervor, den G. Berg im Sommer 1926 veröffentlichte. Darin heißt es: »Erst von der Mitte des 18. Jahrhunderts vernehmen wir von Unglücksfällen der Darßer Seeleute. Sehr bezeichnend für die Entwicklung der einheimischen Schiffahrt ist folgende Anmerkung von 1785 über den verstorbenen 74jährigen Schiffer Christopher Kraeft: ›Er war unter den hiesigen Schiffern der erste gewesen, der die Nordsee beschifft hat.‹ Jetzt häufen sich die Todesnachrichten. Es sind geradezu erschütternde Zahlen, die das Kirchenbuch laufend bringt: 1794: 14, 1795: 8, 1796: 3, usf. 1861, in der Zeit der Blüte der Segelschiffahrt, verzeichnet das Kirchenbuch (damals schon ohne Zingst, das 1856 selbständiges Kirchspiel wurde – d. Verf.) 14 Unglücksfälle zur See. Diese hohen Unglückszahlen erklären sich teilweise aus der Sitte, daß der Darßer Schiffer häufig seine ganze Verwandtschaft auf seinem Fahrzeug hatte, Bruder, Söhne usw. Für die Gebliebenen wurde gewöhnlich in der Kirche gedankt. Wie stark der Anteil der Darßer an der Seefahrt war, zeigt neben andern das Jahr 1821. Bei 151 Taufen treten 79 Seeleute als Väter auf.«

Während des 18. Jahrhunderts unternahmen Fischländer, wahrscheinlich auch Dierhäger und Dändorfer, ihre Fahr-

ten auf Jachten, bis in Wustrow der Schiffszimmermeister Hinzmann im Auftrag der Schiffer Dade und Niemann die erste Galeasse, die im Gegensatz zur Jacht ein Rahsegel führte, auf seiner Werft baute.

Im Jahre 1795 zählte man in Wustrow 30, in Alt- und Niehagen 14, in Dierhagen 8 und in Dändorf 4 Schiffe. Werften gab es in diesen Dörfern, Wustrow ausgenommen, nicht, dagegen entfaltete sich während der nächsten Jahrzehnte in den Boddenstädten Damgarten, Barth und Ribnitz, besonders auch in den Dörfern Born, Wieck, Prerow und Zingst, eine rege Schiffbautätigkeit.

Vom Jahre 1832 weiß das »Freimüthige Abendblatt« zu melden, daß das Fischland bereits 96 Schiffe besaß. Aus anderen Quellen geht hervor, daß Dierhagen um diese Zeit 46 hatte, während von Dändorf gesagt wurde, es sei von allen Dörfern das reichste und habe Schiffer unter seinen Einwohnern, die über ein Konto von 40 000 Mark verfügten. Der Gewinn, den diese Schiffe brachten, war sehr hoch. Diese Kunde stammt aber wahrscheinlich schon aus Tagen, da sich die Blütezeit der Segelschiffahrt, die zwischen 1850 und 1870 lag, bereits ankündigte. Bis zum ersten Drittel dieser »vergoldeten« Jahrzehnte hatte man von den Boddendörfern aus nur die große Küstenschiffahrt im Raum Ost- und Nordsee betrieben. Die Aussicht auf Gewinn, die besseren Fahrzeuge, die in den benachbarten Städten gebaut wurden, bestärkten schließlich die Fischländer in ihrem Verlangen, die große Fahrt über alle Meere zu wagen. Hinzu kam, daß 1849 die unter Cromwell erlassene Navigationsakte aufgehoben worden war, der zufolge nur Schiffe aus dem Herstellerland Waren nach England bringen durften. Nach 400 Jahren fiel ab 1857 endlich auch der dänische Sundzoll fort.

Da aber ein seetüchtiges Schiff teuer war und niemand so viel Geld besaß, um es allein auf seine Kosten bauen zu lassen – es kostete anfangs 40 000, später über 100 000 Mark –, schloß man sich zu einer Gesellschaft von Teilhabern zu-

sammen, von denen jeder seinen Part beisteuerte. Sie nannten sich Partenreeder. Ein Partner legte mindestens 200
blanke Taler auf den Tisch. Den größten Part zahlte gewöhnlich der Schiffer ein, das übrige die Verwandtschaft.
Hatte ein heiratsfähiges Mädchen viel Geld im Schiff, besaß
es die beste Aussicht, recht bald unter die Haube zu kommen.
Der Gewinn wurde gewissenhaft anteilmäßig aufgeteilt.
Einnahmen und Ausgaben schrieb der Schiffer in sein No-
tizbuch, er schloß auch die Geschäfte ab. Dieses Verfahren
bewährte sich bei kleineren Schiffen ganz gut; wollte man
aber auf dem Weltmarkt mithalten, mußten größere und
noch schnellere Schiffe gebaut werden. Außerdem wurde
die Erledigung des geschäftlichen Teils immer schwieriger;
jedes Land hatte eine andere Währung und andere Zollge-
setze, kurz, der Handel wurde komplizierter. Damit schlug
die Stunde des Korrespondentreeders, der nicht nur geschickt mit fremdem Geld umgehen konnte, sondern auch
die überseeischen Beziehungen zu pflegen verstand. Er
und der Schiffer waren gewöhnlich die Partner mit den
größten Anteilen. Seine Aufgabe bestand vornehmlich in
der Pflege der Geschäftsbeziehungen. Er sorgte für die
Frachten in den verschiedenen Häfen, regelte den Geldver-
kehr, berechnete die Kosten und verteilte den Gewinn. Partenreeder waren künftig nicht mehr Onkel und Tanten,
Vettern und Cousinen, sondern auch Schiffshandwerker,
Gutsbesitzer und Bauern aus den benachbarten Dörfern.
Das Geld blieb seitdem also nicht mehr allein in einer Familie. Damit aber so wenig wie möglich in fremde Hände
gelangte, wurden Kinder, für die ebenfalls ein Teil einge-
zahlt worden war, schon in ihrer Jugend für eine spätere
Heirat innerhalb der Verwandtschaft bestimmt. Starb ein
Schiffer, so war es lange üblich, daß der Nachfolger die
Witwe heiratete. Auf diese Weise konnte ein junger Steuer-
mann zu einer alten Frau kommen, aber auch zum eigenen
Schiff, und von dem Tag an nannte er sich Schiffer. Diese

Berufsbezeichnung findet sich im Wustrower Kirchenbuch bereits zu Beginn des 18. Jahrhunderts.

Manche Familie in den Boddendörfern hatte es so zu solidem Wohlstand gebracht, und bald kam die Zeit, in der man von Reichtum sprechen konnte. Dazwischen war der von 1854 bis 1856 dauernde Krimkrieg ausgebrochen. Ohne lange zu überlegen, fuhren auch die Schiffer der Dörfer am Bodden gemeinsam mit vielen anderen für Freund und Feind und brachten oft 250 Prozent Gewinn mit nach Hause.

Die Bauern schleppten das Hartgeld für ihren Part in Kiepen heran. In Dändorf und Dierhagen liefen die Ribnitzer Jungen von Haus zu Haus, um sich anmustern zu lassen. Es hieß, sie brauchten an keiner Tür vorbeizugehen, den in jedem Haus wohne ein Schiffer.

In diesen beiden Dörfern der Nehrung, in denen die Namen Fretwurst und Voß weit verbreitet waren und es noch sind, wurden die Schiffer eigenartigerweise nach ihren Müttern benannt. Sie hießen Angreitenalbert, Linajochen, Fikenfritz oder Metakarl. Von den Dierhägern weiß man, daß sie die Matrosen, die bei ihnen angeheuert hatten, Feldarbeit verrichten ließen, wenn im Frühjahr das Eis noch kein Auslaufen gestattete. Das wurde von den Seeleuten ohne Widerspruch mit in Kauf genommen, denn die Aussicht auf Gewinn ließ sie vieles ertragen. Lange Untersuchungen wegen etwaiger Krankheiten gab es übrigens nicht, die Hauptsache waren zwei zupackende Fäuste, das allein zählte auf den Briggs und Barken, die mit 10 bzw. 14 Mann Besatzung fuhren.

Während der Blockadefahrten im Krimkrieg war die Rostocker Flotte, zu der ein großer Teil der Fischländer Schiffe gehörte, auf 378 Fahrzeuge angewachsen. Wie bereits erwähnt, hatte der Handel Ausmaße angenommen, die ein Schiffsführer neben seinen nautischen Aufgaben nicht mehr übersehen konnte, und der Korrespondentreeder war endgültig der entscheidende Mann geworden. In den Jahren davor beruhten alle Abmachungen auf Treu und Glauben. Betrug war nicht beabsichtigt und wäre auch schlecht möglich gewesen, da alles im dörflichen Kreise blieb und man einander im Auge behalten konnte. Künftig aber hatten der Korrespondentreeder und der Schiffer nicht nur größere Anteile, sondern sie bezogen auch noch einen Teil des Bruttogewinns. Der Schiffer bekam außerdem eine Prämie, das Kaplaken, während der Korrespondentreeder gewöhnlich mehrere Schiffe betreute und seine Einnahmen dadurch wesentlich erhöhte. Dies war auch die Zeit, in der der bewußte Standesdünkel, »Schippernagel« genannt, Wurzel faßte. Man sprach nicht mehr gern vom »Schiffer« als dem Führer des Schiffes, sondern nannte ihn Kapitän; diese Bezeichnung war bis dahin nur bei der Kriegsmarine üblich gewesen. Die Frauen der Schiffer hatten nämlich zu ihrem Ärger festgestellt, daß man im Hochdeutschen ebenfalls »Schiffer« sagte, wenn von der Mannschaft gesprochen wurde. Die Burschen aus irgendwelchen Katen hießen also genauso »Schiffer« wie ihre Männer, die ein Schiff führten. Das verletzte ihr »Standesbewußtsein«.

Man feierte auch nur unter seinesgleichen. In Wustrow gaben zum Beispiel Schiffer, Steuerleute und Matrosen jeweils einen Ball für sich, und in Althagen durfte auf dem Schifferball nicht einmal ein Handwerksmeister erscheinen. Schneider, Schuster oder Stellmacher hatten auf dem Ball der Seeleute nichts zu suchen. Was nicht »von Stand« war, durfte auf Schifferbällen höchstens Bier auftischen.

Für den einfachen Jungen, dessen Eltern kein Geld im Strumpf hatten, waren die Aufstiegsmöglichkeiten trotz der Konjunktur gering geblieben. Unter besonders günstigen Umständen konnte er zwar Kapitän werden, doch nur als Angestellter der Reederei. Oft wirkte es sich dann so aus, daß dieser völlig abhängige Kapitän aus dem Schiff und der Besatzung herausholte, was herauszuholen war, um so zu eigenen Parten zu kommen. Der Korrespondentreeder sah ebenfalls zu, daß er zu seinem Geld kam. Eine Möglichkeit dazu war, die Verteilung des Gewinns zu verzögern, damit das Kapital noch recht lange für ihn arbeiten konnte.

Die große Zeit der Segelschiffahrt war also aus der Nähe betrachtet doch wenig romantisch. Es ging selten nur um kühne Fahrten und um das Bezwingen der Wogen aller Ozeane, sondern oft einfach nur um hartes Geld. Wer von den Matrosen dabei Schaden an seinem Leibe nahm, dem blieb nichts als ein armseliges Dasein an Land, ohne rechten Beruf. Der Reeder stand dagegen mit dem Rücken an der Wand. Er und seine rechte Hand, der Kapitän, ließen, wenn sie dabei noch genügend verdienten, das Schiff auch mit wenig Ladung fahren. In solchem Fall blieb für den Partenreeder natürlich nur ein niedriger Verdienst, gelegentlich mußte er sogar noch zuzahlen. Es hat auch Fälle gegeben, in denen der in der Stadt ansässige Korrespondentreeder zwar die Versicherungssumme einzog, sie aber nicht abführte. Wenn das Schiff dann strandete, hatten die Partenreeder fast immer ihr ganzes Vermögen verloren. Große Getreidefirmen spekulierten so unredlich, daß sich Landtag und Zeitungen mit ihnen beschäftigten, und das wollte in jenen Zeiten schon etwas heißen.

Hauptmann von Wehrs, der 1811 ein Jahr lang mit einer in napoleonischen Diensten stehenden schwedischen Besatzungstruppe auf dem Darß lag, schrieb damals – also schon vor der Glanzzeit der Segelschiffahrt – u.a. von der Wohlhabenheit der Schifferfamilien, daß es bei ihnen unverfälschte französische und spanische Weine, Rum, Porter, Zucker, Kaffee, Tee, Schokolade, Zitronen, holländischen, englischen und schwedischen Käse gäbe, aber er wußte auch folgendes zu berichten: »Der nächste Nachbar einer solchen wohlhabenden Haushaltung ist vielleicht ein alter und schwacher Matrose, dem das Glück nicht so wohl gewollt hat, der jetzt nicht mehr zur Seefahrt taugt und sich selbst mit seiner oft zahlreichen Familie kümmerlich durch die wenigen und kärglichen ihm zu Gebote stehenden Erwerbszweige ernähren muß. Man findet hier mitunter Menschen, die in dem an Korn so reichen Pommern Wochen, ja Monate lang kein Brot essen, sondern sich glücklich preisen, solange sie noch Kartoffeln haben.«

Dennoch trotz Fehlspekulation, Strandung und Menschenverlust, hatte sich in den Dörfern zwischen Meer und Bodden so etwas wie Wohlstand ausgebreitet, bei den einen mehr, bei den andern weniger. Die Dändorfer betrachteten sich den Wustrowern gegenüber als ebenbürtig, und in Dierhagen wußte man, wer man war! In Althagen füllte sich der Sparstrumpf, und Niehagen blühte. Jenseits der Grenze, auf dem pommerschen Darß, hatte man die Zeichen der Zeit ebenfalls gut verstanden. Selbst im immer etwas abfällig betrachteten »armseligen« Ahrenshoop wurde mit Geld gebaut, das auf der See zusammengesegelt worden war.

Aus den Darßdörfern Born und Wieck, deren Bewohner von den Fischländern nie ganz für voll genommen wurden, kamen trotzdem viele Besatzungsmitglieder der Fischländer Schiffe.

Wie die Fischländer, so verstanden auch die Darßer zu sparen, und es regte sich bei ihnen ebenfalls die Baulust; es entstanden sogar Kapitänshäuser. Trotzdem war es für die Darßer nicht leicht, denn ein Vollmatrose verdiente im Jahr nicht ganz 500 Mark, während es ein Kapitän mit Kaplaken auf 2000 Mark bringen konnte. Die Matrosen erhielten einen bestimmten Teil ihres Lohnes im voraus. Der Reeder stellte für die Familie einen »Treckzettel« aus, worauf sie monatlich abheben durfte. War das Schiff aber überfällig, zahlte der Reeder nicht; bestand der Verdacht, daß ein Matrose desertieren würde, wurde der Treckzettel gestoppt.

Dann ging in den achtziger Jahren des vorigen Jahrhunderts die Zeit der stolzen Windjammer ihrem Ende zu, und die Stinkbüdels, Smökers, Blökerkasten und Füerfräters, wie die Dampfer spöttisch und bitter genannt wurden, nahmen an Zahl immer mehr zu. So mancher Fischländer oder Darßer hatte geglaubt, die »sieben fetten Jahre« würden überhaupt nicht enden. Wenn sie nun die Köpfe zusammensteckten, war das Klagen deshalb groß. Die Not kroch in die Schifferhäuser, die Frachten wurden täglich knapper; und wie hätten sie das viele Geld für die aus Eisen gebauten Schiffe auch wohl zusammenbekommen sollen? Und dann die Reparaturen! Ein Schiff mit 10 bis 15 Mann Besatzung und 1300 Raummetern kostete 123000 Mark; das war ein Heidengeld!

Im Jahr 1862, zur Blütezeit also, gehörten den Fischländern 132 Schiffe, 1884 waren es nur noch 89. Während Barth 1886 über 125 Schiffe verfügte – neun mehr als Stralsund –, besaß es 1890 noch 70 und 1900 nur noch 21 Seeschiffe. Wenn man weiter bedenkt, daß in diesen Jahren 15 größere Reedereien bestanden, die bald nacheinander Bankrott machten, kann man sich vorstellen, wie sich dieser Rückgang auf Handel und Wandel auswirkte; und so war es überall.

Einige Wagemutige hatten noch eine Zeitlang mit Trampfahrten weiter gut verdient. Sie segelten von Hafen zu Hafen über die Meere, blieben oft Jahre unterwegs und nahmen zuweilen Frau und Kind mit auf die Reise. Doch auch solche Fahrten hielten den Lauf der Dinge nicht auf, eine allgemeine Wirtschaftskrise, Fehlspekulationen und ein Bankkrach setzten der Segelschiffahrt endgültig ein Ende. Das Großkapital hatte die kleinen Partenreeder und Schiffseigner vernichtet. Der technische Fortschritt siegte. Das Dampfschiff triumphierte über den Windjammer. Mancher Seemann mußte sich nach einer anderen Arbeit umsehen, viele wanderten ab in die Hafenstädte, um dort auf den Werften, in den Häfen oder bei den großkapitalistischen Reedereien ihr Glück zu versuchen.

Nach und nach wurden die Schiffe der Rostocker Flotte – zu der die Fischländer Schiffe ja gehörten, während die Darßer meist in Stralsund und Barth beheimatet waren – nach Skandinavien und besonders nach Finnland verkauft, wo sie noch eine Weile liefen. Ein paar Jahrzehnte länger hielten sich die kleinen Schoner und Tjalken, die im Gegensatz zu den Barken und Briggs mit bis zu 400 Tonnen Tragfähigkeit nur 100 bis 150 Tonnen laden konnten. Einige waren noch bis in das 20. Jahrhundert hinein in den am östlichen Ufer des Boddens liegenden Dörfern zu Hause.

»De Welt hett sick dreiht«, hieß es, und man dachte wehmütig: »Wat bröcht doch früher so'n Schipper Nohrung in de Stadt!«

Wovon die Katen träumen

Wer heute über den verlandeten und nicht mehr wahrzunehmenden Arm des Permin das Fischland betritt, kommt zuerst durch den Kuhleger, so heißt der Ortseingang von Wustrow. Das war vor zwei-, dreihundert Jahren schon so und hat sich seitdem nicht geändert. Zu den Katen dort gehört auch das sogenannte »Runenhaus«. Der Eingang zu den Katen am Kuhleger liegt meist zu ebener Erde. Bei einem solchen Anblick schaut man wohl besorgt zum Deich hinüber, doch der scheint endlich das zu halten, was er verspricht. Das erwähnte Runenhaus gehörte der Malerin Hedwig Holtz-Sommer. Sie und ihr 1956 verstorbener Mann Erich Theodor Holtz schufen, fern aller Formspielerei, Werke, in denen Mensch und Landschaft ihrer Umwelt auch dann gestaltet worden sind, wenn keine Mittsommertage über dem Fischland lagen.

Nach diesen »drei Katen« ist man schon im Ort. Der erste Eindruck ist enttäuschend, denn dem Auge bieten sich Häuser, wie sie auch in Kleinstädten um die Jahrhundertwende nicht anders gebaut wurden. Unmittelbar vor den zurückliegenden Rohrdachkaten stehen zwei neuere Häuser mit Balkons, wie man sie in jeder größeren Stadt finden kann.

Das wäre also der Eindruck, führe man nur hindurch, aber niemand wird enttäuscht werden, wenn er sich Zeit läßt und seine Schritte nach rechts und links in die Nebenstra-

ßen und Wege lenkt. Wie es zu diesem gegensätzlichen
Anblick kam, geht aus einer Schilderung von C. J. F. Peters
über den großen Brand am 4. August 1869 hervor, die wegen
ihrer Farbigkeit dem Leser nicht vorenthalten werden
soll.

Peters schreibt: »Beim Anbruch des Morgens ahnte niemand
Böses, ein jeder ging in gewohnter Weise seinen Geschäf-
ten nach. Da, gegen 9 Uhr, ertönte vom Turme die Sturm-
glocke. Es mußte irgendwo brennen. Leute stürzten auf die
Straße und fragten einander ängstlich nach dem Orte des
Feuers. Bald sah man im Südwesten des Dorfes eine Rauch-
säule aufsteigen, der bald heller Feuerschein folgte. Es
brannte auf der Büdnerei Nr. 112 in einem strohbedachten
Hause. Der Wind war südwest und wehte frisch. In der
Richtung nach Nordost von der Feuerstelle aus befanden
sich mehrere Häuser mit Strohdächern, welche unfehlbar
dem Feuer verfallen mußten. Und dies geschah. Bald standen auch diese in hellen Flammen, und obgleich die Spritzen bald zur Stelle waren, konnten sie doch dem Fort-

schreiten des Feuers keinen Einhalt tun. Ja, ehe man es sich versah, brannte es schon oben im Dorfe, wohin das Feuer durch hingetriebene Flocken übertragen war. Da ergriff ein panischer Schrecken die Einwohner. Alles lief wirr und wild durcheinander. Überall wurden Häuser ausgeräumt und das Mobiliar neben allen sonstigen erdenklichen Gegenständen auf die Straße geworfen. Die Spritzen arbeiteten und schickten ihren kräftigen Wasserstrahl in die lodernde Glut, Wasserwagen rasselten durch die Straßen, Balken krachten, Wände fielen, Schornsteine stürzten, und in das laute Rufen der Männer mischten sich die schrillen Töne vom Klage- und Jammergeschrei der Frauen und Kinder. Wustrow glich einem aufgestörten Ameisenhaufen. In wenigen Stunden lagen 43 Büdnereien und 5 Bauernhöfe in Asche. Das neue Schulgehöft bestand die Feuerprobe, am längsten hielt sich das Nordensche Haus. Erst nachmittags, nachdem ein auf dem Hofe stehender großer Holzstoß in Brand geraten war, ging auch das neue Haus in Feuer auf. Noch abends um 10 Uhr schlugen die hellen Flammen zum Himmel auf und beleuchteten magisch die umliegenden rauchenden Brandstätten. An nächtliche Ruhe war kaum zu denken, da die Aufregung zu groß und umfänglich war. So endete dieser Schreckenstag für Wustrow. Noch lange Zeit nachher glimmte das Feuer unter der Asche, wiewohl man sich bemühte, möglichst bald die Brandstätten aufzuräumen. Sowie dies geschehen war, begann Wustrow sich wie ein Phönix aus der Asche glanzvoll zu erheben, und teils in demselben, teils im folgenden Jahr wurden recht schmucke Häuser auf den Unglücksstätten erbaut.«

Dieser Ansicht kann man angesichts der Stillosigkeit einiger Häuser an der Durchgangsstraße nicht ganz zustimmen. Wie Wustrow aber aussehen würde, wenn der Brand dort nicht gewütet hätte, zeigt vor allem das malerische Viertel im Südosten. Einige der rohrgedeckten Häuser schieben sich stufenartig vor, so daß eines dem anderen etwas Sonne läßt, außerdem können alle Bewohner auf diese Weise die

Dorfstraße überblicken. Das tief heruntergezogene Dach, dessen Fläche sich mit dem Kröpelwalm noch schützend über den Eingang auf der Giebelseite neigt, wirkt, als wolle es alle Unruhe von seinen Bewohnern fernhalten.

Im Winter wird wohl die Fußkälte ein wenig Ungemach bringen, doch das ist manchem Haus eigen, dessen Eingang zu ebener Erde liegt. Unter dem Rohr – es mag 60 Jahre halten – befindet sich nicht selten eine Strohlage. Die Wände sind oft verputzt und gestrichen, bei anderen sind die Fugen zwischen den Mauersteinen akkurat weiß abgesetzt. Bei fast allen Häusern ist die Giebelseite mit ihrem Fachwerk besonders gepflegt. Das Fundament besteht gewöhnlich aus Findlingen. In den kleineren Häusern, auch Katen genannt, befindet sich der Eingang nicht an der Giebel-, sondern an der Längsseite. Als der Hausboden später für Gäste ausgebaut wurde, kam das Frontispiz dazu. Auch heute wird noch an- und umgebaut, doch die Straßenseite darf nicht mehr verändert werden – eine lobenswerte Maßnahme unserer Denkmalpflege.

Eine besondere Augenweide bei allen diesen Häusern ist die Farbe, doch das ist in Wieck nicht anders als in Born und in Prerow genauso wie in Zingst, Althagen oder sonst einem Dorf in dieser Landschaft. Sie wird an Fischer- und Schifferhäusern für Fensterläden, Balken, Zäune und besonders für Türen seit altersher – ähnlich wie auf den Schiffen – vielfältig und gern verwendet. Manche Häuser stammen noch aus der Zeit unmittelbar nach dem Dreißigjährigen Krieg, zumindest wurden ihre Fundamente in der zweiten Hälfte des 17. Jahrhunderts gelegt, auch Balkeninschriften stammen aus dieser Zeit. Der lange Krieg ging übrigens nicht glimpflich an Wustrow vorüber, auch den anderen Dörfern hat er manchen Schaden gebracht. Wenn man bedenkt, daß es in Wustrow und Althagen vor 1618 55 Familien, danach aber nur noch 15 gab, dann hat man ungefähr eine Vorstellung davon, wie dieser Krieg Fleiß und Leben vernichtete.

Bevor wir weiter vom Leben in den Häusern sprechen, sei noch ein Hexenprozeß erwähnt. Im Kirchenbuch steht zu lesen, daß am 17. Mai 1664 Tilsche Schellwegen zu Wustrow Zauberei halber verbrannt worden sei. Die Hinrichtung fand auf dem »Backabenbarg« statt.

Es heißt im Kirchenbuch: »Anno 1663, dem 30. Mayus, hat der Küster Johann Hermann Holste eine Hexe namens Tilsche Schellwegen, des Kirchdorfer Käthers Hans Dahmen Eheweib, denunzieret.«

Tilsche war keine junge Frau mehr, als sie auf dem jetzt teilweise bebauten Backofenberg grausam verbrannt wurde. Wenn man heute vor dem rohrgedeckten Dreiangelhaus, Ecke Ernst-Thälmann-Straße/Feldstraße, dem Haus, in dem Tilsche einst lebte, nach Osten einbiegt, liegt die Richtstätte am Ende der Häuserreihen.

Tilsche Schellwegens Schicksal war im damaligen Deutschland kein Einzelfall. Den schaurigen, auf finsterem Aberglauben beruhenden Hexenverfolgungen des Mittelalters fielen Tausende von Frauen zum Opfer.

Das 1489 von den beiden päpstlichen Inquisitoren Sprenger und Institoris verfaßte Gerichtsbuch, allgemein »Hexenhammer« genannt, brachte den Hexenwahn und das Verfahren zur Hexenbekämpfung sogar in ein »wirkungsvolles« System. Ottomar Enking, der Anfang dieses Jahrhunderts zeitweise auf dem Fischland lebte, schrieb über Tilsche Schellwegen ein Buch, das sich allerdings in sehr mystischen Vorstellungen bewegt.

Zu Beginn des 18. Jahrhunderts hatten sich die Bewohner von dem langen Krieg wieder erholt. Sie erlebten zum Glück auch kein Bauernlegen, denn dann wäre das Fischland in der kurzen Zeit kaum wieder zu sich gekommen. Es gab außerdem eine Bestimmung, nach der eine Familie, die keinen eigenen Grund und Boden hatte, hier nicht seßhaft werden konnte. Oft wurden deshalb Bau- und Ackerland von den alten Höfen abgetrennt. Es mußte immer so viel sein, daß es eine Kuh ernährte, denn sie ernährte wiederum ihren Mann, und damit war die allergrößte Not von den Familien ferngehalten. Da aber niemand gern sein Eigentum in fremde Hand gab, wurde leider oft unter Verwandten geheiratet, was sich nicht günstig auf die Gesundheit der Nachkommen auswirkte.

Ein Peter Bradhering, schreibt Käthe Miethe in ihrem Fischlandbuch, soll es gewesen sein, der um die Mitte des 19. Jahrhunderts die alte Bestimmung über das Seßhaftwerden außer Kraft setzte. Er sollte sich, als er heiraten wollte, ebenfalls eine Katenstelle kaufen, weigerte sich aber so lange, bis er die Heiratsgenehmigung auch ohne Hausbesitz erhielt; andere machten es ihm nach.

Im Innern der Katen, Büdner- und Bauernhäuser spielte sich das Leben anfangs genauso ab wie in all den größeren Bauernhäusern des platten Landes. Die Familie versammelte sich in der mit Backsteinen ausgelegten Küche. Der Herd lag im Halbdunkel unter der trichterförmigen Glocke. Dort wurde das Essen zubereitet und das Neueste vom Tage erzählt, das die Tidingsbringer, die Neuigkeitsbringer, mitgebracht hatten. Außerdem war es am Feuer behaglich warm und einigermaßen hell. Der Rauch biß zwar nicht selten in die Augen, doch was machte es schon, man war es von Kind an gewöhnt.

Als um die zweite Hälfte des vorigen Jahrhunderts die große Zeit der Segelschiffahrt angebrochen war, begann nach und nach die gute Stube im Familienleben eine Rolle zu spielen. Zu ihrem besonderen Schmuck gehörten später das Buddelschipp und die berühmten, heute zu hohen Preisen gehandelten Hundepaare aus englischem Steingut, auch wohl ein Halbschiff unter Glas und was es sonst an Mitbringseln aus fernen Ländern gab.

Neben der Haustür stand gewöhnlich eine Bank, darunter und rings um das Haus lagen Rollsteine. Zwischen ihnen versickerte das vom Dach tropfende Regenwasser, so daß man, ohne durch allzu großen Schmutz waten zu müssen, um das Haus gehen konnte. Heute legt man um das Haus herum gern einen breiten Zementstreifen an, um die durch herabtropfendes Regenwasser entstehende Feuchtigkeit von der Hauswand fernzuhalten.

Auf der Bank neben dem Eingang – wie alles Holz stets gut unter Farbe gehalten – saßen die ganz Alten, während die »Männer in den besten Jahren« sich zum Gedankenaustausch nach der »Börse« begaben. So wurde der Platz neben der Pastorenscheune in der Nähe des kleinen Hafens genannt. Es trafen sich dort vorwiegend aber nur die Schiffer und einige andere gewichtige Persönlichkeiten. Damit kommen wir auf eine Besonderheit des Fischlandes und der umliegenden Badeorte zu sprechen, denn die meisten Kapitäne oder vielmehr Schiffer, wie sie damals noch genannt wurden, wohnten in Häusern und nicht in Katen wie die Fischer.

In Wustrow, auch »Schifferdorf« genannt, gibt es die Strandstraße. Sie liegt unter hohen Bäumen, ist ungewöhnlich breit und führt an die See. Besonders hier stehen die sogenannten Kapitänshäuser. Sie sind während und nach der Blüte der Segelschiffahrt in der zweiten Hälfte des 19. Jahrhunderts massiv gebaut worden. Statt des Rohrdachs tragen sie ein Ziegeldach. Einige sind auch heute noch in alter Schönheit erhalten, andere erfuhren An- und Umbauten, die ihrem ursprünglichen Stil nicht entsprechen. Fledermaus- und zuweilen auch Kajütfenster, letztere findet man übrigens auch in anderen Straßen, gehören zum besonderen Reiz dieser Häuser. Der Schiffer liebte es, zu Hause an das Meer erinnert zu werden, und das vermochte wohl das Kajütfenster, von dem aus er – möglichst ungesehen, wie auf der Brücke seiner Bark oder seines Schoners stehend – die »Welt« um sich her beobachten konnte.

Die schattige Strandstraße, mit den sie umgebenden Wegen und Nebenstraßen, war und ist für die Gäste auch heute noch stets ein beliebter Aufenthaltsort. Im Herbst 1966 wurde sie umgestaltet. Sie war bis dahin eine sogenannte lebende Straße, bei der sich der Untergrund, beeinflußt durch die Witterung, immer wieder verschob. Oft aufgeschüttet und planiert, kostete sie eine Menge Geld, und viele Bürger haben vergebens ihre Arbeitskraft in sie hineingesteckt, bis endlich 1966 die Generalüberholung erfolgte. Sie hat eine Bitumendecke erhalten, eine der drei Baumreihen verschwand, dafür bekam sie eine sechs Meter breite Fahrbahn und über die ganze Länge eine drei Meter breite Parkfläche. Die Wasserrohre wurden neu verlegt, und eine helle Straßenbeleuchtung ist ebenfalls angebracht worden. Zwei alte Baumreihen aber sind geblieben, so daß es sich nach wie vor dort gut promenieren läßt.

Während im Winter in allen Ortschaften der Landschaft zwischen Meer und Bodden tiefe Stille einzieht, geht es in Wustrow für diese Jahreszeit noch verhältnismäßig lebendig zu. Das macht nicht nur der Durchgangsverkehr, dort kamen auch von der 5. Klasse an alle Schüler aus Dändorf, Dierhagen und Ahrenshoop zusammen. Seit Anfang der siebziger Jahre hat Wustrow eine 18 Klassen umfassende Polytechnische Oberschule, in der über 500 Schüler von 40 Lehrern und Erziehern unterrichtet werden. Die Schüler kommen aus Wustrow, der Gemeinde Ahrenshoop mit den Ortsteilen Alt- und Niehagen, während die Schüler aus Dierhagen diese Schule erst von der Klassenstufe an besuchen, mit der der Fachunterricht erteilt wird.

Die Einwohnerzahl betrug 1974 zusammen mit den 500 Studenten der Ingenieurhochschule für Seefahrt Warnemünde/Wustrow rund 2000. Gesundheitlich betreut werden die Einwohner in der Staatlichen Arztpraxis und in der Außenstelle des Kreiskrankenhauses Ribnitz-Damgarten.

Fast völlig still ist es winters dagegen in den bunten Bungalows des hinter den Dünen liegenden Urlauberdorfes. Komplexe dieser Art schießen übrigens überall an unserer Küste munter wie die Pilze aus der Erde. Das Wustrower Dorf wurde 1964, nachdem Erschließungsarbeiten im Wert von 3,5 Millionen Mark geleistet worden waren, in Betrieb genommen.

Falls der Gast in den vergangenen Jahren in Wustrow eine besondere Sehenswürdigkeit suchte, so wäre seine Mühe bis vor kurzem vergeblich gewesen. Es gab weder eine Heimatstube noch ein Museum. Im Jahre 1974 hat man mit der Einrichtung einer Heimatstube in der Diele eines alten Fischerhauses begonnen. Hier finden sich Exponate, die für das Leben der Fischländer in der Vergangenheit typisch waren, darunter Geräte aus Haus, Hof und Landwirtschaft. In den Nebenräumen stellen junge Künstler des Ostseebezirkes ihre Arbeiten aus. In diesem Haus fand auch die Gemeindebibliothek mit einer besonderen Abteilung »Literatur des Ostseebezirkes« ihre Heimstatt.

Sicher werden in der Heimatstube auch einige der wenigen wieder aufgefundenen Schiffsmodelle einen Platz erhalten, die der Wustrower Steuermann Kriemann schuf. Käthe Miethe schreibt über diesen Künstler: »Vierzig Jahre lang hat Kriemann in seiner kleinen Wohnung in Wustrow

an diesem Werk gearbeitet. Es stellte mit über siebzig Modellen gewissermaßen ein Anschauungsbuch der Seefahrt dar: Auslegerboote der Südsee, chinesische Dschunken, Koggen, Kriegsschiffe der Hansezeit, Modelle aus der großen Epoche der deutschen Segelschiffahrt, getreu bis in die letzte Kleinigkeit nachgearbeitet. Jedes Modell war ein Wunder der Präzision. Auch Buddelscheep waren dabei, wie man die Flaschen mit eingebauten Schiffen nennt«, sowie Modelle der bekanntesten deutschen Leuchttürme, Bojen und anderer Marken der Schiffahrt. »Sommer für Sommer stellte Kriemann in Wustrow diese Sammlung aus.«
Den größten Anteil an den einst zusammengetragenen Mitbringseln hatte wohl die erfolgreiche Schiffergeneration des vorigen Jahrhunderts, über die C. J. F. Peters 1884 schrieb: »Ihre Familien kommen so häufig vor, daß man zur Verständigung den Schiffsnamen mit dem des Kapitäns verbindet, ja nicht selten den Schiffer nach seinem Schiffe nennt. Die ältesten Familien sind in Wustrow: Niemann, Dade, Peters, Klenow, Langhinrichs, Zeplin, Permien, Westphal und Dahm; in Althagen: Piplow, Permien, Voigt, Dillwitz und Dahm; in Niehagen: Maaß und Niemann.«
Käthe Miethe erwähnt auch Fretwurst, Bradhering, Konow, Paetow und Staben. Diese Schriftstellerin, die Jahrzehnte in Althagen auf dem Fischland lebte, hat manche Anregung aus ihrer Umwelt aufgegriffen und liebevoll in ihren Büchern gestaltet. Über den Anblick der scheinbar über dem Wasser des Boddens schwebenden vier Gehöfte von Barnstorf schrieb sie folgendes: »Die schönsten Bauerngehöfte des Fischlandes stehen in dem kleinen Anhängsel des Kirchdorfes Wustrow, östlich vom Hafen, das den Namen Barnstorf trägt und schon früh in den Urkunden namentlich aufgeführt wird. Es sind nur vier Höfe, die dicht nebeneinander auf einer weit in den Bodden hinauswachsenden Landzunge liegen. Sie führen dort ein wundersam entrücktes, aller lauten Geschäftigkeit entzogenes Leben, daß man nur auf leisen Sohlen den Weg zu ihnen hinausge-

hen mag und sich fast ein wenig scheut, zu laut von ihnen und ihrer stillen Schönheit zu erzählen. Denn dort ruhen gleichsam die vielen Jahrhunderte noch, die über das Fischland dahingegangen sind ... Es liegt dort unter einem einzigen, tiefen, geruhsamen Atem da; kein Dorf für sich, doch mit einem eigenen Namen beschenkt, herausgehoben also und zugleich dem Ganzen unscheinbar eingefügt. Ein Hort des Friedens, an dessen Rohrsaum die Brandungswellen verebben, die der Dampfer bei seiner Einfahrt in den Hafen hinüberschickt. Dieses rauschende Rohr singt eine leise verwehende Melodie. Sie besagt, daß hier das Fischland seinen Ausklang hat.

Vier Gehöfte zählte Barnstorf, als wir zuerst aus den Chroniken von ihm erfuhren. Vier Gehöfte zählt es noch heute. Es kam nur dort, wo der Bodden an der Feldmark leckt, eine einziger Bau dazu, errichtet für eine Räucherei, später eines Bildhauers Atelier. Bäume und Strauchwerk haben es eingewachsen. Man könnte zittern darum, daß die Zahl dieser vier Gehöfte eines Tages überschritten wird.«

In Barnstorf gab es seit je Einwohner, deren Steckenpferd das Sammeln steinzeitlicher Äxte, Schaber, Pfeilspitzen, Dolche und Tonscherben war. Sie kannten die Plätze auf ihrer Feldmark genau, hatten einen Blick für die Funde, konnten sie auch einwandfrei bestimmen und versorgten die Museen mit sehr wertvollen Stücken.

Damit setzten sie eine alte Tradition fort, denn das Sammeln steinzeitlicher Werkzeuge besorgten vor ihnen besonders der Arzt Dr. Lettow und der im Zusammenhang mit der »Hexe« Tilsche Schellwegen bereits erwähnte Schriftsteller Ottomar Enking, die beide wertvolle Sammlungen zusammentrugen.

In den letzten Jahrzehnten haben außer Käthe Miethe auch viele andere über die Menschen am Bodden und am Meer und ihre Welt geschrieben, manches ist darunter, was im Vorbeigehen aufgezeichnet wurde und längst wieder vergessen ist. Auch Filme sind gedreht worden und bald ebenfalls in Vergessenheit geraten, doch ein Buch fand weite Verbreitung. Es heißt »Brackwasser«, der Verfasser ist Heinrich Hauser.

Fische erhitzten die Gemüter

Der Seefahrt ging die Fischerei vorauf, und daß sie von Bedeutung war, sagt allein schon die Bezeichung »Fischland«. Doch dieser Erwerbszweig ist dort nicht minder umstritten gewesen als die Seefahrt. Er erhitzte die Gemüter so sehr, daß es gar zu Mord und Totschlag kam.

Die Streitigkeiten um die Fischgründe zwischen Mecklenburg und Pommern, später zwischen Preußen und Mecklenburg, begannen im Mittelalter und setzten sich fort bis hinein ins 20. Jahrhundert. Dies wirkte sich so aus, daß die Schuljungen im ehemals pommerschen Damgarten und mecklenburgischen Ribnitz den Streit der Alten aufgriffen und ihn noch in unserm Jahrhundert durch Knüppelschlachten auf dem Eise austrugen.

Uns ist bekannt, daß Erich von Dänemark schon am 16. August 1311 alten und künftigen Streit zu schlichten suchte und auf dem Saaler Bodden für die Fischerei eine Grenzlinie zwischen Pommern und Mecklenburg festlegte. Sie verlief vom Moischenstein bei Langenort bis zum Ahrenshooper Haken. Wustrower, Althäger und Niehäger, die jenseits dieser Grenze fischten, mußten im pommerschen Barth Pachtgeld entrichten. Andererseits paßten die Mecklenburger auf, daß ihnen kein Wiecker, Prerower oder Borner ins Gehege kam.

Es muß sehr turbulent zugegangen sein, denn 1573 forderte der mecklenburgische Herzog die Ribnitzer auf, die Althäger im Falle einer Störung beim Fischen durch die Pommerschen mit bewaffneter Schiffsmannschaft zu schützen. Fünf Jahre später hatte sich die Lage so zugespitzt, daß die Ribnitzer den Herzog um Schutz vor den Rittern von Dechow und denen auf Daskow bitten mußten. Die Ritter hatten ihre Netze einfach im Ribnitzer Binnensee aufstellen lassen und die Ribnitzer Fischer zusammengeschlagen.

Da es so nicht weiterging, wurde 1591 zwischen Mecklenburg und Pommern der Malchiner Rezeß geschlossen, der bis 1842 unverändert gültig war. Bei diesen und bei künftigen Verhandlungen – wir kommen später noch darauf zurück – bewiesen die Mecklenburger eine sträfliche Vertrauensseligkeit, die sich auch in anderen Angelegenheiten noch oft zu ihrem Nachteil auswirkte.

Nach dem Malchiner Rezeß verlief die Grenze nicht mehr vom Moischenstein zum Ahrenshooper Haken, sondern weiter in Richtung Althagen bis zur Kronsburg, wo eine weitere Zollbude außer der hinter den Dünen gestanden haben soll. Als die sich für das Geschehen auf dem Saaler Bodden zuständig fühlenden Ribnitzer von diesem Beschluß erfuhren, waren sie selbstverständlich nicht einverstanden, doch der Vertrag war abgeschlossen, und sie konnten sich die Schuld für die Verschiebung selbst zuschreiben, war doch kein Vertreter der Stadt Ribnitz in Malchin zugegen gewesen.

Im Jahr 1612 muß es besonders unruhig zugegangen sein. Wieder ging ein Ritter von Dechow mit aller Brutalität vor und erschoß auf dem Ribnitzer Binnensee den Sohn des Damgartener Bürgermeisters. Daraufhin sah sich der mecklenburgische Herzog veranlaßt, die Ribnitzer anzuweisen, Gewalt mit Gewalt gegen die Pommern zu vergelten, »sich aber aller Ungebührlichkeiten und Schimpfreden gegen die Herzöge von Pommern zu enthalten.«

Auch untereinander befehdeten sich die Mecklenburger. Im März des unruhigen Jahres 1612 sah sich zum Beispiel der Rat der Stadt Ribnitz veranlaßt, bei einem Streit zwischen den Ribnitzer Fischern und den Körkwitzern, Dändorfern und Dierhägern an Ort und Stelle einzugreifen. Man einigte sich und versprach, Frieden zu halten. Ob nun die Dierhäger besonders kratzbürstig waren oder ob die

Ribnitzer zu viel beanspruchten, jedenfalls kam es 1776 zwischen beiden zu einer Auseinandersetzung, die recht bedrohliche Formen annahm. Die Ribnitzer hatten sich mit ihrem Bürgermeister bei Neuhaus, das damals noch Niehus hieß, zur Heringsfischerei eingefunden, als der Amtslandreiter mit 40 schwerbewaffneten Dierhägern erschien.

Wie uns der Chronist Karl Krambeer mitteilt, kam es zu folgendem Disput: »In welcher Absicht kommt Ihr eigentlich?« wollte der Ribnitzer Bürgermeister wissen. – »Der Herr Oberamtmann Brandt hat befohlen, Wade und Fischgerät wegzunehmen!« antwortete der Amtslandreiter. – »Er weiß wohl nicht, daß Er sich auf Stadtgebiet befindet?« fragte drohend der Bürgermeister.

Hier endet der Bericht, aber wir können uns gut vorstellen, wie der biedere Landreiter und seine 40 Mannen gedacht haben mögen: »Jaa, wenn dat so is, dann wollen wir man wieder.« Jedenfalls sind sie wirklich auch treu und brav abgezogen, worauf sich die Ribnitzer ans Fischen machten. Ihrem Bürgermeister aber genügte der friedliche Abzug der so drohend aufmarschierten Dierhäger nicht; er tat noch ein übriges und schrieb wegen des beabsichtigten Überfalls eine Beschwerde an das Amt. Wie überrascht aber muß er gewesen sein, als er schon am folgenden Tag aus der Justizkanzlei einen herzoglichen Befehl erhielt, wonach der Ribnitzer Rat bei Strafe von 200 Reichstalern die Fischerei einzustellen und über die Ausführung des Befehls zu berichten habe. Die Nachrichtenübermittlung hat damals wahrscheinlich schon gut funktioniert, denn bereits in der folgenden Nacht erschien der Landreiter wieder mit seinen Mannen in Neuhaus. Diesmal aber nahm er den Ribnitzern Fang, Geräte und Boote weg! Glaube jedoch keiner, daß die Ribnitzer jetzt kuschten, beileibe nicht, so leicht gingen sie, wenn oben gehustet wurde, nicht in die Knie, im Gegenteil, sie prozessierten gegen das die »hohe Obrigkeit« darstellende Amt und behaupteten steif und fest, auf ihrem Grund gefischt zu haben. Zwei Jahre später kam es zum

Vergleich; ob mager oder fett, darüber ist leider nichts ausgesagt.

Acht Jahre später hatten sich die Ribnitzer mit den Körkwitzern bei den Ohren. Es war eine Mißernte zu verzeichnen gewesen, worauf Ribnitz den Körkwitzern gestattet hatte, auf städtischem Gebiet zu fischen, anfangs unentgeltlich, später auf ausdrücklichen Befehl der Regierung gegen eine Pachtsumme. Die Körkwitzer aber dachten nicht ans Zahlen und klagten sogar. Krambeer schreibt: »Jahrelang zog sich der Rechtsstreit hin. Doch am 23. November 1815 konnte der Vertreter von Ribnitz, Advokat Saniter in Rostock, triumphierend berichten, daß die Körkwitzer für 17 Jahre die Pacht und außerdem sämtliche Prozeßkosten zu bezahlen hätten; er frage an, ob er noch Weiteres gegen die Körkwitzer tun solle. Die Antwort lautete: Ja, weil in Güte mit den Leuten nichts auszurichten ist! Doch schon im folgenden Jahr verpachtete der Rat aus ›Liebe zu den Körkwitzern‹ die Fischerei an diese, doch auch nicht für lange Zeit, vermutlich nur bis 1828.«

Friedlich und still ist es dagegen heut in den kleinen Häfen. In Dierhagen liegt der Weg zum Hafen, den die Einwohner »Allee« nennen, im Schatten hoher Weiden, und neben dem schilfbewachsenen Ufer schaukeln die Heuer – Spitzgatboote, die Ähnlichkeit mit den uns bekannten Wikingerbooten haben. Wenn man sich an diesem Hafen im Frühjahr oder im Herbst von der fast absoluten Ruhe einfangen läßt, ist es kaum vorstellbar, daß es dort noch im Jahre 1819 zu einem handgreiflichen Fischereistreit zwischen Ribnitz und dem ebenfalls mecklenburgischen Dierhagen gekommen ist. Die Dierhäger waren nämlich bei der Eisfischerei zu weit auf Ribnitzer Gebiet geraten und wurden von den bewaffneten Ribnitzer Handwerkern wie im Mittelalter regelrecht aufgebracht. Sie mußten sogar eine gepfefferte Geldstrafe zahlen.

Gut zwei Jahrzehnte später, im Jahre 1842, wurde dann zwischen Preußen und Mecklenburg ein Vertrag geschlossen, der »Ahrenshooper Grenzrezeß« genannt. Prompt fielen die Mecklenburger auch hier wieder rein! Die Preußen hatten als ihren Vertreter einen die Verhältnisse genau kennenden Diplomaten entsandt, während die Mecklenburger einen Junker schickten, der keinerlei Sachkenntnis besaß; entsprechend sah der Vertrag dann aus, und die vom Moischenstein durch den Saaler Bodden verlaufende Grenze verschob sich zugunsten der Preußen um ein Beträchtliches. Man einigte sich nach Dr. Paul Kühl (in »Geschichte der Stadt und des Klosters Ribnitz«) auf folgende Grenzlinie: »Hohes Ufer bis zu der von Althagen nach Ahrenshoop führenden Straße, die mit ihren Einbiegungen und Vorsprüngen als Hoheitslinie angenommen wurde, weiter bis zu dem Fußsteig, der von der Anhöhe von Jörks Gehöft in Althagen auf einem Wall nach den Ahrenshooper Wiesen führt, dann durch das im Wasser stehende Rohr in gerader Linie bis auf den Moischenstein. Nachdem Herr von Oertzen (das ist der vorher erwähnte Junker – d. V.) in § 3 der Wegnahme des Ahrenshooper Werders, der seit ältester Zeit stets in mecklenburgischem Besitz gewesen war und auf den die Gemeinde Althagen noch im Sommer 1842 ihr Vieh trieb, durch die Preußen zugestimmt hatte, überließen diese den Einwohnern großzügig die Benutzung (auf ihrem früheren eigenen Grund und Boden) gegen eine jährliche Zahlung von 6 Talern Preuß. Courant.«

Am 18. März 1898 wurde der Ahrenshooper Rezeß durch einen Staatsvertrag zwischen Mecklenburg und Preußen aufgehoben. Endlich kam es zu einer gemeinschaftlichen Regelung der Fischereiaufsicht im ganzen Bodden. Schonreviere wurden eingeführt und Mindestmaße der Fische festgelegt. Die Fischerei durfte mit Zeesen (Schleppnetzen), Garnen, Stellnetzen, Aalangeln, Hechtangeln, Aalsperren und Reusen betrieben werden. Trotz dieses Vertrages mußten die Mecklenburger aber auf der Hut bleiben, denn schon bald nach Inkrafttreten des Vertrages strebte

Preußen Änderungen an. Mecklenburg waren 40 Zeesen zugestanden worden, der preußische Fischmeister in Stralsund aber vertrat die Ansicht, es seien 30 zuviel. Sicher ist es nicht von der Hand zu weisen, daß das Befischen des Saaler Boddens mit 40 Zeesen zu scharf war, doch die Mecklenburger setzten die Forderung dagegen, endlich die 1874 zugeschüttete Mündung des Prerowstromes wieder zu öffnen.

Das Zuschütten dieser Mündung erfolgte nach der schweren Sturmflut im Jahre 1872, als großer Schaden im Hinterland entstanden war, und diese Maßnahme wurde zum wunden Punkt der gesamten Boddenfischerei. Seitdem gingen nämlich die Fangerträge wesentlich zurück. Die Schließung ist sicherlich eine Ursache hierfür gewesen, eine weit bedeutendere aber ist die immer stärker werdende Anlandung und Anspülung beim Bock geworden. Es kann dadurch nicht mehr genügend Wasser in die Boddengewässer ein- und ausströmen. Nur bei lang anhaltenden Stürmen kommen noch größere Fischschwärme hinein, die beim Abflauen des Sturmes wieder zurück in die See ziehen. Es hält sich die Behauptung, daß während solcher Zeiten an einem Tag mehr Fische ins Netz gehen als sonst während einer ganzen Woche. Auch der Rückgang des Pflanzenwuchses soll eine Ursache für die Verringerung des Fischbestandes sein, da, außer dem Zander, der an Steinen laicht, viele Fische keine Laichmöglichkeiten mehr finden.

Damit wären wir über handfesten Streit und Hader bis in die Gegenwart gekommen, doch soll nicht übersehen werden, daß der Fischfang auch ausgesprochen glückhafte Zeiten brachte, in denen die Früchte des Meeres so zahlreich waren, daß jeder genug bekam und niemand an Streit dachte.

Wenn nämlich im Frühjahr der Fetthering schwarmweise in die Wade ging und sich sein Kommen durch ein fernes Leuchten auf dem Wasser ankündigte, wurde es in allen Dörfern am Bodden und an der offenen See ungewöhnlich lebendig. Da packten alle Hände zu. Die Männer hatten sich in Kompanien zusammengeschlossen, während die Frauen gewöhnlich den Lottmann stellten. Die Nacht wurde zum Tag, ununterbrochen floß die Arbeit, geschlafen wurde nebenbei in den Buden am Strand; niemand nahm sich die Zeit, erst nach Hause zu gehen. In Wustrow war eine solche Bude bis zum Ausbruch des ersten Weltkrieges noch in Betrieb.

Monatelang aß dann alles Hering, selbst die Pferde sollen damit gefüttert und der Acker damit gedüngt worden sein. Er wurde eingesalzen und geräuchert, und von tief aus dem Binnenlande kamen die Karrenleute mit Pferd und Wagen, um Salzheringe und Bücklinge zu holen.

Dieser harmlose Fisch, der stets in Schwärmen auftrat, kam auch bis in den Bodden gezogen, und man könnte annehmen, daß die Bezeichnung Fischland aus dieser Zeit stammt, Tatsache aber ist, daß der Name schon während des Dreißigjährigen Krieges bekannt war.

Allmählich änderten dann die Heringsschwärme aus unbekannten Gründen die Richtung und kamen immer seltener an unsere Küste. Im Prerower Kirchenbuch heißt es 1786: »Dies Jahr fingen die Prerower Bauern zum ersten Mal in ihrem auf Morings Hofe Anno 1785 erbauten Räucherhaus zu räuchern an.«

Im Jahr 1900, als es reichen Flundernfang gab, so weiß man, fingen die Prerower noch 320 000 Stück Hering. Danach sind es dann immer weniger geworden.

Nicht selten waren den Fischern auch Seehunde ins Netz gegangen, die anfangs wieder entwischten, nachdem sie das Garn kurz und klein gerissen hatten, doch dann stellte man ihnen Fallen, sogenannte Seehundreusen, in denen sie festsaßen und ertranken. Ihr Fell und Fett waren begehrte Waren und Entschädigungen für den Schaden, den sie angerichtet hatten.

Zuweilen wurden auch angetriebene Walfische abgespeckt. Die »Rostocker Nachrichten« schrieben 1818, daß 1755 auf dem Fischland ein Wal gefangen worden sein soll, der sofort an Ort und Stelle verarbeitet wurde, worauf die Behörde anordnete, künftig solche Fänge zu melden und sie unbeschädigt bis zur Untersuchung aufzubewahren. Doch wer weiß, wie viele es noch waren, die in der großen Einsamkeit des Weststrandes abgespeckt wurden und nach denen weder Huhn noch Hahn krähte. Gab dies Kapitel einen Einblick in die längst vergangene Geschichte der Fischerei, so mag das nächste vom Fischfang in unserer Zeit erzählen.

Fischweid im 20. Jahrhundert

Boote unter braunem Segel gehören noch immer zum buchtenreichen Boddengewässer, und das Knarren des Großbaumes am Mast, das Tuckern des Rohölmotors ist dem Sommergast eine reizvolle Melodie, die lange nach-

klingt, wenn er längst wieder in der Stadt seiner täglichen Arbeit nachgeht. So romantisch aber alles aussieht, so nüchtern und hart ist auch heute noch die Arbeit der Männer auf den Booten.

Nach dem letzten Weltkrieg lag auch die Fischerei in den Boddengewässern und am Außenstrand des Fischlandes und des Darßes danieder. Erst allmählich kam wieder Ordnung in das Fischereiwesen, und schließlich schlossen sich die Fischer zu Produktionsgenossenschaften zusammen.

Das war kein Schritt von heut auf morgen. Wer seit Generationen auf sich allein angewiesen war und selbst für sein Fahrzeug, für das Gerät und den Absatz seines Fanges verantwortlich zeichnete, konnte sich nur schwer entschließen, nach einem anderen Rhythmus zu leben, sich auf eine neue Ökonomie einzustellen und sich gar einem anderen als dem eigenen Entschluß zu fügen. Das hatte nichts mit schlechtem Willen zu tun und schon gar nichts mit böser Absicht.

Was der einzelne Fischer besaß, sein Boot, das laufende Gut, Netze und Schnüre, ja selbst den Bootshaken und jedes einzelne Brett hatte er entweder geerbt oder sorgsam gehütet und unter schweren Arbeitsbedingungen gemehrt. Wenn er guten Fang machte, so war es nur selten Glück, sondern der Fleiß und auch die genaue Kenntnis des Gewässers und der Lebensweise des Fisches, die ihm dazu verhalfen. Jeder Entschluß lag bei ihm selbst, und wenn etwas schief, wenn die ganze Existenz dabei in die Brüche ging, mußte er es sich selbst zuschreiben. Das war sein Risiko, das wußte er, und damit war er gewöhnt zu leben.

Welch ein Leben aber war das? Kein Fischer konnte dabei wohlhabend oder gar reich werden. Gewiß, er hatte seinen Katen, und er hütete und erhielt ihn wie sein Boot. Er ernährte auch seine Familie, doch nur solange, bis die Kinder die Dorfschule hinter sich hatten. Danach mußten sie entweder für ein Taschengeld hart weiter mitarbeiten oder sich außer Haus eine Arbeitsmöglichkeit, im besten Fall eine Lehrstelle suchen. Nur der Älteste hatte Aussicht, einmal den Platz des Vaters einzunehmen, worauf er unter Umständen lange warten konnte. Während dieser Zeit spielte er nichts anderes als den Bestmann, und das Wort des Alten galt; von ihm empfing der Sohn im günstigsten Falle seinen Anteil, im schlechtesten geringen Lohn. Kaum eine Familie aber konnte allein von den Fangergebnissen leben. Wer dazu in der Lage war und etwas Land hatte, hielt sich deshalb eine Kuh, auch Schweine. Die Arbeit mit dem Vieh hatte meistens die Hausfrau. Im Sommer sahen sich die Familien gezwungen, jede Stube zu vermieten, um zusätzlich Bargeld für den langen Winter hereinzubekommen. Es hat Zeiten gegeben, da ging man mit dem Vieh schlafen, um Lichtgeld zu sparen. Meist wurde im Hinblick auf das Alter mit allem gegeizt, was das Leben erleichtert hätte, allein, um einen Notgroschen zurücklegen zu können oder um einem der Söhne unter die Arme zu greifen; denn wer gab ihm schon ein Stipendium! Unter Umständen konnte er so doch wenigstens das kleine Patent machen, sich einen halben Katen oder eine Kuh kaufen.

Natürlich gab es auch Ausnahmen. Ungewöhnlicher Erfolg, besondere Tüchtigkeit, schwerstes Arbeiten oder gar eine Erbschaft verhalfen dem einen oder anderen zu einer gewissen Wohlhabenheit, doch die Regel und schon gar eine Garantie waren sie nicht. Nicht selten endete das Leben dieser Leute in bitterer Armut.

Käthe Miethe, die ja fast ein Leben lang unter den Fischländern lebte und die nicht zu den sozialkritischen Schriftstellerinnen gehörte, hat sich dennoch in dem schmalsten aber schönsten Band ihrer Werke das Leben solcher Menschen vorgenommen. In »Unter eigenem Dach« steht deutlich zu lesen, was Fischländer Matrosen, die krank wurden, und was alte Fischerfrauen an ihrem Lebensabend in ihren Rohrdachkaten zu erwarten hatten.

Abgesehen von der persönlichen Lebensmöglichkeit war es deshalb auch an der Zeit, Änderungen der Produktionsverhältnisse herbeizuführen. Das ist ohne Zweifel auf dem Fischland, wo die Geleise besonders tief eingefahren waren, nicht leicht gewesen. Schließlich kam es doch zur Bildung von Fischereiproduktionsgenossenschaften, deren Vorläufer in gewisser Weise die schon im vorigen Jahrhundert mit Erfolg geübten Fischerkompanien waren. Seitdem übernehmen Fischereigerätestationen die Versorgung mit Fangmaterial und bemühen sich auch für den schnellen Absatz des Fanges. Das drohende Risiko, durch Verlust eines Netzes oder gar des Bootes lange am Hungertuch zu nagen oder ganz aufzugeben oder sich als »Knecht« verdingen zu müssen, die Furcht vor dem Alter, die Sorge um die Ausbildung der Kinder sind für alle Zeiten beseitigt. Die alten Fischer lernten es spüren, die jungen wissen es aus der Geschichte ihres Berufes, daß das »allein-Herr-sein« eine Fiktion ist, die Genossenschaft aber eine reale Kraft und die sichere Voraussetzung für eine Verbesserung der Lebensverhältnisse in unserer sich technisch ungewöhnlich schnell verändernden Welt.

Wie die Landwirtschaft, so ist auch die Fischerei von der Wetterlage abhängig. In den Monaten Januar, Februar, zuweilen bis in den März hinein, sind die Bodengewässer oft zugefroren. Während dieser Frostperiode wird die Zanderklappernetzfischerei betrieben. Durch das Klappern schreckt der sich um die kalte Jahreszeit sehr träge verhaltende Zander auf und jagt ins Netz. Ist der Bodden auch nur vorübergehend eisfrei, so wird selbst im Winter die Treibzeesenfischerei versucht. Sobald das Wasser endgültig eisfrei ist, werden Kumm- und Bügelreusen aufgestellt und mit der Treibzeesen-, Netz- und Garnfischerei sofort begonnen.

Ist die Fangzeit günstig, so gehen neben anderen Fischen besonders Hecht, Plötz, Zander, Blei und Barsch ins Netz und der Aal in die Reusen. Hierbei kann der Kaulbarsch ein großer Störenfried sein, besonders dann, wenn er massenweise auftritt. Es gab Jahre, da war es beim Aufnehmen der Kumm- und Bügelreusen den Brigaden kaum möglich, das Netzwerk von den Kaulbarschmassen zu befreien. Im August wird bereits für den Herbstfang gerüstet und mit dem Aufstellen der Kumm-, Bügel-, Sperr- und Lichtsperrreusen begonnen. Dies ist dann die Zeit des Aalfangs. Sobald sich aber die Herbststürme ankündigen, müssen die Netze eingeholt werden, wenn nicht großer Schaden entstehen soll.

Am Außenstrand des Fischlandes und des Darßes kann oft erst im April mit Kummreusen und Dorschangeln gefischt werden. Mit Dederonnetzen werden bis in den November hinein gute Flundernfänge erzielt. Unter gleichen Witterungs- und Strömungsbedingungen können allerdings von den Barther und Wustrower Brigaden unterschiedliche Fänge eingebracht werden. Gewöhnlich erfolgt dann ein Erfahrungsaustausch, ein Entschluß, der kennzeichnend für das genossenschaftliche Fischen ist. In manchem Jahr lohnt sich am Außenstrand auch der Blankaalfang. Das Ergebnis kann aber sehr unterschiedlich sein. Während bei Prerow gute Ergebnisse erzielt wurden, blieben sie bei Zingst gering, oder umgekehrt.

Alle Genossenschaften achten besonders auf die vom Oberfischmeisteramt in Rostock während der Rahmenschonzeit genau festgesetzte Artenschonzeit. Fangausfall verleitet keinen Fischer, diese Zeiten nicht einzuhalten. Unterstützt durch gute Witterungsverhältnisse konnte somit manches Jahr eine gute Ablaiche, vor allem der Hechte und Zander, erfolgen und bald ein guter Junghecht- und Zanderbestand festgestellt werden. Auf diese Weise vermehrten sich nicht nur die Edelfische, sondern auch Scholle und Flunder. Eine erfreuliche Wirkung hatte auch das Festlegen eines neuen Maßes für Hechte, das von 35 auf 45 cm erhöht wurde. Es gab zwar manche Fischer, die nichts davon hielten und sogar einen Fangrückgang befürchteten, doch das Gegenteil trat ein. Durch diese Maßnahme konnten die Hechte künftig wenigstens einmal am Laichen teilnehmen, so daß sich der Bestand wesentlich zu vermehren versprach; außerdem hat der um zehn Zentimeter größere Hecht sein Gewicht verdoppelt. Der Fangertrag übertraf alle Erwartungen.

Nachdem Hechtbrut im Koppelstrom bis zu den Borner Bülten ausgesetzt wurde, konnten später auch junge Schleie in der Hundsbäk, im Prerowstrom, vor dem Körk-

witzer Bach, an der Recknitzmündung und in der Recknitz oberhalb der Paßbrücke ausgesetzt werden.

Auf der Holzablage in Born wurde 1964 der erste Vorstreckteich im Küstenbezirk angelegt. Die Fischer waren anfangs geteilter Meinung. Die Probebelastung ergab, daß die Deiche hielten. Im Jahr darauf wurde daneben die schon seit langem geplante Brutanstalt gebaut. Sie war vorwiegend für die Hechtausbrütung vorgesehen, eignete sich jedoch auch für Schnäpelbrut. Die Schnäpelaufzucht westlich Barhöft versprach Erfolg und gilt als geeignet für die Aufzucht und Bewirtschaftung von Wertfischen.

Das veränderte Mindestmaß für Hechte (45 cm statt 35 cm) und die dadurch bedingte natürliche Ablaiche sowie die Benutzung des Vorstreckteiches mit der Brutanstalt schufen die Voraussetzungen für höhere Fangergebnisse ohne Rücksicht auf den Witterungseinfluß, was sich wiederum auf das Einkommen der Fischereigenossenschaftsmitglieder in erfreulicher Weise auswirkte.

Die ewigen Streitereien um die Fangplätze, wie sie in den vorigen Jahrhunderten immer wieder zu verzeichnen waren, haben endlich aufgehört. Es wird auch nicht mehr planlos drauflos gefischt, und Übertretungen der je nach den Gegebenheiten festgelegten Schonzeiten kommen so gut wie nicht mehr vor. Dennoch gibt es Probleme. Zu ihnen gehört die Entgiftung und Säuberung der Abwässer. So kam es zu einem Prozeß der Genossenschaft »Fischland« gegen einen größeren Betrieb dessen Abwässer sich ungesäubert in den Saaler Bodden ergossen und ein nicht unerhebliches Fischsterben hervorriefen. Das Vertragsgericht in Rostock verurteilte den Betrieb wegen der Vernichtung von Fischbrut, wegen der Zerstörung der Laichgebiete sowie wegen Vernichtung der Jungfische durch den Ansaugkorb zu einer empfindlichen Schadenersatzstrafe in Höhe vieler tausend Mark. Außerdem mußte der Betrieb alles tun, damit die Abwässer künftig weitgehend gereinigt in den Bodden fließen.

Wer das Küstenland aufsucht, wo immer es auch sein mag, im gemütlichen Katen Familiengeschichten erfährt, es sich in einer modernen Gaststätte wohl sein läßt oder im warmen Sand des Strandes die Sonne genießt, sollte nicht übersehen, daß alle Ortschaften, die Wiesen und Weiden, der Wald und die Dünen einen gefährlichen Nachbarn haben – das Wasser!

Die See arbeitet ruhelos, im Sommer und Winter; sie trägt an und ab, türmt auf und reißt ein. Wind, Sturm und Orkan helfen gierig nach. Geben die Elemente endlich Ruhe, zeigt das Ufer Risse und Löcher, aufgetürmte Hügel und Berge aus feinem Sand gleich nackten Ungeheuern, die über den Strand und weit ins Land hinein gekrochen sind.

Wenn der Feriengast nach einem Jahr die alte liebgewordene Stätte wieder aufsucht, dann lagern oft dort, wo sein Fuß einst weißen Sand berührte, faustgroße Steine, und wo der Wald seine Sturmfahne dem Meer entgegenstreckte, liegt ein gefällter Baum, der Stamm bleich, das Wurzelwerk wirr in die Luft gereckt. Wo der Mensch nicht deicht, wird es immer so sein, die Sturmflut wird immer, früher oder später, mit all ihren Gefahren hereinbrechen.

Damit den Sturmschäden an der Ostseeküste endlich wirksam begegnet werden kann, hat die Regierung der Deutschen Demokratischen Republik einschneidende Maßnahmen ergriffen.

Wissenschaftliche Beobachtungen waren notwendig, alte Erfahrungen, neue Überlegungen zu berücksichtigen und gewissenhafte Experimente genau auszuwerten. Institute für Meeresforschung werden von Zeit zu Zeit immer wieder Messungen bei verschiedenen Windrichtungen, Strömungsverhältnissen, Temperaturen und Seegangshöhen vornehmen müssen, um zum Beispiel zu ermitteln, wieviel Sand sich in den einzelnen Feldern zwischen dichten, offenen und besonders dichten Buhnen angesammelt hat; dasselbe gilt für die Beobachtung der Dünen. An genau nachgebildeten Modellen werden Verwehungen zu erproben sein, um entsprechende Aufschüttungen, Aufspülungen und Anpflanzungen vornehmen zu können. So hatte sich zum Beispiel erwiesen, daß Stahlbuhnen, von denen man sich vor dem zweiten Weltkrieg viel versprach, nicht vorteilhaft waren. Da sie kein Wasser durchließen, bewirkten sie ein unerwartet starkes Auskolken. Das war schließlich der Grund, weshalb sie durch Sprengungen wieder entfernt werden mußten. Es hatte sich auch gezeigt, daß Bohrungen, die diese Stahlbuhnen wasserdurchlässig machen sollten, vergeblich waren. So kam es, daß sich die Feriengäste in den Sommermonaten 1965 und 1966 besonders vorsehen mußten.

Da Sturm und Wasser lebendig sind, wird der Mensch immer auf dem Posten bleiben müssen, um ihren Angriffen wirksam begegnen zu können. Wenn die Schutzmaßnahmen einheitlich getroffen werden, so kann auch mit Erfolg gerechnet werden. In den voraufgegangenen Jahrzehnten und Jahrhunderten – die Holländer zum Beispiel hatten es längst eingesehen – ließen Kompetenzfragen an unserer Küste leider keinen systematisch geleiteten Schutz zu, da nur der jeweilige Rechtsträger, der, seinen Mitteln entsprechend, eingriff oder nicht, für zuständig erklärt wurde. Dabei soll nicht übersehen werden, daß nach der großen Sturmflut von 1872 einigermaßen wirksame Deichbauten – inzwischen sind sie veraltet – eingeleitet wurden.

In der Deutschen Demokratischen Republik wurde der Küstenschutz sofort zur nationalen Aufgabe erklärt, ein einheitliches, zentral geleitetes System organisiert und die Wasserwirtschaftsdirektion Küste-Warnow-Peene, mit dem Sitz in Stralsund, gegründet.

Bereits 1949, als die größte Sturmflut nach 1872 über die Küste herfiel, sollte sich erweisen, wie notwendig und richtig dieser rechtzeitig gefaßte Entschluß war.

Das Ostseeobservatorium Greifswald registrierte 6 Meter Landverlust und stellenweise auch mehr. Auf dem Vordarß war die See südlich der Rehberge in den Bodden eingedrungen, und bei Wustrow wurde die gesamte Düne zerstört. Dies waren seit je die schwächsten Stellen an der 55 km langen Außenküste des Kreises Ribnitz-Damgarten; viel hätte nicht gefehlt, und Darß und Fischland wären wieder Inseln geworden. So ist es auch verständlich, daß rund 50 Prozent aller im Küstenschutz Beschäftigten dort eingesetzt sind.

Im Jahre 1954, die zweite Sturmflut nach 1945 brach herein, war die Gefahr wiederum groß. Zwar waren die Männer des Küstenschutzes nicht untätig gewesen, sie waren mit Buhnenneubauten und Instandsetzungen, Dünenaufschüttungen, Anpflanzungen und Steinwällen der drohenden Gefahr entgegengerückt, doch es hatte sich erwiesen, daß entschieden einschneidendere Maßnahmen – seit Generationen versäumt – getroffen werden mußten. So wurde auf Beschluß des Ministerrates der Deutschen Demokratischen Republik 1958 der Vordarßdeich zwischen Ahrenshoop und den Rehbergen angelegt. Die seit Jahrhunderten gefährdetste Stelle war damit endgültig gesichert.

Zehn Jahre später wurde ein zweiter entscheidender Schritt zum Schutz dieses Küstenstreifens getan. Der alte 4,5 km lange Wustrower Seedeich, seiner Aufgabe nicht mehr gewachsen, verblieb in der Kampfzone, zur Sicherung aber wurde parallel dazu an der gefährdetsten Stelle ein 1,2 km langer neuer Seedeich geschaffen, der 1970 Anschluß an den schon 1965 aufgeworfenen neuen Deich bei Dierhagen Ost fand. So ist auch die Nehrung künftig vor Überflutung geschützt. Die See wird also keine Hochzeit mehr mit dem Bodden feiern und das Fischland nie mehr vom Festland getrennt werden.

Für alle diese Maßnahmen wurden 65 Millionen ausgegeben. Neben aufwendigen Strandaufspülungen, Deichneubauten, der Verstärkung vorhandener Deiche und Stein-

packwerken gehören dazu das Anlegen von Waldschutz-
streifen, zum Beispiel an der Steilküste zwischen Wustrow
und Ahrenshoop, sowie das Anpflanzen von Strandhafer
auf einer insgesamt 80 km langen Dünenstrecke.

Wie notwendig solche Maßnahmen sind, erwies sich erneut
im Winter 1967/68. Nicht weniger als zehn Meter Land, mitunter bis zu 30 Meter, gingen im Gesamtdurchschnitt allein
noch in jenem Winter verloren. An mehreren Stellen wurden im Kampffeld die Dünen durchbrochen, abgeweht
oder weggespült, so daß die Wogen bis gegen die alten Deiche vordrangen, die in vielen Fällen nur durch letzten Ein-
satz der Dünenmeistereien in Zingst, Dierhagen und
Graal-Müritz, der Bevölkerung und der Nationalen Volks-
armee vor dem Einbruch bewahrt werden konnten.

Einen besonders schweren Stand hatte der Dünenmeister
Zornow aus Zingst. In seinem Bereich drohte den alten
Deichen höchste Gefahr, die aber durch sein umsichtiges
Handeln abgewehrt werden konnte. Es war so schlimm,
daß der Dünenrückgang kaum noch aufzuhalten war,
Deichbrüche standen unmittelbar bevor, das Wasser stieg
unaufhaltsam, das Hinterland konnte jeden Augenblick
überflutet werden, unabsehbare Verwüstungen sowie der
Tod vieler Menschen und Tiere schienen sicher zu sein, als
angesichts der drohenden Katastrophe der umsichtige Dünenmeister seine selbstlosen Helfer im entscheidenden Augenblick an die richtigen Plätze dirigierte und rechtzeitig
Hilfsmaßnahmen organisierte, so daß ein Überfluten in
letzter Minute verhindert werden konnte. Nachdem die
Gefahr vorüber war, wurde kurze Zeit später schon mit
einer gründlichen Neuaufschüttung des Seedeiches begonnen. 60 000 m³ Sand wurden pro Schicht aufgeschüttet –
das entspricht der Ladung von 200 Lastkraftwagen –, so
daß der Deich streckenweise bis zu vier Meter hoch ist.

Angesichts solcher Katastrophengefahr fragt man sich un-
willkürlich, wie es überhaupt dazu kommen kann, ist doch
die Ostsee durch Jütland vor der Nordsee und dem Atlan-

97

tik geschützt. Prof. Dr. Kurd v. Bülow erklärt es in einem geologischen Bericht über die Sturmflut von 1954 so:
»Im Gegensatz zu den Gezeitensturmfluten an der Nordseeküste kommt es an der Ostseeküste zu reinen Windstau-Sturmfluten. Das heißt, die aperiodischen Schwankungen des Ostseespiegels sind lediglich Folgen von bestimmten Windverhältnissen oder Witterungsabläufen. Anhaltender Westwind zum Beispiel verfrachtet das Wasser der westlichen Ostsee nach Osten und bringt den Spiegel des Finnischen Meerbusens zum Steigen. Wenn zu diesem kritischen Zeitpunkt der Wind auf Nordost umspringt, was bei gewissen Wetterlagen stets zu befürchten ist, dann wird die Überfülle der östlichen Ostsee nach Westen oder Südwesten gedrängt und schwingt gegen die Küsten der westlichen Ostsee. Hat der Nordost Sturmstärke, dann steigern sich Tempo und Anstau an diesen Küsten zur Sturmflut.«

Die Männer des Küstenschutzes und die Küstenbewohner werden also immer bereit sein müssen, es mit dem Wasser aufzunehmen, das wissen sie auch, aber sie legen keinen Wert darauf, es zu betonen. Doch nicht das Wasser allein, auch der Wind, besonders wenn er zum Sturm wird, kann durch Verwehung schon viel Schaden anrichten und der verheerenden Wirkung der Flut Vorschub leisten. Das geschieht besonders dort, wo Tiere und Menschen die Pflanzen auf den Dünen zertraten und den Boden lockerten. Deshalb hängt der Bestand dieser Schutzwerke nicht zuletzt davon ab, wie sie der Mensch wirksam zu schützen und zu pflegen versteht. Diese wichtige Aufgabe können aber die Arbeiter des Küstenschutzes und die Deichwärter nicht allein bewältigen. Es bedarf der Hilfe der Anlieger und vor allem auch der Feriengäste, haben vor allem letztere doch nichts weiter zu tun, als den wohlüberlegten Inhalt der Warnschilder zu beachten und zu befolgen. Es liegt also auch in des Binnenländers Hand, ob künftig Not und Tod das Land hinter den Dünen verheeren werden oder nicht.

Sturmfluten und Deichbau in der Vergangenheit

Der Kampf mit dem Wasser ist uralt und ein Blick in die Geschichte dieses gigantischen, leider oft vergeblichen Ringens mit den Elementen wohl lohnend. Die Chroniken registrieren denn auch schon seit fast tausend Jahren Sturmfluten an der Ostseeküste. Untersuchungen haben ergeben, daß im Laufe der Jahrhunderte ungefähr alle 17 Jahre eine Sturmflut eintrat, kleinere folgten alle sechs Jahre. So gab es also keine Generation, die es nicht mit dem nassen Element zu tun bekam, auch wenn sie nie die Planken eines Bootes betreten hatte.

Die erste genauere Überlieferung von der Wirkung einer Sturmflut stammt aus dem Jahre 1044. Sie weiß von einem Sturm an der Ostsee zu berichten, der entsetzlich für Land und Menschen gewesen sein muß. Bekannt sind auch schwere Sturmfluten aus dem 14. und 15. Jahrhundert. Im Jahre 1304 soll die See endgültig Hiddensee vom Zingst getrennt haben. 1625 wurden weite Landteile weggerissen. Zu der Not des Dreißigjährigen Krieges kam diese also noch dazu. 1820 war eine der größten Sturmfluten überhaupt, dann brach die See 1872 nicht minder verheerend wiederum herein, so daß ausgedehnte Gebiete unter Wasser gerieten, Menschen und Vieh ertranken und Häuser und Stallungen vernichtet wurden. Die gewaltigste Sturmflut danach raste, wie bereits erwähnt, 1949 über das Küstenland. In all den Jahren zwischen diesen ungewöhnlich großen Sturmfluten schlug die See oft mehr oder weniger stark ebenfalls zu, so daß es wenig Ruhe für die Küstenbewohner vor dem immer drohenden Wasser gab.

Ein Kronzeuge der Sturmflut von 1872, C. J. F. Peters, erzählt über Wustrow: »Da, am 13. November im Jahre 1872 trat die längst gefürchtete Katastrophe ein. In den Tagen vorher herrschte starker West- und Südwestwind, der das Wasser in die Ostsee hineintrieb und in derselben aufstaute. Am 12. ging der Wind auf Nordost und wehte mit großer Heftig-

keit. Das Wasser in der Binnen- wie in der Ostsee stieg zusehends und so, daß schon am Abend desselben Tages die Wiesen und Weideflächen unter Wasser standen. Der Wind beharrte in seiner Richtung, nahm aber an Stärke zu, so daß am 13. morgens um 8 Uhr der Wasserstand ein äußerst bedrohlicher war. Die Düne vom Beginn des Hohen Ufers an bis zur Hälfte nach Dierhagen war vollständig unter Wasser gesetzt. Ost- und Binnensee bildeten eine gesamte Meeresfläche, die eine solche Höhe erreichte, daß das Wasser bis an den Garten des Nebenzollamtes stand. Wer das Schauspiel der grauenhaft erregten Natur schauen und bewundern wollte, mußte sich quer durch das Westfeld zum Hohen Ufer begeben. Hier bot sich wirklich ein erhabener Anblick dar. Das Meer, soweit das Auge reichte, schien bis in seine größte Tiefe aufgewühlt und ließ seine riesigen, schaumgekrönten Wellen einander überstürzen, eine Welle jagte die andere, bis sie am Ufer zerschellte und sich in graue Dampfwolken auflöste. –
Darinnen unten im Dorf sah es nicht minder schrecklich aus. Dort standen mehrere Häuser bis an die Fensterbrüstung unter Wasser, und auch die Gegend vom Hafen bis zum Büschen war so überflossen, daß das Wasser einige Häuser dem Umsturz nahe führte. Ungleich schlimmer stand es in Althagen. Die dortige Niederung, Fulgen genannt, war so unter Wasser gesetzt, daß die Häuser nur mit ihren Dächern aus der Flut hervorragten. Die Schornsteine waren eingestürzt, die Wände ausgewaschen und der Hausrat durch die Strömung nach draußen geworfen. Da sah man treibend oder schon angetrieben Gegenstände der verschiedensten Art, Kisten, Kasten, Koffer, Betten, Kommoden, Spiegel, Bücher und sonstige Sachen, meistens ganz oder zum Teil zertrümmert. Von den gegenüberliegenden Darßer Ortschaften wurden ebenfalls Gegenstände mannigfacher Art angeschwemmt, Tierleichen von Schafen, Ziegen und Schweinen, Strohmieten, Hausrat, gefälltes Holz aus dem Darßer Wald, das bunteste Allerlei bot sich dem Be-

schauer dar. Fast vollständig geschlagen, standen die betroffenen Althäger Bewohner am Ufer der überschwemmten Niederung und suchten ängstlich nach den vom Meer ihnen geraubten Sachen. Gegen Mittag legte sich der Sturm etwas, und nachdem das tobende Element zur Ruhe gekommen, sank auch der Wasserstand. Als dieser nach einigen Tagen bis zur normalen Höhe herabgekommen war, ließ sich der Schaden erst recht übersehen. Vom Rönnbaum bis fast zur zweiten Fischerbude war die Düne rein weggewaschen. Der Rettungsschuppen und die beiden Fischerbuden waren gänzlich zerstört, auch waren an mehreren Stellen vollständige Durchbrüche entstanden, deren einer in der Nähe des alten Hafens eine Tiefe von 5 Meter und eine Breite von etwa 15 Meter hatte, durch welchen

Ost- und Binnensee ungehindert miteinander kommunizierten. Da die Landverbindung durch diese Durchbrüche aufgehoben war, so traf man schleunigst Anstalten, die kleineren Durchbrüche zuzuwerfen und den großen Strom einstweilen mit einer Notbrücke zu versehen ...«

So hat die See im Laufe der Jahrhunderte die Küstenbewohner viele Male hart geschlagen. Es ist deshalb nicht verwunderlich, wenn der Volksmund die Zeit in Abschnitte vor, während und nach der jeweils letzten Sturmflut einteilte.

Die verhältnismäßig weit im Binnenlande liegende Stadt Rostock war schon im Mittelalter darum bemüht, die Dünen zu beiden Seiten der Warnowmündung durch Flechtzäune, Weiden und Pfähle zu schützen, um so einen Einbruch der See zu verhüten. Bei Durchbrüchen wären neue Abflüsse für die Warnow entstanden. Das aber hätte unweigerlich zum Versanden der Fahrrinne geführt, da die Strömung dort naturgemäß schwächer geworden wäre; der mitgeführte und sich ablagernde Sand hätte schließlich die Fahrrinne für Schiffe nicht mehr passierbar gemacht.

Andererseits ist durch Chronisten verbürgt, daß 1575 eine angewehte Düne westlich von Warnemünde abgetragen werden mußte, während 1610 die Bauern von Groß Klein die Ostdüne pflügten und eggten, um Strandhafer anzusäen, und sie somit befestigten, da sie sonst »auf Reisen ging«.

Während sich die Menschen über Generationen hin nur um den Schutz der flachen Küstenstreifen bemühten, rückte mit Beginn des 18. Jahrhunderts auch das Steilufer in den Sorgebereich; dazu gehörte die Küste des Fischlands. Die Landwirtschaft hatte inzwischen immer mehr an Bedeutung gewonnen; der Boden war kostbarer geworden und wurde bis unmittelbar an den Rand des Kliffs genutzt, so daß das Oberflächenwasser den Abbruch erleichterte, während »das Land unten (von der See her) ausgehöhlet worden« war, wie es in einem Bericht herzoglicher Beamten heißt. »Und (wenn) eine starke Flut dazukommt«, folgerten sie, »so kann es nicht anders sein, als es muß das Ufer, wo es durch und durch erweichet ist, nachstürzen.« Hugo Cordshagen, ein genauer Kenner der Geschichte unserer Küste, schreibt »Der Küstenschutz in Mecklenburg« (1964) dazu: Die Beamten »sprachen im übrigen damals schon die Befürchtung aus, daß das Fischland mit der Zeit gänzlich von der See verschlungen werden könnte«.

Diese beunruhigende Feststellung bewirkte wohl, daß sich danach Behörden, Wissenschaftler und Ingenieure wiederholt mit Problemen des Küstenschutzes, besonders im Hinblick auf diese Stelle, befaßten. Einige waren der Meinung, weder das Fischland noch der Darß seien volkswirtschaftlich von solcher Bedeutung, daß zu ihrer Erhaltung so viel Geld, Arbeit und Material hineingesteckt werden dürften; lediglich um das dahinterliegende wertvolle Festland zu schützen, seien diese Maßnahmen gerechtfertigt.

Verschieden waren auch die Ansichten über die zu treffenden Maßnahmen, Professor Wenzel Karsten, Rektor der Bützower Universität, machte schon 1764 den Vorschlag, das Steilufer abzuschrägen, und Oberamtmann Brandt aus Ribnitz ließ Flechtzäune setzen und Faschinen legen. Er tat, was er konnte, war aber der Meinung, alles sei nur halbe Arbeit, wahrscheinlich völlig umsonst, wenn nicht am Permin ein Durchstich erfolgte, so daß das Hochwasser im Bodden einen Abfluß erhielte. Er stellte sich in die See ragende Molen vor, die diesen Durchstich schützten, und versprach sich durch sie zugleich eine Ansandung, so daß die See selbst den Schutz des Ufers bewirkt hätte. In diesen Gedanken schwang zugleich die alte Hoffnung der Ribnitzer und Fischländer mit, daß der im Mittelalter von den Rostockern geschlossene Zugang zur See erneut geöffnet würde.

Hatte man bisher den Küstenschutz mehr als eine Art moralische Aufgabe betrachtet, so wurde es nach der Sturmflut von 1825 dem Strandvogt zur Pflicht gemacht, Dünen- und Küstenschutzarbeiten streng zu überwachen, woraus zu ersehen ist, wie ernst der Schutz der Küste endlich genommen werden mußte. Da bald darauf zwischen Dierhagen und Wustrow die Dünen an zwei Stellen durchbrochen wurden und sich die See wieder einmal über die Ribnitzer Stadtwiesen hin mit dem Wasser des Boddens vereinigte, ging man mittels Pfählen und Zäunen daran, eine künstliche Düne zu schaffen. Fulgen und Althagen wurden durch Deiche geschützt, und laut einer Dünenordnung von 1847 – sie betraf die Strecke vom Stromgraben bis an die mecklenburgisch-pommersche Grenze – durften die Strandvögte und Dünenwächter aus Müritz, Dierhagen und Wustrow gegen jeden, der unberechtigt auf den Dünen fuhr und ritt, Steine, Tang oder Pfähle entwendete, empfindliche Strafen verhängen. Ein erwischter Übeltäter konnte mit Geldstrafen, Gefängnis oder körperlicher Züchtigung rechnen. Pächter, deren Land bis an die Küste reichte, wurden zu Anpflanzungen verpflichtet, zugleich wurde auf dem Fischland auch mit dem Ansamen von Strandgräsern begonnen. Nichts aber hatte sich als unbedingt sicher erwiesen, deshalb waren die Erwartungen besonders groß, als in der zweiten Hälfte des vergangenen Jahrhunderts Versuche mit dem Buhnenbau gemacht wurden. Auf dem Fischland sollten sie vor allen Dingen die Hohe Düne bei Wustrow und das Steilufer schützen.

Viele kluge Männer haben Überlegungen angestellt, ob die Buhnen im rechten oder spitzen Winkel, ob sie ein- oder zweireihig oder parallel zur Küste gesetzt werden sollten, auch über den günstigen Zwischenraum der einzelnen Buhnenwerke machte man sich Gedanken, doch eine Garantie für die größte Wirksamkeit gab es in keinem Fall.

Nach der Sturmflut von 1872 bemühten sich die Behörden, Einheitlichkeit in den Küstenschutz zu bringen. Es hatte sich erwiesen, daß die Pfahlbuhnen doch vieles abhielten, denn wo es sie nicht gab, besonders nördlich von Ahrenshoop, waren die Dünen viele Male durchbrochen, teilweise sogar ganz weggeschwemmt worden, oder sie hatten tiefe

Grundbrüche erlitten. Noch während der Ausbesserungsarbeiten, die nicht ohne Kompetenzstreitigkeiten zwischen der Stadt Ribnitz und den Landesbehörden verlaufen waren, schlug die See 1874 noch einmal heftig zu. Da war man endlich übereingekommen, Deichanlagen großen Ausmaßes zu schaffen. Im Preußischen geschah dies vordringlich an der Naht Darß-Zingst und in der Sundischen Wiese, während in Mecklenburg die Deicharbeiten auf dem Fischland beschleunigt vorangetrieben wurden. Die Boddendörfer wurden ebenfalls berücksichtigt, um sie vor dem mitgeführten Wasser der Nordoststürme zu sichern.

Mit dem Bau des so notwendigen Deiches zwischen Wustrow und Dierhagen begann man im Sommer 1875; er wurde im Spätsommer 1877 fertig. Zuvor war wiederum der Wunsch laut geworden, das Problem doch durch den schon so viel besprochenen Durchstich zu lösen. Die Zeitungen hatten ausführliche Artikel veröffentlicht, und die Landesbehörden prüften die Angelegenheit an Ort und Stelle durch ihre Sachverständigen, ließen das Durchstichobjekt aber schließlich doch fallen und entschlossen sich zum Bau des Deiches. Die Verlängerung dieser Schutzanlage aber, durch die die Ribnitzer Stadtwiesen und überhaupt die ganze Nehrung endgültig geschützt wurde, kam erst nach der Gründung der Deutschen Demokratischen Republik zustande. Welche Summe erforderlich war, wird ersichtlich, wenn man bedenkt, daß für Küstenschutz- und Deicharbeiten pro Kilometer etwa 1 Million Mark aufgewendet werden müssen. Künftig, das steht fest, werden die Gefahren einer Überflutung nur noch gering sein.

Unter blauer Seide

Ob von der Straße oder noch besser von der Höhe des Steilufers – von wo aus auch immer man nördlich von Wustrow die beiden zur Gemeinde Ahrenshoop gehörenden Dörfer Niehagen und Althagen mit Fulge betrachtet, sie bieten aus der Nähe wie aus der Ferne ein eindrucksstarkes Bild. Es sind Rodungsdörfer, und sie sind jünger als Wustrow. Die Althäger krochen noch dicht zusammen, während die Niehäger schon weiter auseinandergerückt sind. Der Ortsteil Fulge brannte 1930 ab und wurde zum Teil ohne Rücksicht auf den der Landschaft gemäßen Stil wieder aufgebaut.

Einige Höfe, deren einer die Jahreszahl 1672 im Balken trägt, liegen wie mit der Erde verwachsen in Mulden und unter breit ausladenden Bäumen. Häuser, in Reihen und einzeln, vom Buschwerk fast verdeckt, leuchten braunrot aus dem Grün der Felder, im Hintergrund der Bodden und darüber die blaue Seide des Himmels mit langen weißen Wolkenstreifen. Das tiefe Rohrdach, die vom Wetter gebeizten Ziegel sind die Würde und Ruhe selbst.

Vor ein paar Jahrzehnten lebte auf diesen Höfen noch jeder sein Leben für sich. Tugend und Schwäche, Eigentümlichkeit und Skurrilität hausten wie in den Darßdörfern nebeneinander. Wie die Darßdörfler fuhr auch mancher Nie- und Althäger als Matrose auf Wustrower oder Rostocker Schiffen, wobei allerdings von Althagen gesagt wurde, daß es das Dorf der Steuerleute gewesen sei.

Die Frauen besorgten den Haushalt und die Kuh. Während der »hillen Tid« halfen sie auf den Bauernhöfen. Allein auf sich gestellt, erzogen sie ihre Kinder, kämpften mit Krankheiten und Alltagssorgen und warteten auf ihren Mann; nicht wenige waren unter ihnen, die vergebens warteten und dann oft für immer allein blieben

Im Jahre 1900 gab es in Nie- und Althagen, einschließlich Wustrow mit Barnstorf, noch 32 Bauern und 385 Büdner. 50 Jahre später waren nur noch wenige Einwohner in der Landwirtschaft tätig.

Abends spielte sich das Leben noch bis zum Jahre 1921 bei Kerzen- und Petroleumlicht ab, denn erst in jenem Jahr erhielt das Fischland elektrisches Licht. Ärzte versorgen heute die Kranken, früher stand im Spritzenhaus von Althagen der Krankenkorb, in dem ging es auf einem Wagen oder mit dem Segelschlitten zum Arzt in die Stadt.

Künstler, Gelehrte und Schriftsteller fühlten sich in diesen Dörfern so wohl, daß sie sich dort für längere Zeit oder gar für immer niederließen. Unter ihnen befanden sich so bedeutende wie der von den Nazis geächtete Bildhauer und Graphiker Gerhard Marcks, der in der Nordertrift in Niehagen wohnte. Der Zeichner Fritz Koch-Gotha mit seiner Frau, der Malerin Koch-Stetter, wurde im letzten Krieg in Althagen seßhaft. In dem Katen schafft heute der Maler und Keramiker Arnold Klünder, der Schwiegersohn Koch-Gothas. In Althagen lebt auch der Maler Klaus Müller-Schönefeld. Fest ansässig sind ferner im benachbarten Ahrenshoop der Graphiker Georg Hülße sowie die Bildhauerinnen Hertha von Guttenberg und Doris Oberländer. Die 1961 in ihrem Althäger Katen verstorbene Schriftstellerin Käthe Miethe wurde wie Fritz Koch-Gotha auf dem Friedhof in Wustrow zwischen Kapitänen, Matrosen, Bauern und Handwerkern begraben.

Die nächste Ortschaft war für die Alt- und Niehäger das benachbarte Wustrow und weiter im Süden Ribnitz, doch diese Stadt besuchten sie gewöhnlich nur alle Jubeljahr; nach Norden wandten sie sich so gut wie gar nicht. Im Norden nämlich, gleich hinter dem Grenzbach, war »Ausland«, dort lag Ahrenshoop, und das war schon »pommersch«.

Die Zeit also, da in diesen Dörfern die Menschen das ganze Jahr unter sich blieben und keine Sommergäste ein- und ausgingen, liegt noch gar nicht so weit zurück. Als sich dann aber besonders nach 1945 der Kreis Ribnitz-Damgarten zum drittgrößten Erholungsgebiet des Bezirkes Rostock entwickelte und mehr Menschen dort Erholung und Entspannung fanden als je zuvor, zogen auch in den kleinsten Fischer- und Büdnerkaten vorübergehend die sonnenhungrigen Feriengäste ein.

Diese Entwicklung vollzog sich natürlich nicht nur in Alt-

und Niehagen, sondern überall, wo die See Bademöglich-
keiten bietet. Dierhagen hatte zum Beispiel zehn Jahre
nach dem Kriege schon wieder 1650 Feriengäste, 1970 waren
es bereits gut achtmal so viel. Ähnlich verlief der Anstieg in
den benachbarten Badeorten. Allein 20 000 Kinder aus verschiedenen Ländern konnten im Jahre 1968 ihre Ferien in
den Erholungslagern verbringen. Im gleichen Jahr erholten
sich auf den Zeltplätzen über 52 000 Bürger der Republik,
und 75 000 Wochenend- und Tagesurlauber ließen es sich
nicht nehmen, diese schöne Landschaft wenigstens für
kurze Zeit aufzusuchen. Gleichzeitig wurde mit Unterstützung durch den Staat vom Feriendienst des Freien Deutschen Gewerkschaftsbundes, dem Reisebüro und volkseigenen Betrieben weitere Vorbereitungen zur Erweiterung
und Verbesserung der Erholungseinrichtungen getroffen.
Es entstanden Verkaufshallen, ein neues Kurhaus und in
Zingst und Prerow zusätzlich Bettenhäuser ...

Über die Fischländer

Humorvolle Anspielungen und überraschend offenherzige
Antworten gehören zur Lebensart der Menschen zwischen
Meer und Bodden, die Zeit finden, in sich hineinzuhor-
chen, und im Lauf eines langen Lebens auch lernten, andere zu durchschauen. Das gab es früher, und Originale
dieser Art gibt es noch heute; von einigen soll hier die
Rede sein.

Der Stint hat es in sich

Am Ausgang des Barocks sagte man den Ribnitzer Fischermädchen nach, »daß sie, die drallen, schmucken, von der
Venus Kallipygos (griech. »mit schönem Hintern«) besonders freundlich bedachten, stets zu lockerem Liebesspiel
aufgelegten Ribnitzer Fischermädchen diese Besonderhei-

ten dem dauernden Massengenuß von Stinten zu verdanken hätten«. Der Stint wurde für ein ausgezeichnetes Aphrodisiakum gehalten. Die Zeitgenossen sollen sich allerdings drastischer über besagte Mädchen ausgedrückt haben, doch das läßt sich schlecht wiedergeben.

Georg Dade und das Eis

Der Bodden liegt geschützt, außerdem hat er kaum Strömung, also friert er leichter zu als die See. Wustrower erzählten uns, daß ihr Einwohner Georg Dade lange Jahre derjenige war, der stets das Eis auf seine Haltbarkeit prüfte und nach dessen Urteil sich alle anderen richteten. Zuerst probierte es Georg auf Schlittschuhen und glitt nach Ribnitz hinüber, dann machte er die Fahrt mit dem Peekschlitten, und danach holte er den Segelschlitten heraus. Bald hieß es: »Georg is all mit'n Sägelschläden dor wäst.« Damit galt das Eis als absolut sicher.

Einst fragte ihn Probst Vermehren: »Wie ist es, Vater Dade, wenn Sie nun doch mal einbrechen, was machen Sie dann?« Georg, der mit der Zunge anstieß, antwortete: »d-d-dann sing ich: Ich habe nun den Grund gefunden, d-d-d-er meine Seele ewig hält ...«

Als Madameken zu knibbeln begann

In Dierhagen zeigte uns Lehrer Fretwurst den unter Denkmalsschutz im Kronswinkel stehenden Katen des alten Lehmus. Fischhändler Heinrich, genannt Johann Lehmus, um die Jahrhundertwende schon ein betagter Mann, lud noch immer seinen einige Jahrzehnte alten Handwagen voll Fisch, spannte drei oder vier Hunde davor, zog seine Langschäfter an und fuhr in aller Herrgottsfrüh nach Ribnitz, um mit dem Verkauf seiner Fische das tägliche Brot für die vielköpfige Familie zu verdienen. Gegen Mittag jagte er zurück, indem er sich außer Sichtweite des Gendarmen oft selbst in den Wagen setzte und von seinen nach der Futterschüssel trachtenden Hunden heimwärts ziehen ließ.

Er wurde von jedem und jeder in der morgendlichen Stadt begrüßt, was er freundlich erwiderte. Ungemütlich wurde der Empfang in Ribnitz für ihn nur in der Nähe des Realgymnasiums. Da die Schüler sich daraus ein Vergnügen machten, seine von der langen Fahrt hungrigen Hunde mit ihren Frühstücksbroten zu locken und zu füttern, hatte der Alte alle Hände voll zu tun, damit ihm sein Gespann nicht durchging. War diese Klippe glücklich mit Gebell und Gejaul umschifft, machte er sich mit seiner Schnellwaage zum Empfang der Kundinnen bereit. Sie kamen gern zu ihm, hatten sie doch ihren Spaß an seiner leutseligen Art. Er duzte alle, nannte die älteste Hausfrau noch »min Döchting«, wischte sich den Priemsud aus den Mundwinkeln und sagte zur zwei Zentner schweren Frau Postsekretär: »Na, min lütt Diern, wat sall't denn sin?«

Der Ribnitzer Chronist Dr. Paul Kühl erzählte von ihm: »Als nun die Frau Amtsrichter, die hier zum ersten Mal in ihrem Leben Hornfische sah und sie recht mißtrauisch betrachtete, anfing, einige hochzuheben und zu befühlen, blitzte es schalkhaft in dem verwetterten Gesicht des Alten auf, und zum Gaudium aller Amwesenden rief er der ›puterrot‹ von dannen stürzenden Frau Amtsrichter die ergötzlichen Worte zu: ›Laat dat Knibbeln nah, Madameken! Von't Anfaten warden sei nich dicker!‹«

Vordarß und Darß

Das Herzstück Ahrenshoop

Ein Ziel aller Fahrten und Wanderungen durch diesen
Landstrich ist immer die ehemalige Künstlerkolonie Ahrenshoop – und sei es nur für einen Tag. Es mag der alte
Nimbus sein, der dem Badeort einst durch Maler verliehen
wurde, denn Künstler und ihre Werke finden immer bei
jung und alt Interesse.

Wenn man an einem Sommertag durch Ahrenshoop geht –
die Dorfstraße erhielt schon vor Jahren eine glatte und feste Decke –, um sich und über sich leuchtendes Grün, und
zugleich mit dem Rascheln des unruhigen Laubwerks der
Pappeln die nahe Brandung vernimmt, dann spürt man, daß
der Alltag weit im Binnenland zurückblieb und die Tage
der Selbstbesinnung beginnen. Wie mancher mag unter
den Gästen sein, der immer neue Schönheiten des Küsten-
landes entdeckt und an die ihm irgendwo in der Republik
lieb gewordene Umgebung seiner Wirkungsstätte denkt
und feststellt, wie liebenswert doch die ganze Heimat ist.
Zurückgekehrt nach Merseburg, Erfurt, Zwickau oder in
eine der anderen Städte, nimmt er die Erinnerung an das
Tosen der See, an eine ungewöhnlich strahlende Sonne
und stimmungsvolle Abende mit.

Wer zu sehen vermag und tiefer lotet, der spürt auch etwas
vom mühevollen Ringen, die Landschaft vor den Gewalten
der Stürme und des Wassers zu schützen und sie zu erhalten. Er ahnt, was ein langer Winter bedeutet, und erkennt,
daß dort Menschen wirken, die unter ganz anderen Um-

ständen als er ihr Tagewerk erfüllen, daß sie aber mit ihm an einem sicheren und schöneren Leben bauen.

Das Herzstück dieses Badeortes ist die eindrucksvolle Dorfstraße. Sie ist der Treffpunkt aller Gäste, auf ihr schaut man täglich in neue Gesichter und läßt sich selber sehen. Es ist ein ewiges Kommen und Gehen, und doch herrscht keine Unrast. Über allem liegt die Atmosphäre der Ferienzeit, zum Ausdruck gebracht durch noch blasse und schon braune, durch krebsrote und von Sonnencreme glänzende Gesichter.

An der Dorfstraße liegt versteckt unmittelbar neben dem Deich der Kronzeuge der ehemaligen Künstlerkolonie, der 1909 gebaute Kunstkaten, der Vorbild für alle weiteren Wohnhäuser sein sollte. Zehn Jahre später ging er in Privatbesitz über, und damit fanden auch keine Ausstellungen mehr in seinen Räumen statt. Reiche Bürger begannen in Ahrenshoop zu bauen und richteten sich nicht nach dem von den inzwischen zum Teil verarmten Künstlern gesetzten Beispiel. In der nun folgenden Zeit beherrschten wenige Wohlhabende und Reiche das Bild Ahrenshoops, es war ein teures Bad geworden. Als der zweite Weltkrieg begann, zogen Küstenbatterien auf, und damit erlosch das fröhliche Badeleben. Die Betonbrocken der gesprengten Bunker sind die einzigen Zeugen aus der Nazizeit, etwas anderes wurde nicht gebaut.

Ahrenshoop und die benachbarten Badeorte haben dann auch an den Folgen des Krieges lange zu tragen gehabt. Gaststätten und alle Zimmer, die sonst für Badegäste gedacht waren, lagen voller Flüchtlinge. Es gab keine Arbeitsmöglichkeiten. An kommunale Verbesserungen war überhaupt nicht zu denken, und es sah nicht danach aus, daß jemals wieder unbeschwerte Gäste Einkehr halten würden. Und doch kamen sie wieder, und eines Tages fand im neu hergerichteten Kunstkaten auch die erste Kunstausstellung nach dem Kriege statt. Seitdem standen die Räume Jahr für Jahr den Künstlern zum Ausstellen ihrer Werke zur Verfügung, bis das Haus im Februar 1974 durch einen Brand vernichtet, aber bald darauf wieder aufgebaut wurde. Daneben befindet sich die Bunte Stube mit geschmackvoll dargebotenen kunstgewerblichen Kostbarkeiten und niveauvollen Kunstausstellungen. Es sind nicht wenige unter den Gästen, die sich eine Radierung, ein Aquarell oder ein Ölbild mit nach Hause nehmen. Wer etwas andere Interessen hat, der nimmt während der Saison von den Vorträgen des Deutschen Kulturbundes über Landschaft, Menschen, Pflanzen- und Vogelwelt und aus den kleinen gediegenen Ausstellungen sein Teil mit.

Nicht alle Menschen sind gleich, und so findet auch nicht jeder Erbauung auf solche Weise. Mancher möchte weder besonderen Komfort noch Zerstreuung, noch das, was er Kunstgenuß nennt, an seinem Erholungsort missen. Das aber hatte Ahrenshoop, trotz seines Kurhauses und seiner bescheidenen kulturellen Einrichtungen, nie in dem Maße wie andere Badeorte zu bieten. In diesem Punkt hat es zum Glück noch immer etwas von der Einfachheit behalten, die einst die Künstler anzog.

Störend machte sich allerdings der Mangel an Gaststätten bemerkbar, besonders da die Zahl der »Tagesgäste« ständig wuchs. Auch die 1966 eröffnete Speisehalle mit Selbstbedienung schaffte es neben den anderen kleineren Gaststätten nicht.

Wenn man aber bedenkt, daß Ahrenshoop nur eine kleine Gemeinde ist, so haben die Einwohner Hervorragendes getan, um es dennoch ihren Gästen während der Saison so bequem und schön wie möglich zu machen. Im Jahre 1974 betrug dann die Einwohnerzahl des Ostseebades Ahrenshoop, nachdem 1950 Althagen und Niehagen eingemeindet wurden, ungefähr 860 Personen, von denen sieben Schiffsoffiziere waren, die zum größten Teil in der Handelsflotte der Deutschen Seereederei Dienst taten, zwölf fuhren als Matrosen, und zwölf weitere Einwohner arbeiteten bei der Seebaggerei. Es wurde ausgebessert und neu gebaut. Wir

meinen nicht die beiden ausgedehnten neuen Viertel am Hohen Ufer, deren erstes in der Zeit von 1954 bis 1960 und deren zweites von 1961 bis 1964 entstanden ist – schnell wachsende Bäume mögen sie in wenigen Jahren einkleiden –, sondern alle die seit Bestehen der Republik vorgenommenen Verbesserungen im Werte von fast sieben Millionen Mark, von denen eine Teil mit Beteiligung der Einwohner zustande kam. Dazu gehört der Bau eines Wasserwerkes. Wer noch das frühere Trinkwasser kennt, der weiß diese Tat zu schätzen. Dazu gehören auch der Bau von Straßen und Wegen, Bushaltestellen und Wartehallen, das Anlegen der Parkplätze und Dünenübergänge, das Aufstellen der Straßenlampen und das Pflanzen von 200 Pappeln. Damit die Gäste auch unter dem Rohrdach ruhig schlafen können, wurden zwei Feuerlöschteiche angelegt und modernes Gerät für die Feuerwehr beschafft sowie zusätzlich ein Brunnen für das Wasserwerk gebohrt, von den Drainage- und Meliorationsarbeiten ganz zu schweigen. Das alte, mit der Zeit wirklich überholungsbedürftig gewordene Kurhaus und das Café »Namenlos« wurden völlig erneuert. Seit 1971 gibt es am Ortsausgang auch eine Einkaufshalle, die viele Bedürfnisse der Einwohner und Gäste befriedigt. Welche ästhetisch ansprechenden Möglichkeiten es in architektonischer Hinsicht gibt, das zeigen die als Sommererholungsheime genutzten großen Rohrdachhäuser auf der Kuhweide. Sie wurden als Zweckbauten während der Deicharbeiten errichtet und später umgebaut.

Die Landschaft, die hinter diesen Häusern beginnt, kann, mit Ausnahme der Sommerzeit, ihre Schwermut kaum verleugnen: die unruhige See, das flache, sich im Bodden verlierende Weideland und der dunkle, aus tiefer Stille herüberblickende Darß waren für die Ahrenshooper und ihre Gäste lange das Ende der Welt. Fischländer tauchten höchstens zur Winterzeit auf, »um sich Holz zu machen«; mehr suchten sie dort nicht.

Über die Kuhkoppel jagt der Westwind und kräuselt das Wasser der tief vom Saaler Bodden her an Möwenort vorbei ins Land dringenden Hundsbeck, rüttelt die Krüppelbirken und wirft sich in den schwarz aufsteigenden Wald; Baum und Strauch, Halm und Blume, das ganze Land lauscht dem Gesang der See.

Ob man nun an den Strand für Bekleidete oder Unbekleidete geht, sich in das nahe Wäldchen mit den alten Eichen und dem großen Ilexbestand begibt oder den Bodden entlang nach Althagen wandert und sich an den vielen unvermuteten Motiven zwischen Rohrdachkaten, buntem Mauerwerk, Gärten und satten Wiesen erbaut, so kehrt man dennoch auch gern mitten in den Ort zurück, um sich noch einmal am bunten Gewimmel all der sonnenhungrigen Gäste zu erfreuen.

Zwischen den Welten

Von den Anfängen des Dorfes Ahrenshoop ist nicht viel zu berichten. Lange war dort nichts als wehender Sand, im Busch bellten die Füchse, die Dünen wanderten von der See zum Bodden, und struppige Bäume, vom scharfen Sandgebläse fast kahl geschoren, kümmerten dahin.
In einer Urkunde von 1271, als Waldemar von Dänemark die Rechte der Stadt Ribnitz festlegte, wird der Name zum erstenmal erwähnt. Man sprach von Arneshope, Arenshop, Arenshof und auch von Ahrensspör. Über die Entstehung des Namens sind sich die Gelehrten noch heute nicht einig.
Von Fischern ist die Rede, die dort – vielleicht schon zur Zeit der Hanse – ein Lager, eine sogenannte Vitte, errichtet hatten. Ihre Niederlassung lag am nördlichen Mündungsarm der Recknitz, dessen ehemaliges Bett später die Grenze des Fischlands und Mecklenburgs gegenüber Pommern bildete. Diese Flußmündung war wie der südliche Mündungsarm bei Wustrow schon früh heiß umstritten. Wir erwähnten bereits, daß der Herzog vom Sund, Barnim VI., die Stätte für würdig hielt, eine Stadt zu tragen. Der Mündungsarm wurde 1395 von den Hansen für die Schiffahrt unbrauchbar gemacht in der Hoffnung, er würde allmählich völlig versanden. 1455 soll er aber doch noch befahrbar gewesen sein. Der Herzog, ein unruhiger Geist, wurde später im Kampf mit Lübeck verwundet, suchte Zuflucht in Barth und Heilung an der Wunderquelle im benachbarten Dorf

Kenz, fand sie aber nicht. Die Pest raffte ihn schließlich hinweg. Er liegt in der Kirche zu Kenz begraben.

Reimarus Rock vermeldet in seinem Lübischen Chronicon über diesen Kriegszug, »daß dieser Zug wider den Haven auf dem Darz der dritt sey gewesen, und daß es nach diesem dabei geblieben sei«.

Auf einer in der ersten Hälfte des 16. Jahrhunderts von Tilemann Stella angefertigten Karte ist der Wasserarm nicht mehr verzeichnet. So blieb es bis zur großen Sturmflut 1625. In diesem Jahr rissen die Elemente ihn wieder auf, und die See überflutete das ganze flache Land bis an den Bodden. Während dieser Flut soll das »Fischerdorf Vitte« weggespült worden sein. Ob nun Menschenhand oder Verwehungen den Durchbruch wieder schlossen, wird nirgends erwähnt, danach aber siedelten sich wieder Menschen im und am Vittebrook, dem ehemaligen Flußbett, an.

Einen Eindruck von dieser Stätte erhält man, wenn man von der Fernverkehrsstraße den Grenzweg zur See hinaufgeht. Was sich rechter Hand befindet, wurde auf dem »historischen Boden« des Ostseebades Ahrenshoop, der Vitte, angesiedelt.

Nach dem Dreißigjährigen Krieg war alles Land nördlich des Grenzweges schwedisch geworden. Die von den Schweden bald danach angefertigte Karte verzeichnet schon das Fährhaus. Es stand wahrscheinlich dort, wo sich heute der alte Doppelkaten, Dorfstraße 6, auch Salzhaus und Zollhaus genannt, befindet. Weiter enthält die Karte das Haus des Heidereiters oder Försters, es ist der später als »Pätowsches Gehöft« bekannt gewordene Hof am Fuße des Schifferberges unweit der 1951 eingeweihten, von Doris Oberländer eigenwillig ausgestalteten, schönen Kapelle neben dem Friedhof. Der Schulze betreute 1767 noch 38 Seelen.

Gustav Berg schreibt in den »Beiträgen zur Geschichte des Darßes und des Zingstes«: »Im 18. Jahrhundert siedelten sich in Ahrenshop verschiedene Seeleute an, die im benachbarten Fischlande beheimatet waren und von Pommern aus unter schwedischer Flagge das Meer befuhren. Sie erhielten Baustellen mit Gartenland auf dem Grund und Boden des königlichen Pachthofes gegen ein jährliches Grundgeld von 4 Talern. So entstand die sogenannte Schifferreihe mit 11 Häusern neben Vittebrook, dem älteren Ortsteil.«

Hauptmann von Wehrs, der ebenfalls sehr eingehend und sachkundig über diese Landschaft geschrieben hat, behauptet, daß auf dem Berg dazwischen – gemeint ist der Schifferberg – vermutlich das Schloß gestanden habe, denn 1811 war er Zeuge, als dort beim Aufwerfen einer Brustwehr Mauersteine und Nägel sowie Überreste, die von größeren Gebäuden zeugten, gefunden wurden. Um diese Zeit gab es bereits Wohnhäuser, man sprach aber weniger von Ahrenshoop als allgemein vom Heidereiterhof und vom Vittebrook.

Als sich Oster- und Westerreihe schon entwickelt hatten – im Osten wohnten die Schiffer, im Westen die Fischer und andere kleine Leute –, hieß die Gemeinde im Volksmund immer noch Powersdörp, von Wohlhabenheit war also noch keine Rede. Das arme Dorf hatte auch keinen Friedhof, es mußte seine Toten nach dem mecklenburgischen Wustrow bringen.

Der Friedhof am Schifferberg in Ahrenshoop wurde erst nach der Sturmflut von 1872 angelegt. Unter einer knorrigen Pappel steht dort ein Grabstein mit der kurzen Inschrift »Peter E 1881–1963«; später wurde der Rufname seiner Lebensgefährtin hinzugefügt. Es ist das Grab des Verlegers Peter Erichson, der unter dieser Kurzform seines Namens bekannt war, zeitweise in Ahrenshoop lebte und manches Buch über das Küstenland in dem damals ihm gehörenden Hinstorff Verlag herausbrachte.

Nach der Sturmflut also, von deren Folgen etwa hundert Einwohner betroffen waren, richteten die Menschen ihre Katen zwar wieder her, kamen jedoch nicht so recht auf die

Beine. Wie es aber oft im Leben ist: was weit und breit als Nachteil galt, sollte den Ahrenshoopern zum großen Vorteil gereichen. Wilde Dünen, zerfetzte Bäume, Katen, Stranddorn und Ginster, sie waren es, die in den beiden Jahrzehnten des vorigen Jahrhunderts die Maler anzogen – Ahrenshoop zählte damals ungefähr 150 Einwohner – und damit den Aufstieg des Ortes zum Ostseebad einleiteten.

Von dem in Kröpelin geborenen Maler Carl Malchin hing bereits 1884 in einer Berliner Ausstellung das Gemälde »Saaler Bodden«. Er hat viele Motive des Fischlandes gewählt.

Eva Stort gehört zu den ersten »Malweibern«, die sich im Dorf einquartierten. Fritz Wachenhusen zog nach kurzem Aufenthalt in Wustrow weiter nach Ahrenshoop und ließ sich dort nieder. Es folgte 1887 der eigentliche Gründer der Ahrenshooper Malerkolonie, Paul Müller-Kaempf. Er ließ auch das Haus Lukas bauen, in dem seine Malschülerinnen untergebracht wurden. Seinem Beispiel folgten bald weitere Künstler. Wenn man die Motive ihrer Bilder – ein unergründlicher Landweg, rechts und links armselige Katen ohne Baumschmuck, Powerdörp genannt, oder ein Hof, der nur mit dem Dachfirst über die Düne zu blicken wagt, ein Katen, der wie der Baum in seiner Nähe vom Sturm schief gedrückt worden ist – gründlich betrachtet, dann hat man ungefähr eine Vorstellung vom damaligen Ahrenshoop.

Im Dorf waren, als die Maler kamen, auch noch Schiffer ansässig, doch die große Zeit der Segelschiffe war schon vorbei, und die Verdienstmöglichkeiten waren karg geworden. Da kam den Einwohnern die Absicht der Maler, sich anzukaufen und zu bauen, zustatten. Das brachte etwas Geld, und wenn man es geschickt anstellte, so war also auf dem Sandboden doch noch ein gutes Geschäft zu machen.

Die Künstler siedelten sich auf der Osterseite, auf der Westerseite und am Schifferberg an. Leider waren Häuser darunter, die auch in der Schweiz oder in jeder anderen Stadt hätten stehen können; ein Glück nur, daß Wind und Wetter die Bewohner zwangen zu pflanzen, so daß das Grün der Bäume und Büsche allmählich vieles verdeckte. Ausnahmen machten die sogenannten Maler-Katen um die Bunte Stube und auch einige am Schifferberg; sie wurden der traditionellen Bauweise angepaßt.

Auf dem Nordende siedelten sich andere kapitalkräftige Leute an, leider wiederum, ohne Rücksicht auf die Bautradition zu nehmen. Eine Zeitlang noch konnten sich die Künstler den »Zugezogenen« gegenüber behaupten, doch bald waren sie in der Minderheit; die Bodenspekulation wirkte sich aus, und die »Forensen« oder »Isenbahner«, die mit der Eisenbahn Gekommenen, bestimmten den Lauf der Dinge. Der »wohlsituierte deutsche Bürger« gab den Ton an. Damit war die Zeit des unbekümmerten Künstlervolks endgültig abgelaufen. Und was leider auch festgestellt werden muß: es waren kaum Werke entstanden, die allgemein bekannt geworden waren. Wenn Worpswede durch Paula Modersohn-Becker, Fritz Overbeck, Heinrich Vogeler und andere zum Begriff wurde, so blieb von Ahrenshoop kaum der Name. Dennoch hat es bis zum heutigen Tag immer wieder Künstler angezogen.

Der Dichter und Staatsmann Johannes R. Becher, der gern in Ahrenshoop weilte, hat den Reiz dieser Landschaft gespürt. Er sagt zum Beispiel von den dort besonders typischen Windflüchtern:

> Sie haben einen Grund noch, einen festen
> Und dennoch hält der Grund sie allzu fest.
> Sie flüchten vor dem Wind mit allen Ästen
> Und halten fest, hinauf bis zum Geäst.

Manch einer hat wohl diesen bizarren Baumgebilden nachgesonnen und dabei an ein Stück Weg seines eigenen Lebens gedacht. Sie trotzen den Windgewittern, verkrüppelt schon in allen Ästen, und doch setzen sie wieder Blätter an, bis die Wogen auch ihre letzten Wurzeln zerrissen haben.

Unter Wipfeln und Kronen

Die letzten Häuser von Ahrenshoop liegen am Waldrand neben dem Vordarßdeich. Dahinter beginnt bald der Darß, durch den seit 1959 eine feste Straße führt. Man kann ihn auch auf der 1926/27 bis Zingst und später weiter befestigten Straße von Barth erreichen. Eine Zeitlang war dies sogar mit der Eisenbahn möglich. Die Strecke wurde 1910 bis Prerow in Betrieb genommen, durch die Sturmflut 1913 kurz unterbrochen, dann aber wieder repariert, bis sie 1945 eingestellt wurde. Seitdem besteht ein regelmäßiger Busverkehr nach den Städten Ribnitz-Damgarten und Barth.

Würde man den Darß, der lange Zeit Kronsheide genannt wurde, von oben betrachten, so gliche er wohl einem verschobenen Viereck, dessen eine spitze Ecke mit dem vielen Schiffen zum Verhängnis gewordenen Riff Darßer Ort weit nach Norden zeigt, während die gegenüberliegende mit dem Dorf Born und den Bülten genannten Inseln nach Süden in den Bodden weist.

Es wird vom Alt- und Neudarß gesprochen. Die Trennungslinie dürfte der von Prerow nach den Rehbergen führende Mecklenburger Weg sein. Etwa auf halbem Wege liegt auf der Nordseite die Buchhorster Maase, eine große Wiese. Ihr schroffer Südhang war einst Küste. Funde ergaben, daß in ihrer Nähe vor 7000 Jahren Menschen lebten, die wahrscheinlich in Pfahlbauten wohnten. Der drei Kilometer nördlich sich befindende Esper Ort mag damals die äußerste Spitze des Darßes gewesen sein.

In der Nähe der Großen Buchhorster Maase liegt am Müllerweg der Weidmann und Jagdwissenschaftler Ferdinand von Raesfeld begraben, dessen letzter Wunsch es war, dort zu liegen, wo Fuchs und Has', Reh und Hirsch drüber wegspringen könnten. Ein Stein kennzeichnet die Stätte.

Der von Wind und Wellen ständig bearbeitete Weststrand ist seit Tausenden von Jahren ein wahrer Kampfplatz der Elemente, dem nur an windstillen Tagen eine kurze Atempause gegönnt wird. Wenn sich während der Herbst- und Winterstürme die See auf den Strand und gegen das Ufer wirft, die Mähnen der Wogen grell leuchten und sich die Buchen bei Esper Ort wie Fahnenträger diesem ungeheuren Ansturm entgegenstemmen, kann man wohl, ohne pathetisch zu wirken, von einer heroischen Landschaft sprechen.

Im Lauf der Jahrhunderte sind unzählige Buchen und Kiefern den Stürmen zum Opfer gefallen. Die Chroniken berichten von einem Orkan, der 1801 rund 30 000 Kiefern umbrach, 1872 soll es ebenfalls sehr schlimm gewesen sein. Doch wir brauchen nicht die Vergangenheit zu durchforschen, um eine Vorstellung von den Angriffen der Naturgewalten zu gewinnen, denen dieser Wald immer wieder zu trotzen hat. Am 17. Oktober 1967 raste ein gewaltiger Orkan mit einer Geschwindigkeit von 170 Kilometern je Stunde aus Westnordwest über die See, der den Darßwald furchtbar zurichtete.

Eine Lehrerin aus Wieck, die während der Sturmnacht mit Kolleginnen und Schülern im Bus aus Barth kam, berichtete: »Selbst die ältesten Darßer können sich nicht erinnern, je solch ein Toben erlebt zu haben. Das Krachen und Bersten der Bäume war unvorstellbar. Ein niederstürzender Baum versperrte uns in der Finsternis den Weg; in kurzer Zeit waren es über 30 Bäume, im Lauf der Nacht wurden es über hundert. Ein Schlachtfeld kann kaum schlimmer ausgesehen haben. Auf der Fahrbahn und zu beiden Seiten der Straße lag alles kreuz und quer durcheinander, dazwischen Telegrafen- und Stromleitungsmasten mit verflochtenen und zerrissenen Drähten. Im Darß selbst war der Anblick nicht minder schrecklich. Der Weg zum Weststrand war durch ein Gewirr entwurzelter und geknickter Bäume versperrt, mitten im Wald lagen breite Strecken vom Sturm einfach niedergewalzt, und am Weststrand sah es noch schlimmer aus.«

Ein beherzter Abteilungsleiter des VEG Zingst-Darß-Fischland lotste die Insassen des Busses noch in der Nacht aus der von niederbrechenden Ästen und stürzenden Bäumen bedrohten Zone heraus, während ein anderer Mitarbeiter desselben Betriebes dort in dieser Nacht den Tod fand.

Nach eingehender Schätzung durch die Oberförsterei in Born wurden sechzig- bis achtzigjährige Kiefern zu Zehntausenden während dieser Katastrophe geknickt und umgerissen. 100 000 Festmeter lagen willkürlich »gefällt« auf dem Waldboden. Diese Zahl entspricht auch ungefähr der Anzahl der Bäume. Das käme dem normalen Holzeinschlag von zehn Jahren gleich. 400 ha waren totaler Windbruch, über 2 000 ha erlitten beträchtlichen Schaden; besonders trifft dies auf die Gegend um die Ellerbeck und an der Westküste zu. Erfreulich ist nur, daß die Tierwelt diese schreckliche Nacht ohne Schaden überstand.

Das in so großen Mengen anfallende Holz konnte nur mit Hilfe vieler hundert Forstfachleute aus Thüringen, dem Erzgebirge und anderen Gegenden der Republik geborgen werden. Darunter befanden sich Traktoristen und Kraftfahrer mit Spezialtraktoren und anderen zugkräftigen Maschinen. Erst im Frühjahr 1969 konnte wieder mit einem normalen Bearbeiten des Waldbodens begonnen werden.

Die See hat bei diesem Orkan Meter um Meter des Westufers zu sich hereingeholt, hat ebenfalls Bäume gefällt und den Sand mit der Strömung fortgetragen. Bei Darßer Ort und weit hinein in die Prerowbucht setzte sie die feinen Teile des Sandes wieder ab.

Tritt nach solchen Tagen und Nächten Stille ein, so bleiben am Weststrand Tang und Balken, Gestrüpp, Äste und Geröll auf der Strecke. Wenn aber wieder Wind aufkommt, beginnt der Sand erneut zu rieseln, wirft sich mit dem Sturm auf und wird wieder zum vernichtenden Gebläse, das Zweige und Äste der Bäume – bis auf die dem Wind abgekehrte Seite – kahl fegt.

Hart ist auch die Zeit, wenn ein messerscharfer Wind Schwaden dünner Schneekristalle über den winterlichen Strand vor sich hertreibt, das letzte Lebewesen verjagt und die Leichen eingegangener Zugvögel vereist. Wie erstarrte Wesen aus einer anderen Welt türmen sich über den Buhnen Eismassen, in denen das kalte Licht der flach am Horizont entlangziehenden Sonne spielt. Streift am Tag wohl noch eine Möwe vorüber und klingeln Enten im schnellen Flug darüberhin, so erstirbt in den Nächten alles Leben.

Am Morgen haben nicht einmal die Füchse ihr Siegel im Schnee hinterlassen.

Aber wenn die Frühlingsstürme nahen, knackt es im steifen Geäst der Buchen, beginnt es zwischen den Steinen zu rieseln, und vom Süden her ziehen die ersten gefiederten Gänse herauf. Sie fliegen dieselbe uralte Straße, über die sie im Herbst vom Norden kamen. Der Darßwald mit seinen Wacholder-, Blau- und Preiselbeeren und all der anderen Nahrung bereitet ihnen Jahr für Jahr einen vollen Tisch. Im Frühjahr ruhen sie sich auf der Heimfahrt in gewohnter Weise in ihm aus und begnügen sich mit dem wenigen, das er noch oder schon zu bieten hat. In Scharen kommen die Gänse, die Schwäne fallen ein, und Branden-ten suchen verlassene Fuchsbauten auf, um darin zu brüten. In langen Ketten trippeln Schnepfen durch Schlamm und Schlick, darunter Strand- und Wasserläufer. Wenn die

Schnepfen nicht nach Nahrung suchen, ruhen sie sich, mit dem Kopf in Windrichtung, aus. Unter ihnen ist es in erster Linie die Waldschnepfe, im Herbst sind es zahllose Bekassinen. Der Sandregenpfeifer sucht zwischen den Kieseln seine Nahrung, der elsternfarbige Austernfischer – im Gegensatz zum diebischen Rabenvogel sind Beine und Schnabel bei ihm rot – stochert vorsichtig und immer auf der Hut im Seegras herum. Zwergseeschwalben verharren flügelschlagend über dem Wasser und stürzen sich wie Pfeile auf die erspähte Beute, ohne dabei naß zu werden.

Zum Brüten kommen diese Vögel allerdings wohl nur weiter oben bei Darßer Ort, denn gerade während der Brutzeit erscheint auch der Mensch am Weststrand, und ihn können sie dabei nicht gebrauchen.

Doch nicht nur am Strand wird es um die Frühlingszeit lebendig, auch mitten in den Wald fallen scharenweise die großen und kleinen Schwingenträger ein. Als noch Schnee über dem verdorrten Gras und auf den faulenden Fächern des Farnkrautes lag, sang schon der Zigeuner des Waldes, der Fichtenkreuzschnabel, sein Minnelied vor dem im Geäst einer krausen Fichte brütenden Weibchen. Wo später die Fischadler horsten und der wohl an die zweihundert Jahre alt werdende Seeadler seine Reisigburg bezieht, hämmert und lacht der Schwarzspecht unter seiner brandroten Kappe. In einer Kiefer meißelt der große Buntspecht, daß die Späne fliegen. Und immer noch zieht es durch die Lüfte. In Keilform kommen die Kraniche mit Kra und Kru herangerudert, die scharfsinnigsten und größten Vögel unserer Sümpfe und Moore. Der Darß bietet ihnen auf schwappendem Grund zwischen Rohr und Porst den rechten Platz. Noch sind die Nächte rauh und kalt, deshalb stelzen sie schon in aller Frühe unruhig hin und her, trompeten hinauf zu ihren weiter nach Norden ziehenden Genossen, und bald finden sie sich zum spukhaften Balzspiel, bis die Paare nach aufregendem Tanz mit dem Brüten beginnen.

Schon wenige Wochen nach den letzten Frostnächten tragen die Buchen junges Grün, die Eiche beginnt sich zu schmücken, und die Nadelbäume schieben vorsichtig grüne Spitzen heraus. Es jubelt und klingt überall. Fink und Amsel, Meisen und Goldammer stimmen ihr Lied an, aber auch die seltenen Zwergfliegenschnäpper, die Sperbergrasmücke und der Heuschreckenschwirl singen am Waldrand. Der Bussard schreit hochoben aus den Lüften, und der rote Milan trillert seinen Balzruf über Kronen und Wipfeln.

Dieser wunderschöne Wald, in dem neben den bunten Kindern Floras und der vielfältigen Vogelwelt auch stattliches Rotwild und zahlreiche Schwarzkittel ihr Heimat haben, besteht aus einer Forstfläche von 5200 Hektar. Wie ihn die Natur aufbaute und ansamte, durch Anpflanzung von Menschenhand erweitert, liegt er, von Meer und Bodden umgeben, weit ab von jeder Stadt, noch heute da. Die Badeorte Born, Wieck und Prerow schmiegen sich an seinen Rand, doch drinnen ist er von jeder Siedlung frei, das Herzstück gehört allein dem Wild und der Pflanzenwelt.

Im 18. Jahrhundert lebten allerdings in der Gegend um den Süderbramhaken- und Theerbrennersee noch eine und zeitweise auch zwei Familien, deren Männer die Teerbrennerei betrieben. Den Rohstoff lieferten die Stubben der gefällten Kiefern. In den letzten Jahren der Schwedenzeit aber schraubte der Statthalter von Hessenstein die Pacht so hoch, daß auch der letzte Teerbrenner den Ofen ausgehen lassen mußte. Viel später errichteten sich ein Hohenzollernprinz und danach der sogenannte Reichsjägermeister des »Dritten Reiches« eine Art Jagdvilla in der Nähe des Weststrandes. Die Stürme der Zeit haben von diesen Bauten kaum Ruinen übriggelassen. Nur der 1848 erbaute Leuchtturm am Darßer Ort behauptet sich nun schon über hundert Jahre und stört den Frieden der Landschaft nicht. Dieser Ruhe wegen, für die im Sommer nicht zuletzt Kreuzottern und dichte Mückenschwärme sorgen, hat auch das Großwild unserer Wälder dort sein Revier behalten, zumal es nur auf der Pirsch und nicht durch Treibjagden zur Strecke gebracht werden darf. Rotwild in selten stattlichen Exemplaren ist in dem unwegsamen Gelände anzutreffen, auch Rehe, während der Hase im Darß nicht recht zu Hause ist. Füchse gab es immer genug, den Dachs so gut wie gar nicht, und der Baummarder soll auch ganz selten sein. Die Schweden hatten während der Besatzungszeit Auer- und Birkhuhn ausgesetzt, doch die haben sich nicht gehalten.

Es gab Zeiten, da gehörte die Schwanenjagd zum Pläsier der hohen Herren. Die Bälge wurden zu Muffen und Pelzen verarbeitet, während das Fleisch geräuchert und gesalzen auf den Tisch kam. Es war aber keine edle Jagd, sondern eine grausame Schießerei, die hauptsächlich in mondhellen Nächten ausgeübt wurde. Die Herren schossen wahllos in die auf den offenen Stellen der Gewässer versammelten Schwäne. Oft wurden die Vögel auch von Kähnen aus zusammengetrieben und mit Knüppeln erschlagen. Auf- und wegfliegen konnten sie nicht, das Eis war zu dünn.

Im Jahre 1170 soll dieser herrliche Wald zum erstenmal urkundlich erwähnt sein. So genau läßt sich das aber wohl nicht mehr feststellen, jedenfalls berichtet der pommersche Historiker Thomas Canzow, daß König Waldemar von Dänemark 1166 seinen Sohn schickte, um das Land zu überfallen. 1179 erhielt es dann Jaromar von Rügen als Lehen. Der Name Darß ist slawisch und bedeutet Dornbusch.

Im 13. Jahrhundert tauchten immer mehr deutsche Siedler auf. Vierhundert Jahre alte Steuerlisten weisen nach, daß die heute noch blühenden Dörfer bereits standen, als diese Listen ausgestellt wurden.

Der Holzreichtum schien unermeßlich. Was die Menschen in den Dörfern benötigten, fiel nicht ins Gewicht, und was sie in die benachbarten Städte, nach Barth, Stralsund und Ribnitz schafften, schadete dem Wald wenig. Es wurde anders, als nach dem Dreißigjährigen Krieg Teile des ehemaligen Pommern, darunter auch der Darß, schwedisch geworden waren. Was lag der Krone in Stockholm schon groß am wilden Wald der fernen Küste. Es wurde rücksichtslos abgeholzt, und so erwuchs dem Darß riesiger Schaden. Dann waren 1715 für nur fünf Jahre die Dänen Herren des Waldes. Sie gingen zwar planmäßig vor – hierbei zeichnete sich der dänische Admiral Timm besonders aus –, doch leider nicht an die Hege, sondern an den Kahlschlag und selbstverständlich dort, wo das beste Bauholz stand. Die harten Eiben kamen ihnen besonders recht; sie räumten restlos damit auf. Heute gibt es so gut wie keine Eiben mehr im Darß. Viele hundert Holzarbeiter hieben und sägten sich durch den Bestand, Fuhrwerke knarrten über die moorigen Wege, und Schiff um Schiff wurde beladen, um die kostbare Fracht nach dem abgebrannten Kopenhagen zu segeln. Wer heute durch Amalienborg, die königliche Residenz in Kopenhagen geht, der kann die Balken im Oberbau dieses Schlosses bewundern. Sie standen einst als tausendjährige Eiben im Darßwald. Damit nicht genug, die Dänen verkauften auch Holz an Franzosen und Spanier; noch heute heißt ein »Beritt« bei Wieck »Spanische Heide«. Um den völlig verwahrlosten Wald wieder einigermaßen instand zu setzen, wurden die Einwohner später gezwungen, Entwässerungsgräben zu ziehen. Heiratslustige durften nicht früher getraut werden, bevor sie nicht ihren Anteil gegraben hatten.

Während der französischen Besatzungszeit ging es dem Darß nicht ein bißchen besser. Die »Commissairs« und »Ordonnateurs« forderten von den einheimischen Behörden mehr Holz, als sie benötigten, da sie das übrige zu Geld für die eigene Tasche machten. Die ausgepowerten Bauern hielten sich ebenfalls am Wald schadlos und verkauften unter der Hand, was sie nur loswerden konnten. Leider wurde der Wald außerdem noch als Viehweide benutzt, so daß durch Verbiß der Jungpflanzen ein großer zusätzlicher Schaden entstand. Die Behörden waren weit und machtlos.

Drohungen wurden achselzuckend abgetan. Es hieß einfach: »Dor kümmt nix nah!« Das schon im 18. Jahrhundert ausgesprochene Verbot, den Darßern Holz abzukaufen, wurde erneuert, doch es hat noch Jahrzehnte gedauert, bis wieder etwas Ordnung in die Bewirtschaftung des Waldes kam.

Erstaunlich ist, wie sich der Wald nach solchen Aderlässen immer wieder allein verjüngte. August von Wehrs, der sich in seinem 1819 erschienenen Buch »Der Darß und Zingst, ein Beitrag zur Kenntnis von Neu-Vorpommern« auch auf viele Augenzeugenberichte stützt, sagt: »Nach dieser unglücklichen Zeit sah man nur noch wenige, unbrauchbare Bäume und junge Ausschläge auf dem Darß, und es ist zu bewundern, daß er sich nach dieser allgemeinen Niederlage ohne menschliche Hilfe so weit wieder erholte; ein sicherer Beweis, daß er von der Natur zum Holzwuchse bestimmt ist.«

Schnell ging es jedoch nicht, denn noch im Jahre 1890 lagen etwa 2000 von 6000 Hektar der Gesamtfläche kahl. Um diese Zeit wurde systematisch mit der Aufforstung auf den verödeten Flächen begonnen. Ein Wald braucht 150 Jahre, um Nutzholz zu liefern, und dieser Zeitraum umfaßt gut und gern fünf Förstergenerationen.

Nach drei Jahrzehnten hatten Krieg und Inflation ihm wiederum tiefe Wunden geschlagen. Farnkraut und Gras wogten, wo sich der Jungwald in den Himmel strecken sollte. Weder waren Kulturen aufgekommen, noch waren Lücken geschlossen worden. Auch Überschwemmungen und Windbruch trugen zur Vernichtung bei; den schwersten Schaden fügte ihm in den letzten Jahrhunderten aber doch der Mensch zu.

Sand, Dünen und Moorsenken bieten den verschiedenen Sträuchern und Bäumen Lebensmöglichkeiten, doch die Herrin des Waldes ist inzwischen die Kiefer geworden. Vom feinringigen, astreinen Bestand, der eine Mittelhöhe von 30 Metern erreicht, bis zur breitkronigen Altkiefer, die zwar nicht immer dem Forstmann, wohl aber dem Naturfreund große Freude bereitet, sind alle Exemplare vorhanden. Auf ärmstem Boden stehen oft die besten Bäume. Dazwischen erhebt sich der Wacholder, spreizt sich das Farnkraut, dunkel und würdevoll der eine, leuchtend grün wie ein wogendes Meer das andere. Dienen die Beeren des Wacholders den in Scharen einfallenden Krammetsvögeln – darunter Weiß-, Wein- und Rotdrosseln – als Nahrung, so düngt das üppig bis zu sechs Meter hoch wuchernde Farnkraut den Boden. Es bringt nur den Nachteil – und der ist nicht unwesentlich – daß es während seiner Vegetationszeit die Naturverjüngung sehr behindert.

Zwischen- und unterständig gedeiht im Kiefernwald die Fichte, auch reine Bestände sind zu finden. Sie wurde erst um die Mitte des vorigen Jahrhunderts im Westen des Reviers angebaut. Salzwasserüberflutung und schwere Stürme machten ihr jedoch schwer zu schaffen und verhinderten ein gutes Gedeihen. Da gedieh die sturmfeste Tanne besser. Eingesprengt, auch in Horsten und großen Beständen, reckt die Buche ihre Krone empor. Wenn sie auch vielfach nur als Brennholz genutzt wird, so bleibt sie doch ein Prachtbaum unserer Wälder. Manche ist darunter, die wildesten Stürmen trotzte und piniengleich ihre knorrigen Äste über Schlehdorn, Wildapfel und Krüppelkiefer breitet.

Im Südosten hat die Eiche ihr Hauptquartier, aber auch an anderen Stellen hat sie Wurzeln geschlagen, nicht zu vergleichen mit den Beständen auf reinem Lehmboden, doch wüchsig und Holz versprechend. Mancher Baum mag irgendwann vor vielen hundert Jahren vielleicht von Eichelhähern gepflanzt worden sein.

In den zahllosen Brüchen erhebt sich aus mannshohem Schilf die Erle in großen Kolonien, daneben und weit über den Wald verstreut, siedelt sich immer erneut die einst zu Unrecht als Forstunkraut betrachtete Birke an. Ihr weißer

Stamm und ihr hell schimmerndes Grün geben dem Nadelholzbestand besonderen Reiz.

In ungewöhnlichen Exemplaren gedeiht bei Wieck und weiter in den Wald hinein die Stechpalme, darunter blüht rosafarben das Heidekraut, reife Beeren, die wie rote Perlen auf dem Moospolster liegen, und Pilze laden zum Sammeln ein. Vorher aber, wenn der Juni den Wonnemonat ablöst, leuchtet blütenüberladen am Weg der Ginster. Da lohnt es sich zu verweilen, um das prächtige Bild zu betrachten.

Drinnen im Wald windet das Geißblatt seine holzigen Stengel wie Lianen um Strauch und Baum. Der Efeu, ein Wurzelklimmer, und Jelängerjelieber steigen bis zum höchsten Astquirl.

Der Efeu umwindet seinen Wirtsbaum schließlich so dicht, bis er ihm die Kraft genommen hat und der Baum zusammen mit seinem Würger auf den Waldboden stürzt. Das kleine Wintergrün am Boden, alles, was immergrüne Blätter trägt, sorgt dafür, daß sich der Wald auch noch im Winter schmückt.

Die durch Dünen vom Meer abgetrennten Strandseen, zum Teil schon verlandet, sind der Boden für Seerosen und Schneideriet. Seggen, Gräser und Rohrkolben gedeihen dicht und hoch, so daß sie dem Wild Schutz und Wärme bieten. Gagelstrauch und Sumpfporst bilden kräftige Büsche und verbreiten um die Wette Gerüche; sie gehören zum Moor wie Moos und Flechten. Unter den Doldenpflanzen ist es besonders die blau-weiß schimmernde Stranddistel, die den trockenen Dünensand schmückt. Im Windschatten des Schlehdorns blühen Nachtschatten, Habichtskraut und Weidenröschen. Über allem singt schwermütig der Seewind, und in der Ferne orgelt die See. So sang der Darßwald schon vor vielen Tausenden von Jahren, und seine Lied wird weiter klingen, wenn der Mensch ihn hegt und pflegt.

Straßen, die durch Wälder führen, sind nicht selten von Romantik umwittert, so ist es zumindest in Märchen und Sagen. Von der Straße durch den Darß könnten dagegen sehr nüchterne Geschichten von aufgeweichten Schuhen und Achsenbrüchen erzählt werden, die sich noch vor ein paar Jahren zutrugen. Die Straße konnte streckenweise auch 1970 noch nicht zu den besten gezählt werden.

Selbst um die Mitte unseres Jahrhunderts waren die Darßdörfer Born und Wieck noch nicht über eine normale Straße von Ahrenshoop zu erreichen. Die Chaussee von Barth führte nur bis Zingst, die Strecke von dort nach Prerow spottete jeder Beschreibung. Die Eisenbahnverbindung zwischen Barth und Prerow wurde – wie bereits erwähnt – 1945 eingestellt. Die Wege, die weiter von Prerow in die benachbarten Darßdörfer führten, waren bei Trockenheit wohl begehbar, doch kaum bei Regenwetter; da sie durch Sand und Moor verliefen, waren sie stellenweise beinahe nicht zu passieren. Die Borner benötigten bei schlechtem Wetter zwei Stunden bis nach Prerow und von dort mit der Bahn nach Barth zwei weitere Stunden. Die schmale Straße von Ribnitz führte nur bis Ahrenshoop; anders herum ging es also nicht besser, denn der Weg von Born nach Ahrenshoop war nur Wald- und Sumpfläufern zuzumuten.

Seit 1972 sind alle Straßen, auch die in den Dörfern, in gutem Zustand.

Man stelle sich unter den damaligen Umständen die Beförderung eines Schwerkranken oder die eilige Fahrt eines Arztes vor. Wie oft mag er zu spät gekommen sein? So gehören die nach 1945 ausgeführten Straßenbauten – neben der Errichtung des Deiches nördlich von Ahrenshoop – zu den wichtigsten Veränderungen, die das Land auf dem Darß nachhaltig beeinflußten, konnte doch nun endlich der Kreis geschlossen werden, so daß alle Dörfer des Darßes auf normalen Wegen von Ribnitz und von Barth aus schnell zu erreichen sind.

Von Ahrenshoop her erreicht man zuerst das große Dorf Born. Im Mittelalter, als nach den Fürsten auf Rügen die pommerschen Herzöge das Land regierten, stand dort bereits ein Jagdhaus. Der Name Born ist sicher vom slawischen »borina«, Föhrenwald, abzuleiten. Zu dem fürstlichen Jagdhaus gehörte ein großer Landbesitz, der in der Schwedenzeit »königlicher Hof« genannt wurde. Da sich in seiner Nähe guter Boden befand, auch Wiesen und Weideland vorhanden waren, siedelten sich bald Bauern an. Wir wissen vom Jahre 1532, daß damals in Born zehn Bauern ansässig waren.

Das wachsende Dorf lag, vor den Westwinden durch dichten Wald geschützt, am Koppelstrom und Saaler Bodden. Es war zwar über Land schwer erreichbar, doch es war dagegen eine Kleinigkeit, mit dem Kahn von Michaelsdorf oder Bodstedt, beide auf dem Festland gelegen, hinüberzurudern, und andererseits war es verhältnismäßig leicht, von dort nach Barth oder Ribnitz zu rudern. So »weit hinter dem Walde« lag Born also nicht!

Gut 100 Jahre später, 1635, nahm der schwedische Kanzler Axel Oxenstierna den Hof Born in persönlichen Schutz. Dort saß der Hegereiter oder Landjäger, dessen Stelle von den Schweden zur Oberförsterei erhoben wurde. Damals lebten in Born elf Bauern, vier Kätner und acht Einlieger.

Mancher, der durch den Darß wandert oder fährt, kennt von Born nur das, was sich rechts und links der Straße dem Auge bietet, nimmt er sich aber die Zeit und geht in den Ort hinein, wird er überrascht von schön gelegenen Wegen, Katen und Höfen sein. Dies gilt auch für Wieck, Prerow und Zingst.

August von Wehrs überlieferte uns eine hübsche Geschichte, die hier kurz wiedergegeben werden soll, wenn der sehr zuverlässige Chronist Gustav Berg dazu auch in liebenswürdiger Zurechtweisung meint: »Für seine Mittei-

lung über den Fürstenbesuch während des Nordischen Krieges durch Peter den Großen von Rußland, August von Polen und Friedrich von Dänemark fanden sich bisher keine Anhaltspunkte, noch weniger dafür, daß diese hohen Herren beinahe von Stanislaus Leszczynski gefangengenommen worden wären.«

Es soll mitten im Nordischen Krieg während des Jahres 1712 gewesen sein, erzählte August von Wehrs, der Zar und die beiden Könige langweilten sich und kamen auf den Gedanken, im nicht allzu entfernten Darß beim Weidwerk Zerstreuung zu suchen. Zwei Wochen lagen sie nun schon im Jagdhaus zu Born, hatten gejagt, getrunken und gut gegessen, als folgendes geschah:

König Stanislaus Leszczynski, der die Verteidigung Stralsunds leitete, bekam Wind vom sorglosen Vergnügen der drei gekrönten Häupter in Born und ließ sich in aller Heimlichkeit mit 40 Reitern von Rügen nach Pramort übersetzen, um die drei Monarchen aus ihren Betten zu holen und dann gefangen heimbringen zu können. Es geschah auch alles wie geplant, den Reitern gelangen Überfahrt und Landung, sie stürmten in verwegenem Ritt, Stanislaus Leszczynski an der Spitze, durch die Sundische Wiese und über den Zingst bis an den Prerowstrom. Dort aber sah sie ein Darßer, schwang sich auf den ersten besten Gaul und holte die verdatterten Potentaten aus dem warmen Nest. Hastig zogen sie sich an, und sie sollen gerade noch so viel Zeit gehabt haben, um sich in ein kleines Boot zu werfen, womit sie glücklich entkamen, während die schwedischen Reiter die Betten leer fanden.

Diese oder andere turbulente Ereignisse mögen dem alten Jagdhaus wohl nicht bekommen sein, zumal während des Siebenjährigen Krieges dort auch noch die Preußen gewaltsam Quartier nahmen und beim Abschied die wertvolle Waffensammlung des Oberförsters »zur Erinnerung« davontrugen. Danach hat sich das Haus noch ein paar Jahre knisternd in seinem Gefüge gehalten, doch 1780 brach es zusammen. An der Trümmerstätte wurde bald ein neues Forsthaus errichtet.

Born aber wuchs weiter. Um die Wende dieses tumultuarischen Jahrhunderts lebten dort 74 freie und 570 leibeigene Untertanen. Die preußische Regierung genehmigte 1818 die Gründung einer Zichorienfabrik, die den vielen Menschen eine Erwerbsmöglichkeit bieten sollte. Damit der Rohstoff nicht knapp wurde, mußte jeder Bauer Zichorien anpflanzen. Es ging fünfzig Jahre gut, bis der Kaffee so billig wurde, daß sich die Produktion wegen zu geringen Absatzes nicht mehr lohnte, und als die Schuppen abbrannten, baute sie niemand wieder auf.

Neu im Dorfbild Borns sind die Wohnsiedlung des VEG Zingst-Darß-Fischland und dessen große Rinderaufzuchtanlage mit Sozialgebäude und Pflegestützpunkt für landwirtschaftliche Maschinen. Ein Bild am Dorfrand, das aber dem Ort künftig sein Gepräge gibt.

Aus langer Zeit davor wurde uns u. a. über Born und Umgebung durch Friedrich von Suckow ein treffendes Kulturbild übermittelt. Er unternahm im November 1831 von Stralsund aus eine Wanderung durch den Zingst und Darß und hat davon in dem Aufsatz »Winterliche Reisebilder, oder acht Novembertage am Nordstrande: auf dem Darß, dem Zingst und Hiddensee« anschaulich berichtet. Aus seiner Feder stammt auch die Erzählung »Maria Flint«, in der er das Schicksal der schönen Stralsunder Kindesmörderin schildert, die das Urbild von Goethes Gretchen gewesen sein soll.

In dem schon genannten Aufsatz beschreibt er seine Landung in Bliesenrade und die nächtliche Ankunft in Born. Es heißt dort: »Die Füße wieder auf festem Boden, schritten wir nun tapfer darauf los. Wir wanderten den Mühlensteig. Er war nicht breit, kam mir aber etwas lang vor und enthielt viele Stubben und Pfützen. Dazu ging uns noch die Laterne aus. Als ich schon verzweifeln wollte, tauchten Lichter aus der Finsternis auf, Hunde zausterten, und nachdem wir allen Dorfpfützen die Augen ausgetreten hatten, standen wir am Ziel, vor der Schultheißerei. Ich freute mich schon auf eine brühheiße Stube, da auf dem Darß das Holz nicht rar ist; allein ich hatte nicht daran gedacht, daß die Einwohner fast alle abgehärtete Seeleute sind, und so war denn nur eben so viel Wärme in der Krugstube vorhanden, daß meine eingefrorene Seele auftauen konnte. Vor allen Dingen sehnte ich mich nach trockener Fußbekleidung und war darum herzlich froh, daß man mir mit einem Paar Holzpantoffeln unter die Arme griff.

Nachdem ich ein Souper in Gestalt einer Biersuppe und einer sauren Gänsekeule, die von Fleisch und Bein so wohl konstruiert war, daß man mit ihr auf den Strauß ausziehen konnte, zu mir genommen hatte, griff ich zum Sorgenbrecher ...

In der wirklich saubern Putzstube der gefälligen Wirtsleute war ein Bett aufgemacht, allein man wollte dem Ofen nicht recht trauen und hatte seine Dienste also nicht in Anspruch genommen. So kroch ich denn wie ein Espenlaub zu Bett, zog den Schlummerhut über die Ohren und schnarchte bald in dem federreichen Bett.«

Am anderen Morgen hat er sich schon früh auf den Weg in den Darß gemacht und schrieb begeistert: »Was ist gegen ihn der Harz, der Solling, der Schwarz- und Odenwald? Was Urachs wilder Forst und die Eifel? Was Rußlands und Polens öde, eintönige Wälder, die mein Fuß betrat? Nichts sind alle Laubwälder gegen einen sausenden Tannenhain, den die blaue See umgürtet und der, von der Meerflutharfe umspielt, im Wunderreich der Klänge liegt ... Immer lauter ließ sich inzwischen die Brandung der See vernehmen, immer lichter ward der Forst, immer schärfer die Luft, bis ich bald die völlige Seeluft spürte und der verkrüppelte Wuchs der Tannen den versandeten Boden und die Nähe des Meeres verriet. Da tauchte es plötzlich am Horizont tintenblau, gleich einer dunklen Luftschicht, in unendlicher Ausdehnung über die letzte Hügelreihe auf, und durch hohes Heidekraut ging es dem tobenden Strande zu ...

So weit das Auge reichte, erschien die See aus der tiefsten Tiefe durch den schon mehrere Tage anhaltenden Sturm aufgewühlt, denn sie hatte die echt tintenblaue Farbe, und der Schaum auf dem Kamm der Wellen glänzte silberweiß im Strahl der durch das Sturmgewölk oftmals blickenden Sonne.«

Die Wanderung führte ihn weiter am Weststrand nach Norden, und er stellte fest: »Der Darßer Ort ist übrigens auf keiner Karte richtig eingezeichnet; denn seine Spitze schießt weit von Westen nach Norden herum, und die Sehne des Bogens läuft von Norden auf Süden. Neugierig wäre ich zu sehen, wie das verderbliche, vom Meer bedeckte Sandriff auf den Seekarten gezeichnet ist, welches gewissermaßen eine Verlängerung des Darßer Ortes (denn zwischen ihm und der Riesenbank ist nur zwei Fuß Tiefe) und sich fast eine Meile weit in die See erstreckt; es soll auf

allen falsch sein, und daher rühren in neuerer Zeit die vielen Strandungen in dieser Gegend. Eine Feuerbake wäre hier so wünschenswert wie was.«

Als von Suckow diese Fußreise unternahm, wurden in Bliesenrade 15 Büdner und drei Häuslerstellen gezählt. Er machte die Wanderung nach Born zur nächtlichen Stunde, hätte er sie bei Tageslicht unternommen, wäre er von der wirklich einzigartigen Stille dieses Ortes überrascht gewesen. Daran – und auch an dem Zustand des Weges in regnerischer Zeit – hat sich nichts geändert. Auch im Hochsommer herrscht dort kein allzu lautes Leben, wenn sich in der Nähe und im Ort selbst auch ein paar Betriebe und eine Handvoll Wochenendhausbesitzer eingerichtet haben. Der Zustand des Zufahrtsweges sichert ihnen die so sehr begehrte Ruhe.

Dennoch hat dieser weltvergessene Ort, der bald zu Born, bald zu Wieck zählte, eine bewegte Vergangenheit. Vielleicht befand sich dort in uralten Tagen, seines gefährlichen Fahrwassers wegen, ein Feuerzeichen, eine Blüse oder Blise, daher wohl der Name Bliesenrade. Es ist auch möglich, daß man in der Nähe der Landzunge mit hell brennendem Feuer über dem Heck des Bootes gut Fische stechen konnte, was »blüsen« genannt wurde. Jedenfalls wurde der Ort 1380, als ein nördlich von ihm befindliches Torfmoor der Stadt Barth verkauft wurde, zum erstenmal urkundlich genannt. Als im benachbarten Born 1532 zehn Bauern ansässig waren, hatte Bliesenrade nur zwei Familien, denen es dort gegraut haben mag, denn bald danach war es »wüst«, also unbewohnt. Anderthalb Jahrhunderte lang siedelte sich niemand wieder an, und das Ackerland wurde dem Hof in Born zugelegt. Erst 1729 wird von einem Müller gesprochen, der in Bliesenrade fleißig mahlte und nicht minder fleißig Pacht an Schweden zahlen mußte. 1757 saß der Müller dort immer noch mutterseelenallein, bis sich einige Schiffer und Steuerleute in seiner Nähe anbauten, und zehn Jahre später waren es zusammen mit dem königlich-schwedischen Müller 29 Einwohner. Unter ihnen gab es noch einen »Würdenträger«, den königlich-schwedischen Fährmann, der von Bodstedt nach Bliesenrade und umgekehrt überholte. Diesen Wasserweg nahm auch lange Zeit die Post, bis die Bahn Barth-Prerow gebaut wurde.

Zur großen Zeit der Segelschiffe hatte Bliesenrade sogar 90 Einwohner. Mit Beginn der Dampfschiffahrt wurden es aber wieder weniger. Ein Teil wanderte ab, der andere betrieb Landwirtschaft und Fischerei. Eine 1904 eingerichtete Dachziegel- und Fließenfabrik sollte erneut Leben ins Dorf bringen. Sie hat sich aber nicht lange gehalten, seitdem ist es still um Bliesenrade geworden.

Born hatte zwar auch nichts zu lachen, doch der Boden gab mehr her als in den anderen Dörfern, das ist noch heute an der breiten Lage der alten Bauernhöfe, an den geschnitzten Giebelbrettern und Türen der rohrgedeckten Schiffer-Kirche zu erkennen. Die Fischerei ernährte schließlich auch ihren Mann, und die mitten in Born liegende Oberförsterei, von der der ganze Darßwald verwaltet wird, brauchte Leute.

Zwischen Schwinkels- und Bliesenrader Moor – beide wurden 1966 und 1967 kultiviert –, zwischen dem Darßwald und dem Bodstedter Bodden liegt als Nachbar Borns das alte Dorf Wieck, von dem es in einem Volksreim vielsagend heißt:

> »Die Prerower haben den Strand,
> die Wiecker den Sand
> und die Borner das Land.«

Zugleich ist damit die verschiedenartige wirtschaftliche Lage der Bewohner in den drei erwähnten Dörfern umrissen.

Der Name Wieck bedeutet Bucht. Um das bereits im Zusammenhang mit Born und Bliesenrade erwähnte Jahr 1532 war Wieck mit seinen zehn Eigentümern genauso groß wie sein Nachbar am Koppelstrom. Es hatte ebenfalls sein Jagdhaus mit einem Heidereiter, einem Krug und einer Fähre. Das Jagdhaus gibt es nicht mehr, geblieben ist nur der Name als Bezeichnung eines Ortsteiles, in dem einige Wohnhäuser und Betriebsferienlager liegen. – Da der Boden ja nicht sehr wertvoll ist, wurden die Höfe weit verstreut angelegt, auch die sich später anbauenden Katenleute rückten nicht zu dicht aufeinander. So wurde Wieck vom Jagdhaus bis zur Dannwieck – eine Flurbezeichnung, die nur noch wenigen bekannt ist – ein weitflächiges und langgestrecktes Dorf. Kurz vor der Aufhebung der Leibeigenschaft lebten in Wieck und in Bliesenrade 200 Freie und 464 Leibeigene.

Untüchtig und so ganz arm sind die Wiecker keineswegs gewesen, denn alte Papiere weisen nach, daß dieses Darßdorf bereits 1725 mehr Schiffe als die Stadt Barth unter Segel hatte, und viele waren auf eigenen Werften an der

Boddenküste gebaut worden. Die Werften sind im Laufe der Zeit verschwunden, geblieben ist die Boots- und Reparaturwerft von Kraeft hinter der zu einem Wohnhaus umgebauten alten Mühle.

In Wieck befand sich auch die Schmiede des Darßes. Am Amboß stand ein Meister, dem weit und breit keiner etwas vormachen konnte. Diese alte Schmiede am Kavelhorst ist nicht mehr in Betrieb. Die Wiecker Lehrerin Frau Lotte Kröpelin, der wir auch den Augenzeugenbericht über den nächtlichen Herbststurm von 1967 zu verdanken haben, erzählte, daß sie den Handwerksbetrieb in den ersten Jahren nach dem Kriege noch als Anschauungsobjekt im Heimatkundeunterricht benutzt habe.

»Berühmt«, meinte Frau Kröpelin, »war die Schmiede wohl in erster Linie durch die Anfertigung von Schlittschuhen für die Boddenfischer. Ich weiß noch, wie ich zuerst über diese Dinger gestaunt habe, auf die meine Schüler nichts kommen ließen. Die Konstruktion war folgendermaßen: Auf eine lange, vorn aufgebogene breite Schiene war eine dicke, schmale Holzsohle aufgearbeitet. Diese Konstruktion wurde mit mehr oder weniger dicken Stricken an den Füßen festgebunden. Wer noch etwas Leder hatte, der ließ sich hinten um den Hacken eine flache Lederkappe befestigen. Solche Schlittschuhe, wie ich sie hatte, kannten die Jungen in Wieck gar nicht, und sie blickten sie nur geringschätzig an.«

Wenden wir uns nach dieser kurzen kulturhistorischen Betrachtung wieder der Entwicklungsgeschichte zu. Als nach anderthalb Jahrhunderten die Schweden endlich abzogen und Wieck wie die anderen Darßdörfer preußisch geworden war, stieg der Ort sogar zum Marktflecken auf. Zu seinem Jahrmarkt kam jung und alt aus allen Himmelsrichtungen, denn eine solche Gelegenheit, sich mit »aller Welt« zu treffen, bot sich im Jahr nur einmal; und in Wieck war was los. Vom Jahrmarkt erzählte uns die Wiecker Lehrerin, daß sie eine Siebzigjährige kannte, die sich noch dunkel erin-

nern konnte, wie sie als kleines Mädchen mit der Mutter
den Markt besucht habe, der vor dem »Alten Krug« abge-
halten wurde. Es muß im Herbst gewesen sein, denn sie
konnte sich entsinnen, daß Frauen dort waren, die aus großen Körben Lebkuchen verkauften, was auf die bevorste-
hende Weihnachtszeit schließen läßt. Das Dorf befand sich
auf dem besten Wege, eine kleine Stadt zu werden – ja,
wenn die Straßen nicht so unergründlich gewesen wären!
Als die Segelschiffahrt blühte, blühte Wieck kräftig mit. Katen wurden gebaut, die alten erhielten ein neues Dach und
die Wände tüchtig Farbe. Die jungen Mädchen verdingten
sich nach Barth oder Ribnitz und brachten im Strumpf das
Gesparte heim. Die jungen Männer fuhren als Matrosen, ei-

nige wurden Steuerleute und sogar Schiffer. Der Wohlstand wuchs wie die Anzahl der Einwohner, 1858 waren dort bereits 1243 Menschen ansässig. Dann erfolgte der Niedergang der Segelschiffahrt, und um die Jahrhundertwende war Wieck das ärmste Dorf auf dem Darß geworden.

Es schien, als sei die gute Zeit für immer vorbei. Ein Katen nach dem anderen verfiel, das Geld reichte nicht mehr für die Grundsteuern, und die Bewohner wanderten ab. Was sollten sie auch machen? Alle konnten sie nicht bei der Fischerei unterkommen, Industrie gab es nicht, und der Boden ernährte sie, im Gegensatz zu Born, auch nicht. Natürlich fehlte es nicht an Spekulanten, die zum Beispiel das Moor zu Geld machen wollten, doch damit war keinem gedient, und von der Besenbinderei konnte man nicht leben und nicht sterben. Es sah also trostlos aus, erst der in Wieck nur langsam aufkommende Fremdenverkehr und schließlich der Straßenbau verbesserten die Lebensgrundlage der Einwohner wirklich nennenswert.

Wenn sich in Born die Sommergäste wohlfühlen, so überlegte man, warum dann nicht auch in Wieck? Und seitdem es den Feriendienst des Freien Deutschen Gewerkschaftsbundes gibt, steht keine Kammer mehr leer. Der Ort ist eines der schönsten Boddendörfer geworden, und seine überraschend malerischen Winkel kommen besonders gut zur Geltung. Freundlich blicken die bunten Häuser den auf fester Straße eintreffenden Sommergästen entgegen; ihnen standen in beiden Dörfern während der ersten Hälfte der siebziger Jahre rund 4500 Plätze zur Verfügung, außerdem gab es für ebensoviele Urlauber Zeltplätze. Dazu kommen noch die »kleinen Gäste« in den Kinderferienheimen. Der Seestrand ist bequem mit dem Bus über Prerow zu erreichen oder schöner und viel erholsamer zu Fuß durch den dichten Wald.

Trotz der großen Besucherzahl aber haben sich beide Dörfer ihre Ursprünglichkeit bewahrt. Noch immer spiegeln sie sich Morgen für Morgen im blanken Wasser des Boddens, und ein grüner Schilfgürtel schmückt ihr buchtenreiches Ufer. Sinnvoll bemalte Haustüren und blumenreiche Vorgärten zieren die rohrgedeckten Katen unter den alten Hausbäumen, die der nahe Wald als Vorposten bis weit in die Siedlung der Menschen schickte.

Auf Riegen und Reffen

Alle Welt spricht von Prerow, doch niemand erwähnt »die Prerow«, aber sie war zuerst da! »Sie« ist der Wasserarm, der auch Prerowstrom genannt wird und sich vom Bodstedter Bodden, vorbei an der Hertesburg und an Krabbenort, am Rande Prerows entlang bis nach Hagens Düne im Westen des Ortes zieht. Dort hört »der Strom« auf. Sein letztes Ende gleicht mehr einem langgezogenen Waldsee, dessen Ufer ein Schilfgürtel säumt.

Bis zum Jahre 1872/73 war der Prerowstrom eine Verbindung vom Bodden zur offenen See. Noch unter dem Eindruck des Hochwassers während der Sturmflut von 1872, als sich das Salzwasser verheerend ins Hinterland ergoß, ordneten die Behörden beim Bau des Seedeiches an, die Mündung gleich mit zuzuwerfen. Das hatte sein Für und Wider, und bis zum heutigen Tag ist das Wider noch nicht ganz verstummt, besonders unter den Fischern, da sich diese Maßnahme, wie bereits erwähnt, negativ auf den Fang in allen Boddengewässern ausgewirkt haben soll. Das Mündungsgebiet des »Stroms« war übrigens 1860 schon so flach, daß nur noch Fischerboote hinaus und herein konnten.

Fast parallel zum letzten Abschnitt des Prerowstroms ziehen sich bis weit in den Darß hinein die aus flachem Moorland bestehenden Riegen und die aus höher gelegenen Dünen gebildeten Reffe hin. Auf den trockenen und vor Hochwasser schützenden Reffen siedelten sich die Menschen an. So verlaufen noch heute, bis auf die Querverbindungen, fast alle Straßen Prerows in eine Richtung.

Die Siedler, die sich dort niederließen, nannten ihr Dorf nach dem Strom. Jenseits seines Wassers begann schon der Zingst, der Klosterland war, und dort, wo der Zingst mit seiner Westspitze an den Strom stößt, bauten die Mönche eine Kirche. Um diese Kirche siedelte ein kleine Gruppe, während die größere auf der Darßer Seite des Stromes blieb. So gab es die Darßer und die Zingster Prerower.

Wir halten uns in folgendem Absatz an die genauen Aufzeichnungen des Chronisten Gustav Berg. Daraus geht hervor, daß im Jahre 1532 in Prerow 13 Familien wohnten. Die Darßer Prerower hatten sich auf dem Drümpel angebaut. Er wird aber wohl schon in viel älterer Zeit bewohnt gewesen sein. »Der Name und die Anlage kennzeichnen ihn als eine alte, geschlossene Siedlung. Ein Blick auf die Karte oder ein Rundgang lehrt, daß wir hier eine Rundlingsform vor uns haben; damit soll nicht gesagt sein, daß er etwa wendischen Ursprungs sein müsse. Die Bewohner haben sich hier offenbar zusammengedrängt, weil die Erhöhung inmitten sumpfigen Wiesengeländes nicht mehr Platz bot.«

Auf dem Kraugbarg neben dem Drümpel wohnte der Heidereiter. Diese Stätte war immer Sitz der Ortshonoratioren, dort lebten der Küster und vor allem der Schulze, der Schankgerechtigkeit besaß. In seinem Haus war also der Dorfkrug, und wie die Sage wissen will, hat es dort oft gespukt. Später wurde dann auch Krabbenort besiedelt. Es ist der unter hohen Pappeln ausgesprochen malerisch am »Strom« gelegene Ortsteil, der besonders gut von der im Westen sich erhebenden Hohen Düne zu überblicken ist. Der in unmittelbarer Nähe von Krabbenort liegende neue Wirtschaftshof mit seinen herüberblickenden hellen Gebäuden wurde von der ehemaligen Landwirtschaftlichen Genossenschaft in Prerow errichtet, die sich 1966 dem Volkseigenen Gut in Zingst anschloß. Zu Füßen der Hohen Düne liegt das Zentrale Pionierlager »Kim Il Sung«, in dem Kinder aus befreundeten Ländern mit Jungen und Mädchen der DDR ihre Ferien verbringen.

Auch für zahlreiche Arbeiterkinder aus kapitalistischen Ländern wie Frankreich, Finnland, Norwegen und Schweden, ist der Aufenthalt in dieser völkerverbindenden Erholungsstätte immer wieder ein großes Erlebnis.

Wenn im Laufe der vergangenen Jahrhunderte in Prerow gebaut wurde, so geschah es weiter auf den Reffen. Auf diese Weise blieb viel Wiesenland frei, das zum Teil für Gärten und Parkanlagen genutzt wurde. Da der nahe Darß hineinfingert, sind die schönsten Bäume als Hausbaum oder zur Zierde der Plätze und Anlagen genutzt worden. So wurde Prerow ein weiträumiges und sauberes Stranddorf mit vielem Grün, das im Gegensatz zu den anderen Darßdörfern nicht am Bodden, sondern an der See liegt. Nur ein schmaler Waldstreifen trennt es von einem breiten, weißen Strand.

In früheren Jahrhunderten werden sich die Einwohner hauptsächlich vom Fischfang und von dem, was der Boden zu bieten hatte, ernährt haben. Schließlich war auch der Wald mit seinen Beeren und dem Wild noch da. Wenn es dem gemeinen Mann von den hohen Herren auch bei strenger Strafe untersagt blieb, in irgendeiner Weise dem Wild nachzustellen, so waren sie und ihre Knechte doch weit, und der Wald schwieg. Auch am Strand bot sich so manches. Da fiel nicht nur gelegentlich Strandgut an, sondern dort fielen auch die vielen tausend Seevögel ein, darunter die schmackhaften Enten.

Es soll noch in unserem Jahrhundert Einwohner gegeben haben, die sich gut auf das Entenstechen verstanden. Diese »Jagd« wurde zur Nachtzeit, wenn sich die Enten am Strand auf ihrem weiten Flug vom oder nach dem Norden niedergelassen hatten, beim Licht einer Blendlaterne ausgeübt. Erwähnt sei auch der Bernstein, der in Sturmzeiten noch heute reichlich angelandet wird.

Der erste große Abschnitt in der Geschichte Prerows aber begann – wie sollte es anders sein in dieser Landschaft – mit der Segelschiffzeit. Noch immer zeugen die breiten

Schifferhäuser mit ihren vom Wetter gebeizten Ziegeldächern und dem Kröpelwalm von der Hochkonjunktur dieser Jahre. Die breit unter Eichen und Eschen hingelagerten Rohrdachhäuser sind älteren Datums. Sie wurden von Bauern und Büdnern, die natürlich ihren Anteil an den Schiffen hatten, gebaut, während die kleineren Katen, von denen mancher in späteren Jahren ein Ziegeldach bekommen hat, gewöhnlich den Fischern und Waldarbeitern gehörten. Altväterischer Hausrat, Schiffsbilder und -modelle, Fayencen, Kupferglasuren, Waffen und Gerät, einst von Ururgroßvätern zusammengetragen, werden zum Teil noch heute darin aufbewahrt. Vieles aber, Truhen, Schränke, Porzellan und Schmucksachen, kauften genauso wie in den anderen Dörfern Händler auf.

In diesem Zusammenhang sei auf das 1953 gegründete Darßmuseum hingewiesen, das später mit wissenschaftlicher Gründlichkeit unter Leitung von Helene Trauschies und unter Mitarbeit der Professoren Dr. Kurd von Bülow und Dr. Franz Fukarek zu einem Schmuckstück erweitert wurde. Jährlich werden bis 70 000 Besucher gezählt, die sich in den liebevoll ausgestatteten Räumen über die Geschichte der Darßer Segelschiffahrt und der Fischerei, über die Entwicklung der Badeorte und die Oberflächenform der Landschaft und ihre Pflanzenwelt unterrichten können.

Der Freischulze Jakob Kreft, die Bauern Johann Kreft und Hans Ryk sind die Ahnen der erfolgreichen Prerower Schiffergeneration. »Dazu kam der Einlieger Jacob Thies, der sich im Mai 1696 ein Fahrzeug baute.« Während diese kühnen Prerower bereits die Meerfahrt mit ihren offenen Booten wagten, gingen auch die Bauernfischer zielstrebig ihrem Beruf nach. Kirche und Regierung unterstützten sie besonders bei der Wadenfischerei vom Strand aus und liehen Gelder zur Anschaffung und Ausbesserung der Netze, versprachen sie sich davon doch gute Zinsen. 1786 begannen die Bauern sogar mit einer eigenen Fischräucherei. Um den Absatz ihrer Räucherware brauchten sie sich nicht zu sorgen, denn die Sachsen kamen mit ihren Karren auch bis zu ihnen durch den Darß gezogen.

Wurde der Heringsfang vom Strande aus zunächst in erster Linie von Bauern betrieben, die sich gut im Fischfang auskannten, so waren hundert Jahre später aus ihnen Berufsfischer geworden, die schon auf die offene See hinausfuhren und Flundern einbrachten. »Im Jahre 1900/01 lieferte der Flundernfang in Prerow gegen 2000 Zentner, ein Zentner zu fünf Mark.«

Im Jahre 1783 hatte Prerow bereits 17 Kauffahrteischiffe. 1870 verfügte es über zwei Werften und 70 Küstenschiffe. Die Entwicklung war so stürmisch verlaufen, daß die benachbarten Städte es mit der Angst bekamen, die zähen Darßer könnten ihnen, wie weiland die Wustrower und Ahrenshooper den Rostockern und Stralsundern, gefährlich werden. Sie wurden sogar beim König von Schweden deswegen vorstellig.

Die Barther Kaufmannschaft dagegen war den Prerowern gewogen, aber das hatte auch seinen guten Grund, denn ihre Schiffe benutzten den Prerowstrom. »Schon 1728 machte der Barther Magistrat Vorschläge zur Verbesserung des Fahrwassers«, schreibt Gustav Berg. »Man dachte daran, den Wasserlauf bei Straminke zu öffnen oder den Prerowstrom zu vertiefen. Es wurde beantragt den Strom auszubaggern und die Mündung durch Molen zu schützen. Der Kostenanschlag betrug 40 000 bis 50 000 Reichstaler. Leider unterblieb die Ausführung, und die Prerower Strommündung wurde immer unbrauchbarer. 1800 wurde die Kaufmannschaft von Barth bei dem König von Schweden vorstellig, einen Hafen in Prerow anzulegen. Da die Stadt selbst aber nichts dazu geben wollte oder konnte und die schwedische Regierung nicht willens war, die Kosten allein zu bestreiten, wurde der Plan nicht ausgeführt.«

Stellen wir uns vor, dieser Plan wäre verwirklicht worden!

Alles, was soeben beschrieben wurde, spielte sich auf der Seite der Darßer Prerower ab, denn schon seit 1625 gab es die Zingster Prerower nicht mehr. Dort befanden sich nur noch die Kirche und die Pfarre. Als die Sturmflut des Jahres 1625 alle Wohnhäuser vernichtet hatte, war kein Bewohner bereit gewesen, sein Heim an einem so gefährlichen Platz wieder aufzubauen. Sie zogen auf die andere, im Schutz der Reffe wesentlich günstiger gelegene Seite. Auch die Kirche war sehr mitgenommen und baufällig geworden. Sie wurde abgerissen und in den Jahren 1726/28 etwas westlich vom alten Platz zusammen mit dem Glockenturm wieder aufgebaut. Mit den Schiffsmodellen und den später ausgeführten farbenprächtigen Malereien ist sie eine Seemannskirche eigener Art geworden.

Rings um die in Grün gebettete Kirche stehen wie eine Phalanx die alten Grabsteine der Prerower Schiffer, deren bildhauerischer Schmuck von der Hand gediegener einheimischer Meister ausgeführt wurde. Diese Kirche lag aber abseits des Stromes, und wenn die Kirchgänger kamen, mußte der Fährmann sie übersetzen, wie er jeden hinüberfuhr, der nach dem Zingst wollte. So war es bis zum Jahre 1837; erst in diesem Jahr konnte eine hölzerne Brücke gebaut werden, die 1874 nach der Sturmflut durch einen Damm ersetzt wurde. Da gleichzeitig auch das Zuwerfen der Strommündung geschah, entstand zwischen Hagens Düne und der ehemaligen Brücke aus dem letzten Ende des Stromes ein idyllischer Waldsee.

Die Alten aber erzählten noch lange von der romantischen Überfahrt mit der Fähre. Friedrich von Suckow, den wir bereits zitierten, schrieb darüber: »So schiffte denn auch ich mich mit einer guten Fracht von festlich gekleideten, rotwangigen Schiffermädchen und hochstämmigen Seefahrern ein und landete ohne Havarie auf dem Zingst. Die Überfahrt geschieht auf einer Fähre, die aber wegen des seichten Ufers an dieser Stelle nicht völlig landen kann. Man hat diesem Übelstand dadurch abhelfen wollen, daß man auf beiden Seiten des Stroms kleine Anlandebrücken mit Treppen gebaut hat. Entweder hat aber die Breite des Stromes danach noch mehr abgenommen oder man hat bei dem Bau sparen wollen: genug, beide Brücken, besonders die auf dem Zingst, sind um einige Joch zu kurz, und wenn der Wind vom Lande weht und das Wasser des Stromes fällt, so kann die Fähre die Norder-Brücke (die auf dem Zingst) nicht erreichen und muß fast eine Bootslänge davon bleiben. Nun müssen die armen Kirchgänger, wenn sie ausgestiegen sind, förmlich durch einen Morast waten, den der zurückgetretene Strom am Ufer hinterlassen, und kommen mit nassen Füßen in der Kirche an.«

Nasse Füße waren auf dem Darß keine Seltenheit, die nahm man wohl in Kauf, doch im Jahre 1782 wurde es bei einer solchen Überfahrt schlimmer. Die überladene Fähre sank, und der Fährmann Michel Zage ertrank dabei, während sich die übrigen 23 Personen retten konnten.

Woher, woher, du Federfuchs

Im August 1847 schrieb R. Baier das plattdeutsche Märchen vom Federfuchs auf, das ihm die Prerower Schulzentochter Luise Peters erzählt hatte. Wenn es inhaltlich auch mit »Fitchers Vogel« in Grimms »Kinder- und Hausmärchen« oder »Die schöne junge Braut« in Bechsteins »Deutschem Märchenbuch« zu vergleichen ist, so ist es doch mit einer solchen Ursprünglichkeit von der Schulzentochter erzählt worden, daß es sich lohnt, das Märchen auch in hochdeutscher Übertragung – für die Besucher der Küste, die des Plattdeutschen nicht mächtig sind – weiterzuerzählen.

Da war mal einst ein Holzhacker, der wollte des Morgens zu Holz gehen, und da sagte er zu der ältesten von seinen drei Töchtern, sie solle ihm mittags das Essen nachbringen. Damit sie sich zurechtfand, nahm er einen Scheffel Erbsen mit und streute sie längs des Weges. Das sah aber ein Räuber, der im Walde hauste, und er fegte die Erbsen vor seine Tür. Als es nun bald Mittag war, ging das Mädchen den Erbsen nach, kam an des Räubers Haus und fragte, ob ihr Vater drinnen sei. Der Räuber antwortete, ihr Vater wolle nachkommen, sie solle inzwischen schon ins Haus gehen. Als sie nicht recht wollte, zog er sie gewaltsam hinein. Sie mußte sich auf einen Stuhl setzen, und er gab ihr ein Ei in die Hand und hieß sie, nicht aus der Stube zu gehen, bis er wiederkäme. Damit ging er und schloß die Haustür hinter sich zu, so daß sie nicht fortlaufen konnte.

Als sie nun eine Zeitlang gesessen hatte, sah sie einen Schlüssel hinter dem Spiegel stecken. Da dachte sie, sie wollte sich doch einmal im Hause umschauen und sehen, zu welcher Tür der Schlüssel wohl passen würde. Dabei kam sie in eine Bodenkammer, das war die Räuberkammer. Drinnen stand eine Tonne mit Federn und eine mit Blut. An den Wänden hing das Zeug all der Menschen, die der Räuber totgeschlagen hatte, und auf dem Brett lagen ihre Köpfe, einer neben dem anderen in langer Reihe. Ihr

wurde ganz bange, und als sie in die Tonne mit Blut sah,
fiel ihr das Ei aus der Hand und in die Tonne.
Als nun der Räuber des Abends wieder nach Hause kam,
sah er ja gleich, daß sie das Ei nicht mehr hatte, und als er

merkte, daß sie in der Räuberkammer gewesen war, schlug er ihr, da sie ihm nicht gehorsam gewesen war, den Kopf ab.

Abends, als der Holzhacker nach Hause kam, schalt er, daß seine älteste Tochter ihm nicht nachgekommen sei und ihm kein Essen gebracht habe. Da sagte die mittlere Tochter, sie wolle ihm am anderen Tag das Essen nachtragen. Der Vater war auch damit zufrieden. Er nahm wieder einen Scheffel Erbsen mit und streute ihn auf den Weg, und es kam just so wie am Tag vorher: Der Räuber fegte die Erbsen vor sein Haus, und als das Mädchen erschien und nicht gutwillig ins Haus wollte, zog er es mit Gewalt hinein. In der Stube setzte er es auf einen Stuhl und gab ihm ein Ei in die Hand, und es erging nun dem Mädchen gerade so wie seiner Schwester. Es verlor ebenfalls sein Leben, da es nicht gehorchte.

Am dritten Tag mußte die jüngste Tochter ihrem Vater das Essen ins Holz nachtragen, und sie lief auch zu dem Räuberhaus. Der Räuber zog sie herein und prüfte sie wie ihre Schwestern. Aber die jüngste Tochter war klüger als ihre Schwestern: sie blieb auf dem Stuhl sitzen und ließ das Ei nicht aus der Hand. Als der Räuber des Abends nach Hause kam und sie das Ei noch in der Hand hatte, sagte er, sie solle seine Braut sein, da er sie für treu befunden habe.

Nun sollte ja auch Hochzeit sein. Der Räuber gab ihr alle Schlüssel zum Haus und hieß sie kochen und braten, was gut schmeckte. Die Haustür schloß er aber, als er ging, um seine Kumpane zur Hochzeit einzuladen, hinter sich zu, damit das Mädchen nicht fortlaufen konnte.

Als sie nun durch das Haus ging und auch die Räuberkammer fand, sah sie dort die Köpfe ihrer Schwestern auf dem Brett liegen, worauf sie so sehr erschrak, daß sie in die Bluttonne kroch und danach in die Federtonne. In diesem Zustand wand sie sich durch das Abflußloch der Küche und machte, daß sie vom Hause fortkam. Vorher aber hatte sie neben den Feuerherd einen Besenstiel gestellt, ihn mit ihren Kleidern ausstaffiert, ihm ihren Hut aufgesetzt und eine Grützkelle so angebunden, daß es aussah, als ob sie im Kessel rührte.

Als sie nun ein Ende vom Haus weg war, kamen die ersten Räuber, die zur Hochzeit geladen waren, ihr entgegen und fragten: »Woher, woher, du Federfuchs?« Sie glaubten ja, sie sei ein Fuchs, da sie vom Blut rot aussah.

Sie antwortete: »Ich komme von Finkenhausen!«, denn der Räuber hatte Fink mit Namen geheißen.

Da fragten die Räuber wieder: »Was macht denn Finken seine rechte Braut?«

»Sie kocht Reis und süße Grütze gaut!« antwortete sie und ging weiter.

Als sie ein Stück gegangen war, kam ihr die zweite Schar Räuber entgegen. Die fragten auch: »Woher, woher, du Federfuchs?«

»Ich komme von Finkenhausen!«

»Was macht denn Finken seine rechte Braut?«

»Sie kocht Reis und süße Grütze gaut!« Damit ging sie fort.

Als sie schon ein Stück weiter war, kam die dritte Schar Räuber an, und dabei war er selbst, was der Bräut'gam war.

»Woher, woher, du Federfuchs?« fragte nun er.

»Ich komme von Finkenhausen!«

»Was macht denn meine rechte Braut?«

»Sie kocht Reis und süße Grütze gaut!«

Als er das hörte, lief er fix voraus zu seinem Hause, und als er zur Tür reinkam, sah er sie ja auch gleich am Feuerherd stehen und wollte sie umfassen. Aber da drehte sich der olle Besenstiel um, und dabei fuhr die olle Grützkelle aus dem Kessel raus und ihm mit der heißen Grütze ins Gesicht, so daß er sein Lebtag nicht wieder hat sehen können.

Nach der Segelschiffzeit war die Bevölkerung Prerows von 1530 Einwohnern im Jahre 1868 auf 1000 im Jahre 1912 zurückgegangen. Born und Wieck büßten in dieser Zeit ebenfalls jedes über 500 Einwohner ein; so mancher suchte sein Glück fern der alten Heimat.

Allmählich entwickelte sich der an der Küste aufkommende Badebetrieb zu einer neuen Einnahmequelle. Die Verdienstmöglichkeiten, die sich damit boten, kamen jedoch zunächst nur wenigen zugute. Jedenfalls sind diese Anfänge überhaupt nicht mit den Möglichkeiten zu vergleichen, die der moderne Reiseverkehr unserer Tage geschaffen hat. Es wurden damals weder Köchinnen noch Kellner, noch Musiker, Verkäufer, Reinemachefrauen, Heizer oder andere zusätzliche Arbeitskräfte gebraucht. Was an Mehrarbeit anfiel, bewältigten die Einwohner selbst. Die sogenannte Fremdenindustrie entwickelte sich erst nach dem ersten Weltkrieg.

Wer die Geschichte der Badeorte unter die Lupe nimmt, wird feststellen, daß Prerow schon vor über hundert Jahren von reiselustigen Familien aufgesucht wurde, die ein paar Wochen unter Schiffern, Matrosen, Fischern und Büdnern verbrachten. Sie genossen im Segelboot die romantische Überfahrt durch die Boddengewässer oder fuhren auf Leiterwagen über einsame Waldwege, um das tägliche Einerlei des Alltags ihrer kleinen oder großen Städte zu vergessen. Sie spazierten auch wohl über die wilden Dünen, lauschten dem Wogenprall und den Stimmen der Waldeinsamkeit, während sie abends mit ihren Wirtsleuten gemütlich vor der Tür saßen und »vertellten«. Später setzten die Gäste von Ribnitz oder Barth mit dem Dampfschiff über, und unter den Passagieren befanden sich auch solche Verwegenen, die nicht nur lustwandeln, sondern wirklich in der See baden wollten.

Eigenartigerweise hatte sich die Sturmflut von 1872 beschleunigend auf die Entwicklung des Badebetriebs auf dem Darß ausgewirkt. Das Unglück hatte das Fischland und den Darß weit über Deutschland bekannt werden lassen. So kamen auch viele Neugierige, von denen einige sicher nur einmal »gucken« wollten; nebenbei aber lernten sie den Reiz eines erholsamen Sommers an der See kennen, kamen wieder und brachten andere mit. Wenige Jahre später konnte man schon in den Zeitungen lesen, daß ein Aufenthalt in den abgelegenen Dörfern des Darßwaldes angenehmer sei als in den »überfüllten« Badeorten auf Rügen.

In Prerow war es der Gastwirt Hermann Scharnberg, der über seinen Zaun hinweg dachte, im benachbarten Zingst der Gastwirt Christian Ramin. Scharnberg stellte am Strand Buden auf und »bekämpfte« in ihnen Hunger und Durst der Gäste. Er war es auch, der die Behörden in Stralsund schon vor oder gleich nach der Sturmflut veranlaßte, endlich eine Brücke über den Strom schlagen zu lassen, so daß man künftig nicht nur ohne Zeitverlust von einer auf die andere Seite gelangen konnte, sondern auch kein Fährgeld mehr entrichten mußte.

Seine Pläne gingen noch weiter, aber viele Einwohner, darunter der Schulze, wollten nicht recht mitmachen. Doch Scharnberg ließ nicht locker. Er sah, wie sich besonders die Damen genierten, wenn sie sich unter freiem Himmel ausziehen sollten. Er hatte auch Verständnis dafür, daß sich die Stadtmenschen in ihren feinen Schuhen nicht gern durch knöcheltiefen Sand quälten. So setzte er den Bau einer Badeanstalt und die Pflasterung der Dorfstraßen durch. Im Jahre 1880 hatte er die Genugtuung, 80 Badegäste in Prerow zählen zu können; fünf Jahre später waren es schon 675. Das benachbarte Zingst begrüßte damals 365 Frauen und Männer, Kinder nicht mitgezählt. Ein reger Dampferverkehr hatte die Gäste vom »Festland« herübergebracht. Etwas fiel dabei auch für Born und Wieck ab, denn die Dampfer »Zingst« und »Fortuna« liefen diese Dörfer ebenfalls an. Als endlich die Eisenbahn von Barth nach Prerow dampfte und dabei Zingst berührte, war Prerow schon ein ansehnlicher Badeort geworden. Die Zingster hatten ebenfalls ausgerechnet, was ihnen die »Gäste« einbrachten, und Zimmer und Kammern bereitgestellt. Es war auch, besonders in Prerow, tüchtig gebaut worden. Künstler, unter ihnen der Mondscheinmaler Douzzette, hatten mit für die Popularisierung gesorgt. Villen, Pensionen, Logierhäuser und Hotels entstanden und priesen freundliche Zimmer, weiche Betten, süffige Weine und eine erstklassige Lage an. Gut gekühltes Bier und ein kräftiger Korn, »rein Gotts Wurt« genannt, gehörten zu den Selbstverständlichkeiten. Die neuen Häuser, oft im Stil der Zeit, waren keineswegs immer geschmackvoll, doch überall blieb noch reichlich Platz für Rasen, Busch und Baum, die den Anblick milderten. Hecken faßten die breiten Straßen ein, und schattige Plätze mit bequemen Bänken gab es genug. Deich, Dünen, Uferrand und Strand lockten zu einzigartigen Spaziergängen, dazu kam das milde Klima.

Diese Blütezeit zerstörte der erste Weltkrieg. Seine Folgen, Inflation und Arbeitslosigkeit, brachten in allen Badeorten den Saisonbetrieb zum Erliegen. Die Gemütlichkeit des familiären Badebetriebes war dahin. Was während und nach der Inflation ins Bad fahren konnte, hatte sich in den meisten Fällen an ihr bereichert, und diese Sucht griff auch auf den einen und anderen Vermieter über. So kam es, daß sich in vielen Bädern Snobs breitmachten. Arbeiter konnten sich jetzt erst recht keine Ferien in einem Seebad leisten. Als dann mit dem Ende der zwanziger Jahre auch noch die Weltwirtschaftskrise, begleitet von großer Arbeitslosigkeit, spürbar wurde, sah es auch in den Ostseebädern trübe aus. Während der Nazizeit mit ihrer Freizeiteinrichtung »Kraft durch Freude« folgte eine kurze Scheinblüte, und wieder brachte ein Weltkrieg, lähmender und vernichtender noch als der erste, diese Einnahmequelle zum Versiegen.

Hatte es früher einmal in Prerow Damen- und Herrenbad, warme See- und Kohlensäurebäder gegeben, in denen sich eine bestimmte Gesellschaftsschicht amüsierte und erholte, so wäre es in den ersten Jahren nach 1945 vermessen gewesen, nach ähnlichen Annehmlichkeiten des Badelebens zu suchen. Wie wollte man überhaupt den anspruchslosesten Gast ernähren und wie der Gast seinen Wirt? Das war die Frage! Alle Zimmer waren mit Umsiedlern belegt. Wo konnte man da Gäste aufnehmen?

Die Darßer und Fischländer haben schließlich in ihren Dörfern wieder so angefangen wie überall im zerstörten Europa. Und als der schwere Anfang in unermüdlicher Arbeit überstanden war, der Freie Deutsche Gewerkschaftsbund zuerst Hunderte, dann viele tausend Gäste vermittelte, da erholten sich die Dörfer. Inzwischen sind sie zu Badeorten geworden, wie es sie weder auf dem Fischland noch auf dem Darß je gegeben hat, nämlich zu Stätten der Erholung für den, der ein ganzes Jahr lang fleißig seinem Beruf nachgeht. Schulen, Kaufhäuser, Gaststätten, Bungalows, Betten- und Wochenendhäuser wurden gebaut, bessere Verkehrseinrichtungen sind entstanden, und die gesundheitliche Betreuung ist verbessert worden, so daß die Einwohner dieser Badeorte auch im Winter längst nicht mehr wie »am Ende der Welt« leben.

Nun kann es sich aber auch keine Gemeinde mehr leisten, die Saison einfach auf sich zukommen zu lassen; das ist auf dem Fischland nicht anders als auf dem Darß oder Zingst. Selbstverständlich wurden auch früher rechtzeitig Vorbereitungen getroffen, doch sind sie kaum noch zum Vergleich heranzuziehen, denn die Anzahl der Gäste erreichte nicht annähernd den Umfang der heutzutage erreicht ist. Jahr für Jahr muß ein genauer Maßnahmeplan entworfen werden, der möglichst alle Erfahrungen des vorherigen Jahres berücksichtigt, damit den Gästen ein wirklich erholsamer Aufenthalt gewährleistet und außerdem der anwachsende Strom der Erholungssuchenden aus den nahen Städten an den Wochenenden von den Versorgungseinrichtungen bewältigt werden kann.

Welche Probleme ergaben sich nun bei der Vorbereitung der Saison? Betrachten wir das einmal am Beispiel der Situation in Prerow während der sechziger Jahre. Dieser Badeort mit seinen knapp 2000 Einwohnern hatte – abgesehen von den »Naherholern« – während der Sommermonate täglich mit zusätzlich 1500 Tagesurlaubern allein aus den benachbarten Dörfern Born und Wieck zu rechnen. Ein großer Teil der Vorbereitungsarbeiten in den Kommissionen der Gemeindevertretung für Ordnung und Sicherheit, für Bäderwesen, Kultur, Volksbildung und Sport, für Handel und Versorgung, Gesundheitswesen und Finanzen wurde freiwillig geleistet. Da war zuerst für die Unterbringung von Personal zu sorgen. Es durften nur solche Schlafstellen und Zimmer vermietet werden, die vom Rat der Gemeinde hierfür freigegeben wurden, denn ohne Genehmigung war jedes Vermieten verboten. Leider sank mit der Vergrößerung der Familien die Zahl der vermietbaren Betten ständig, so daß es besonders schwer wurde, dem Saisonpersonal eine Bleibe zu beschaffen. Für die Saison ging aus diesem Grunde die Anzahl der mit dem FDGB und dem Deutschen Reisebüro vertraglich gebundenen Betten zurück. Für kurzfristige Übernachtungen standen in Prerow zeitweise nur ein Einbett- und ein Zweibettzimmer in der »Darßer Flunder« zur Verfügung. In Ahrenshoop und anderen Orten gab es nicht einmal das, so daß guter Rat wirklich teuer war, wenn es Vortragsredner oder Künstler unterzubringen galt. Hinsichtlich der Unterbringung der länger bleibenden Feriengäste waren die Sorgen weit geringer, denn die Betriebsferienheime mit ihren festen Häusern und Bungalows waren dem Ansturm gewachsen. Die An- und Abreise war mit dem Kraftverkehr genau geregelt worden. Da die Gäste nicht durch den Ort irren sollten, mußten neue, gut lesbare Straßenschilder angebracht werden. Schadhafte Stellen auf den Wegen und der Fahrbahn wurden repariert. Die Westbrücke über den Prerowstrom bedurfte ebenfalls einer gründlichen Reparatur, der Bernsteinweg erhielt Gehplatten, die Strandstraße wurde verlängert, und die Parkplätze wurden zur Aufnahme der Fahrzeuge vorbereitet.

Wer Erholung sucht, will sich nicht um die Dinge des täglichen Lebens sorgen müssen. Wenn sich der Gast binnen 24 Stunden angemeldet hat, möchte er keine Mühe mehr auf sich nehmen, dann sollte die Erholung beginnen. Brandschutz, Straßenbeleuchtung, Postzustellung und was es sonst noch an großen und kleinen Dingen gibt, die zum Wohlergehen beitragen, müssen also gut funktionieren.

Auf den Zeltplätzen wurden deshalb immer je 500 m² große Flächen, von denen insgesamt 30 Prozent durch Verträge mit Betrieben gebunden waren, durch einen Brandschutzstreifen abgetrennt. Auch die gesundheitliche Betreuung der Gäste mußte gesichert sein. Prerow hatte bisher – außer den ortsansässigen Ärzten – während der Saison zusätzlich zwei praktische Ärzte und einen Zahnarzt zur Verfügung. Ihre Dienstzeit wurde so abgestimmt, daß bei lebensgefährlichen Unfällen sofort ein Arzt zu erreichen war. Es mußte auch an die nötige Anzahl Rettungsschwimmer und die Herrichtung eines Rettungsbootes gedacht werden. Der Wasserrettungsdienst nahm in manchem Jahr weit über 400 Hilfeleistungen vor. Auch Wasser- und Abwässerprobleme waren neu zu regeln, sie machten Prerow keine geringen Sorgen. Es wurde ein Dienstleistungsvertrag mit der Stadt Ribnitz abgeschlossen, damit die sanitären Anlagen den Anforderungen angeglichen werden konnten. Das ständige Leeren der Müllbunker gehörte ebenfalls dazu; es mußten also Verträge für eine geregelte Abfuhr getroffen werden. Tankwagen sorgten für genügend Trinkwasser. Der Urlauber erwartet aber mehr. Daß für das tägliche Brot gesorgt ist, betrachtet er als selbstverständlich, schließlich

wird ja auch alles auf Heller und Pfennig bezahlt, doch er will auch unterhalten sein und Möglichkeiten finden, um sich selbst unterhalten zu können. So gehört zu einer guten Saisonvorbereitung auch dies. Es mußten Verträge mit Kapellen abgeschlossen werden, wobei leider schon oft die betrübliche Erfahrung gemacht worden war, daß Vertragsbrüche nicht selten vorkamen. Prerow war bemüht, in der Hauptsaison zwei oder drei Veranstaltungen der Konzert- und Gastspieldirektion auf der Freilichtbühne durchzuführen. Beliebt waren auch stets das Strandkonzert des Pionierorchesters und ebenso die Lichtbildervorträge über das Leben der dort ansässigen Menschen, über Tiere und Pflanzen auf dem Darß.

An der Spitze aller Unterhaltungen stand der Sport. Es mußten also Studenten oder Sportlehrer geworben werden, die mit den Badegästen täglich Freiübungen machten. Volleyballplätze wollten hergerichtet sein, Tischtennis und Bogenschießen gehörten dazu, und die Strandsportfeste, an denen sich durchschnittlich 1200 Menschen beteiligten, liefen auch nicht von allein ab. Für das Tonnenabschlagen, ein Fest, das auch die Ahrenshooper zu feiern verstehen, benötigte man Pferde. Dieses Reiterfest bildete nicht selten einen Höhepunkt der Saison.

Wenn alle Veranstaltungen von gutem Wetter begleitet wurden, regelte sich wohl manches verhältnismäßig leicht, schwierig aber wurde es, wenn Regentage einsetzten. Dann mußten zentrale Räume für die Selbstbetätigung der Urlauber zur Verfügung stehen, und die wollten erst einmal beschafft und hergerichtet sein.

So tauchten jedes Jahr vor der Saison wieder die alten Probleme auf, neue kamen hinzu, und den »Stadtvätern« wuchsen nicht wenig graue Haare. Doch wenn der 10. Mai endlich heranrückte und mit ihm die erwartungsvollen Gesichter der ersten Urlauber auftauchten, war der größte Berg gewöhnlich überwunden, neue und mehr Gäste konnten kommen. Aus Fischer-, Bauern- und Büdnerdörfern wurden ansprechende Badeorte, die nicht vergebens auf ihre Gäste warten.

Es lebe der Tonnenkönig

Für den Ahrenshooper und den Prerower gehört zum Sommer seit eh und je das Tonnenfest, so wie früher für den Rostocker der große Pfingstmarkt mit all seinem Trubel. Dieses traditionsreiche Fest wurde bis vor wenigen Jahrzehnten auch noch im Kreise Grimmen, in einigen Orten auf Rügen und in den Boddendörfern um Barth gefeiert; getragen wurde es von den Reitervereinen. Einheitlich gekleidete Reiter, gewöhnlich in schwarzer Hose und weißem Hemd, mit Mütze und Schärpe, versammelten sich und ritten zum König des Vorjahres, der seine Tonnenbrüder empfing und sie festlich bewirtete. Von den Barthern weiß man, daß sie weiße Hosen und dazu den feierlichen Gehrock trugen. Nachdem die Reiter getrunken und gegessen hatten, ritten sie, Musik und Fahne voraus, zum Festplatz, wo die Tonne bereits hing, wenn sie nicht geschmückt im Zuge erst mitgeführt worden war. Nach der Ansprache ritten alle Reiter unter der schwebenden, mit Blumen geschmückten Tonne durch. Ein wenig später stürmten sie nacheinander auf ihren Pferden, bewaffnet mit einer Keule, wieder heran und schlugen gegen die krachende Tonne. Wer die letzte Daube abschlug, war Stäbenkönig; Stäbenkönig deshalb, weil die Daube auch Stab genannt wird. Wer aber das letzte Stück Holz herunterschlug, war Sieger und Tonnenkönig!

Er erhielt als Preis gewöhnlich ein Zaumzeug, während der Stäbenkönig eine Peitsche bekam. Danach trafen sich alle im Festsaal, wo sie bis in den Morgen hinein tanzten und tranken. So wurde und wird das Tonnenfest noch heut mit geringen Abweichungen auch auf dem Darß gefeiert.

Im vergangenen Jahrhundert und noch früher gab es hier und dort bestimmte Bedingungen. So durften z. B. nur Unverheiratete daran teilnehmen, und diese Burschen mußten von makellosem Ruf sein. Wer sich etwas hatte zuschulden kommen lassen, wurde ausgeschlossen.

Wehrs schreibt darüber. »Der, bei dessem Schlage die Tonne fällt, ist Tonnenkönig, muß sich aber gleich danach davonmachen und das Haus, worin nachher getanzt und gezecht wird, zu erreichen suchen, weil er sonst alle übrigen, wenn sie ihn einholen und einfangen, freihalten muß. Dieses Wettrennen, den Tonnenkönig zu erjagen, nimmt sich sehr lustig, aber oft halsbrechend aus; mit den Knitteln wird nach ihm geschlagen und hinter ihm hergeworfen,

und mancher wird dabei zum Sandreiter.« Woraus zu ersehen ist, daß die Sitten doch rauher waren als heut.

Volkskundler haben viel geforscht, um den Ursprung dieses Volksfestes zu ergründen. Es wird vermutet, daß es auf Fastnachtsbräuche zurückzuführen ist, die ja in den verschiedenen Landschaften ihre entsprechende Abwandlung erfuhren. In gewisser Beziehung hat das Tonnenreiten auch Ähnlichkeit mit dem Maigrafenfest, zu dem ebenfalls nur Unverheiratete zugelassen wurden. Der Maigraf suchte sich ebenso wie vielerorts der Tonnenkönig unter den Mädchen eine Braut, außerdem wurde das Maigrafenfest genau wie das Tonnenabschlagen mit Schmaus und Trank gefeiert.

Es ist auch bekannt, daß auf der dänischen Insel Amack noch Anfang des vorigen Jahrhunderts ein Tonnenschlagen zu Pferde gefeiert wurde, bei dem aus der Tonne eine Katze herausgeschlagen werden mußte. Wem dies gelang, der war dann Katzenkönig. Aus Dithmarschen weiß man, daß dort ein lebender Hahn in die Tonne gesperrt wurde, in anderen Landschaften war es eine Taube.

Damit wären wir dem Ursprung des Tonnenreitens auf dem Darß aber noch nicht näher gekommen. Wir müssen uns schon mit Nachforschungen und Nachrichten aus der Neuzeit begnügen, denn aus dem Mittelalter ist darüber nichts überliefert. Fest steht, daß die viel verbreitete phantastische Geschiche von der Heringstonne jeder Bestätigung entbehrt. Danach sollen die Fischer in ihrer Wut über das Ausbleiben der Heringsschwärme die bereitgestellten Tonnen zerschlagen haben. Als sich dann nach Jahren erneut Schwärme einstellten, sollen die Fischer aus Dankbarkeit eine Tonne geschmückt und sie nach der Weise des heute noch gefeierten Tonnenfestes zerschlagen haben. Diese Version ist wohl doch etwas zu sehr an den Haaren herbeigezogen, wenn sie auch entfernt an Fastnachtsbräuche erinnert.

Man erzählt auch, die letzte Heringstonne sei aus Freude

zerschlagen worden, als die Lieferungen an die schwedische Besatzungsmacht endlich aufhörten.

Das älteste, greifbare Zeugnis über das Tonnenfest an den Boddengewässern finden wir bei Ernst Moritz Arndt. In einer Zusammenstellung des Barther Chronisten Dr. Erich Gülzow heißt es: Arndt »schreibt in seiner ‚Geschichte der Leibeigenschaft in Pommern und Rügen‘ (Berlin 1803, S. 227): In einigen Gegenden gehört auch das Tonnenabschlagen, ein halsbrechendes Wettrennen zu Pferde um den Preis des Königtums, zu den Bauernfesten und wird gegen Johannis begangen. Eine zweite Nachricht über das Fest gibt Arndt in seiner ‚Reise durch Schweden im Jahr 1804‘ (Berlin 1806, 4. Band, S. 240): In den Fasten war (in Südschweden, besonders in Schonen) das Tonnenabschlagen (vor 40 bis 50 Jahren) gebräuchlich, welches in Pommern noch in einigen Dörfern gefeiert wird, aber mitten im Sommer. Die Knechte nehmen eine Tonne, bohren in sie ein Loch, ziehen einen Strick dadurch und hängen sie über oder an der Gasse des Dorfes auf, wann sie vorher eine oder mehrere lebendige Katzen darin verschlossen haben. Ist dies fertig, so setzen sie sich in der Reihe zu Pferde und reiten, mit großen Knüppeln bewaffnet, im vollen Galopp vorbei, indem sie auf die Tonne schlagen. Wem es glückt, sie zu zerschlagen, der ist König, er wird mit Bändern und Kränzen geschmückt und kann aus der ganzen Mädchenschar sich diejenige auswählen, welche ihm beliebt zur Königin zu machen. Das Fest wird mit Spiel und einem Landball beschlossen.«

Dr. Gülzow folgerte daraus: »Aus diesem Bericht geht leider nicht deutlich hervor, ob die Angaben über die Art, das Fest zu feiern, nur für Schweden oder auch für Schwedisch-Pommern gelten sollen. Klar aber ist, daß das Fest sowohl in Schweden als auch in Pommern ein altbekannter Brauch war.«

Mit dem sogenannten Schützenfest in den kleinen Städten hatte das Tonnenabschlagen also nichts zu tun. Es artete auch nicht in nationalen Rummel aus, sondern war und blieb ein Fest großer Lebensfreude.

Über die Darßer

Fischland und Darß haben viele Erzähler hervorgebracht, ihre Geschichten waren dem Leben abgelauscht und wurden phantasievoll nacherzählt, leider aber sind sie ganz selten aufgeschrieben worden. Zu den wenigen, die es taten, gehörte Kapitän Segebarth. Er soll damit aus Heimweh begonnen haben, als er mit seinem Schiff in der Türkei festgehalten wurde.

Johann Segebarth

Der Kapitän, geboren 1833 zu Wieck, gestorben 1919 in Prerow, schrieb einige humorige plattdeutsche Erzählungen, welche die sozialen Verhältnisse jener Zeit teilweise widerspiegeln. In seinen letzten Werken kann er seine monarchistische Weltanschauung jedoch nicht verleugnen. Aus der Geschichte seiner Familie weiß der alte Segelschiffkapitän u. a. folgendes zu berichten: »Im Jahre 1811 kommt ein betrunkener französischer Soldat ins Wiecker Schulzenhaus und torkelt längs der großen Diele in die Wohnstube hinein, wo des Schulzen Frau im Wochenbett liegt. Sie war mit ihrem Kinde allein. Schimpfend und schreiend fuchtelte der Franzose mit seinem Käsemesser der Frau um den Kopf herum und gebärdete sich, als ob er das Kind aufspießen wollte. Da springt die Frau aus dem Bette und stößt den Soldaten vor die Brust, daß er der Länge nach auf den Rücken fällt. In demselben Augenblick kommt ihr Mann, der den Lärm gehört hat, mit einem Offizier über die große Bauerndiele. Der Offizier macht sofort Anstalt, daß der Unhold verhaftet wird. Die Frau war meine Großmutter, das Kind mein Vater.«

De Darßer Smuggler

In seiner bekanntesten Erzählung, »De Darßer Smuggler«, schickten die Dorfvertreter aus Wieck einen Brief an den preußischen König, da sie der Meinung waren, daß ein so handfester Schmuggler und treffsicherer Wildschütz wie der braune Heinz Packan, auch »Mexikaner« genannt, der sich auf dem Wasser und im dichten Darß viel besser auskannte als Zöllner und Förster, endlich die ihm gebührende Stellung bekommen müßte. Zwar hatten ihn die Beamten des Königs wiederholt beim Wildern und Schmuggeln gefaßt und eingesperrt, doch war ihnen dabei der »Mexikaner« nicht selten entkommen und selbst aus dem Gefängnis noch wieder ausgerissen. Lange hatte er vogelfrei im dichten Darß gelebt, bis ihm das wilde Leben über war und er ergründen wollte, ob der König nicht ein Einsehen hätte und vielleicht gar solch einen echten Schützen endlich mit seinen Gegnern auf die gleiche Stufe stellen, das heißt, ihn, wenn auch nicht zum Förster oder Beamten, so doch wenigstens zum Jäger oder Bootsknecht machen würde.

Um es vorweg zu nehmen: Aus diesem frommen Wunsch ist nichts geworden! Der braune Heinz mußte weiter sitzen, bis er endlich begnadigt wurde und ihm nichts anderes übrigblieb, als sein »Handwerk« fortzusetzen. Als ihn ein Beamter, im Glauben, er würde künftig das Schmuggeln und Wildern lassen, jovial lobte, antwortete der braune Heinz: »Ja, Herr Oberkontrolleur, das lebt und redet sich gut, wenn man weiß wo man das Geld hernimmt, damit man jeden Monat seine Schulden bezahlen kann. Aber so ein armer Teufel, wie ich einer bin, na, wer gibt uns im Alter schon was?«

Ein schöner Menschenschlag

Als Ernst Moritz Arndt seinen alten Lehrer Pastor Danckwardt auf dem Darß besuchte, schrieb er (nach einem Bericht Dr. Erich Gülzows): »Zum ersten Male besuchte ich meinen alten Meister zu Prerow auf dem Darß, einer reichen Pfarrstelle, wohin er von Bodstedt aus befördert war. Auf der Halbinsel Darß und in den Dörfern auf den gegenüberliegenden Küsten wohnt ein schöner, kräftiger Menschenschlag, dessen Gewerbe in der Jugend gewöhnlich das kühne Element des Meeres ist. Als ich im Winter 1817 mit meinem Bruder Karl nach dem Darß hinüber wollte, stießen uns zwei herrliche, schlanke Männer mit langen, eisenbeschlagenen Stangen in fliegenden Schlitten über das spiegelglatte Eis hin, welches damals zwischen dem Festlande und der Insel eine Brücke geschlagen hatte. Beide trugen englische Ehrenmünzen, hatten englisches Jahrgeld. Sie hatten auf der ‚Victory‘ des Admirals Nelson die Schlacht von Trafalgar mitgemacht.«

Die Darßer und die Warnemünder

Eine der vielen Redensarten und »Vertellers«, die Professor Wossidlo auf dem Darß sammelte, lautet: Das waren Bären von Kerls, die Darßer. Ihr Leibgericht war »Bruun Äten«, bestehend aus gekochten Pflaumen, Klößen und Sirup.
Die Warnemünder behaupteten, die Darßer schmierten sich zu sehr an und führen für geringere Heuer, deshalb seien sie unbeliebt. Wenn die Darßer im Frühling kamen, machten die Warnemünder ihre Türen nachts dicht, während sie sonst unverschlossen blieben.

Dulle Späukenkieker

Weiter heißt es bei Wossidlo, daß die Darßer »dulle Späukenkieker« waren. Sozusagen jeder dritte Baum auf dem »swarten Darß« sei behext. Einst seien nachts mehrere Seeleute bei einem Darßer zu Gast gewesen. Er besaß ein großes Bücherbord, und als er einmal kurz draußen war, wurden die Gäste neugierig, nahmen ein Buch und begannen darin zu lesen. Plötzlich flitzten lauter dicke Ratten durch die Stube, so daß sich die Gäste kaum bergen konnten. In wilder Hast kam der ahnungsvolle Gastgeber in die Stube gestürzt und rief: »Welches Buch habt ihr gelesen?« Er begann sofort rückwärts darin zu lesen, und siehe, die Ratten verschwanden, wie sie gekommen waren.

Der Sohn von der »swart Emma«

Schlachtermeister Moeller aus Wustrow erzählte uns von der »swart Emma« und ihrem Sohn. Emmas Mann war Fischer. Während der zwanziger Jahre packte sie den Fisch auf die Schiebkarre, die sie dann in Begleitung ihres fünfjährigen Sohnes vom Darß hinunter bis nach Wustrow schob. Sie übernachtete in Nordens Hotel und arbeitete den Preis für die Kammer ab.
Der kleine Sohn bekam zwei, drei Pfund Fisch in eine Kiepe und klapperte damit selbständig sein Viertel ab. Einmal kam er zu Frau Bradhering. »Hüt heww ick aewer ganz gaude Fisch«, empfahl der Fünfjährige seine Ware.
»Ne, min Jünging, hüt paßt mi dat gor nich, wi hewwt Mangkaaktäten!« antwortete die Hausfrau.
Swart Emmas Sohn gab den Handel noch nicht auf. Der Fünfjährige hob seinen Korb und sagte warnend: »Fru Bradhiring, ick segg Sei, dat ward Sei leed!« Da gab sich die Frau geschlagen und sagte: »Na, denn man tau, laat sei hier!«

Der »Windflüchter«

Im Eschenhaus zu Prerow lebte der Maler und Graphiker Theodor Schultze-Jasmer, der nimmermüde in immer neuen Motiven Darß und Weststrand in ihrer Urwüchsigkeit und grenzenlosen Weite mit Pinsel und Griffel gestaltete und somit im Laufe einiger Jahrzehnte Landschaften im Bild festhielt, die längst vom Meer verschlungen wurden. Er erzählte uns über die von ihm geprägte Wortbildung »Windflüchter« folgendes: »Ich habe vor rund 45 Jahren den Namen für die skurrilen Bäume des Weststrandes geprägt und sie eben Windflüchter getauft, weil sie vom Westen nach Osten gewissermaßen vor dem Sturm fliehen.

Als der letzte große Buchenstamm vor Jahren bei Esperort vom Sturm umgeweht wurde, erschien unser Doktor im Frack und Zylinder, um mir deshalb zu kondolieren, und Max Schwimmer taufte mich den Windflüchter. Er verewigte mich in einer kleinen witzigen Zeichnung als solchen, indem er mich als langen Lulatsch mit ausgestreckten zusammengehaltenen Armen schräg ins Bild stellte und darunter schrieb: Thedje der Windflüchter!«

Wir kennen außerdem noch drei witzige Zeichnungen vom »Windflüchter«, auf deren einer er sogar Gurken trägt. Sie stammen von dem Zeichner des »Eulenspiegels«, Kurt Klamann, der damit auf Schultze-Jasmers gärtnerisches Steckenpferd anspielt.

Kurt Klamann, ein geborener Zingster, schuf übrigens nicht nur die vitalen Backfische in dem bekannten Wochenblatt, sondern gestaltete auch die seinen Geburtsort umgebende Landschaft in wohldurchdachten Aquarellen und Ölgemälden, deren Farben, obwohl angenehm verhalten, die Vitalität dieser Landschaft wunderbar nachempfinden lassen.

Zingst und Barth

Das alte Schloß am Meer

Wer das Land der Burgen sucht, fährt nicht an die See, und doch gab es diese mittelalterlichen Verteidigungsanlagen auch an der Küste, nur ist von ihnen nicht viel mehr erhalten geblieben als kaum auffallende, mit Busch und Bäumen bewachsene Wallanlagen. Eine solche Burg, auch »Olles Slat« (altes Schloß) genannt, stand am rechten Ufer des Prerowstromes auf dem Zingst. Die Stätte wird heute Hertesburg genannt. Der Weg, der dort hinführt, biegt von der Straße Prerow-Zingst kurz vor der Ellerbeck nach rechts ab. Man darf sich aber nachts nicht von der umgehenden hübschen Frau mit der Schürze voll Gold vom Weg abbringen lassen! Es erhebt sich dort kein Bergfried, und Mauerreste aus sagenhafter Zeit sucht man ebenfalls vergeblich. Statt dessen findet man dort ein Kinderferienlager, wie es sie so viele an der See gibt, und ringsumher ist bis weit in den Darß hinein das Sumpfland in fruchtbares Wiesenland verwandelt. Schwach nur ist noch an wallartigen Erhebungen die Stätte der ehemaligen Burg zu erkennen, die einst, als der Prerowstrom noch in die offene See floß, diese Ein- und Ausfahrt in den Barther Bodden beherrschte. Das aber ist lange her, und was von Mund zu Mund aus diesen Zeiten überliefert wurde, erfuhr manche Anreicherung aus blühender Phantasie. Von Störtebeker ist die Rede, und die Lübecker sollen, wie es die Schweden wissen wollten, die Burg belagert haben, was deutlich aus dem erhaltengebliebenen Flurnamen »Lübker Ort« hervorgehe.

Es ist durchaus möglich, daß es sich um eine vorgeschichtliche Anlage handelt, da sie an einem alten Handelsweg liegt, den schon die Araber benutzten, als sie vom Süden her bis an die Küste vordrangen, um Bernstein einzuhandeln. 1873 gefundene arabische Münzen bestätigten dies. Sicher diente dieser Platz schon den Slawen als Fliehburg. Die bisher einzige Grabung im ersten Jahrzehnt dieses Jahrhunderts brachte Steinpackungen, die auf Herdstellen schließen lassen, verkohltes Holz, Küchenabfälle, Nägel, ein Bronzegefäß und andere kleine Gegenstände ans Licht.

Etwas weiter hilft uns eine lateinische Urkunde aus dem Jahre 1295, die aus Newcastle stammt. In ihr ist von einem Schiff aus Stralsund die Rede, das den Namen »Hertheburg« führte.

Weiter fand man im Deckel eines alten Buches eine Küchenrechnung aus dem Haushalt Wizlaws III. von Rügen, der viel auf seinem Schloß in Barth weilte und von dort Abstecher nach der Hertesburg machte, um der Jagd zu frönen. Wie die meisten Fürsten aus Rügen, stand er sich nicht gut mit den Stralsundern. Im Jahre 1309 besuchten ihn aus irgendwelchen diplomatischen Gründen die beiden Stralsunder Bürgermeister und einige Ratsherren in der Hertesburg. Welcher Art die Einstellung des fürstlichen Gefolges zu den Hansischen war, geht aus einer Bemerkung des Ritters von Pentz hervor, der beim Zerlegen eines Wildbrets anordnete, die Köche sollten soviel wie möglich beiseite bringen, da es sonst doch nur die Tölpel und Schmerschnieder von Stralsund bekämen!

Wizlaw III. blieb der Nachwelt als Minnesänger bekannt. Seine Minnelieder und Sprüche wurden zuletzt 1922 in Greifswald in neuer Übersetzung und mit einer ausführlichen Darstellung seines Lebens herausgegeben.

Nach dem Tode Wizlaws und seines Nachfolgers kam es zu kriegerischen Auseinandersetzungen mit den Mecklenburgern, die die Hertesburg zu nehmen trachteten, von Greifswalder Kriegern aber zurückgeschlagen wurden. Doch die Streitigkeiten zogen sich in die Länge, und 1350 standen die Mecklenburger wieder vor der Burg. Da sie die Stärkeren waren, verlangten sie bei den Friedensverhandlungen von 1354 in Stralsund, daß die Hertesburg geschleift werden sollte; geschähe dies, würden sie auf alle weiteren Ansprüche verzichten. Hierüber gibt es wiederum keine genauen Unterlagen, und man weiß nicht, ob sie wirklich geschleift und dann neu aufgebaut wurde. Jedenfalls hielt sich zehn Jahre später wieder ein Herzog in der Burg auf.

Als Seeräuber die See unsicher machten, soll die Hertesburg von ihnen als Schlupfwinkel benutzt worden sein, war sie doch von See her schnell zu erreichen und durch Sumpf und Wasser geschützt. Zuverlässige Zeugnisse aus dieser Zeit gibt es jedoch nicht! Fest steht dagegen nur, daß 1464, als Piraten ein zweitesmal die Ostsee unsicher machten, ein Vogt der Hertesburg und drei Seeräuber, die er beherbergt hatte, von den Stralsundern geköpft wurden.

Auch die Geschichte vom Barther Raubschiffer Eseborn, der sein Schiff eigenmächtig mit Speck, Fleisch und Korn der Bauern verproviantierte, wurde gern erzählt. Er mußte schwer dafür büßen, und das geschah so: »Da Eseborn meinte, seine Tat wäre inzwischen wohl vergessen, und wieder zu Lande kam, begegnete er eines Tages unversehens dem Herzoge bei Pruchten. Der Herzog redete ihn an und sprach: Eseborn, worumb hastu meinen Leuten do und do und die Kuhe und ihren Speck genommen?

Eseborn erschrak und versetzte: Gnediger Herr, es war da Fehde!

Der Herzog: Es itzund noch nicht gut Friede; darumb müssen wir davon reden. Du mußt es mit dem Kragen bezahlen!

Eseborn: Das hoffe ich nicht. Geschieht mir etwas, so habe ich der Freunde noch so viele, die werden es wohl rächen!

Da zog Herzog Wartislaw einen Hundestrick, den er in der

Tasche hatte, hervor, machte eine Schleife darein und sprach: Harre, kumm und kiek mir in dies Loch! Ich mag mich mit deiner Freundschaft vertragen, wie ich kann!
Darauf hat er ihm die Schleife um den Hals legen lassen, hat ihn auf einen Klepper gesetzt, das Strick an einen Baum binden lassen und den Klepper mit der Peitsche angetrieben, daß er unter seinem Reiter weglief und Eseborn am Baume hängen blieb.«

In einem Hebungsregister von 1532 wird festgestellt, daß vom Ollen Slat nur noch ein viereckiger Turm stehe, der von einem Wall und zwei Gräben umgeben sei. Bewohnt muß die Burg um diese Zeit noch gewesen sein, denn es wurde dort Zoll erhoben, zeitweilig war sie sogar mit Kriegsknechten besetzt. Noch 1529 hatten die Wustrower in der Hertesburg ihre Abgaben für die Strand- und Binnenfischerei abgeliefert. Dann geriet diese umstrittene Stätte aber doch in Vergessenheit. Es folgte der Dreißigjährige Krieg und nach ihm die Schwedenherrschaft.

1696 fertigten die Schweden auch von diesem Gebiet eine Karte an. Darüber berichtet Gustav Berg in »Beiträge zur Geschichte des Darßes und des Zingstes« folgendes: Sie zeichneten »die Burganlage als ein großes Viereck mit einem offenen Wasserlaufe zum Strome und einem mit Schilfrohr bewachsenen zum Strande, dem aber bewaldete Dünen vorgelagert sind. Zu beiden Seiten der Burg ist ›Weide‹ verzeichnet. Die Beschreibung durch den schwedischen Beamten bringt folgende Bemerkungen: Dieser mit einem Graben umgebene Platz heißt Hassenborg und ist ein runder, schief aufgehöhter Platz. Ein Seeräuber, namens Haß, soll in alter Zeit dieses Schloß erbaut und darin gewohnt haben. Die Lübecker haben es einmal belagert, aber umsonst, weil es zu stark befestigt war. Es sind noch einige Trümmer zu sehen, danach muß die Mauer 9 Ziegelsteine, der Länge nach, dick und rund gebaut gewesen sein. Um die Mauer ist ein Wassergraben gewesen; darum wieder ein Wall und darum wieder ein Graben. – Den Namen

Hassenburg scheint der Schwede von der Lubinschen Karte (1618) übernommen zu haben. Hier finden wir die Burg als Haselborg mit der Slotwisch und rechts davon die ›Imdepe‹ als offenen Wasserlauf zum Meere.«

Als das Olle Slat 1720 zur Schenkung der schwedischen Krone an das adlige Frauenstift in Barth gehörte, spricht die Urkunde nur noch von der »Herzburg bei Prerow, allwo etwas Heu zu werben sei«. Ein Greifswalder Professor bestätigte 40 Jahre später, er habe die hohen Wälle und tiefen Gräben noch gesehen, und wenn man in der Erde grübe, ließen sich noch Mauer- und Feldsteine entdecken. Und Wehrs schrieb Anfang des vorigen Jahrhunderts, daß man vom alten Schloß hin und wieder noch einige Steine sehe, daß die Wälle noch ständen, das Ganze einer großen Redoute ähnlich sehe und der zweite Wall nur Raum für ein kleines Gebäude gebe.

Alles, was im Laufe der Jahrhunderte aufgezeichnet wurde, bezieht sich also immer nur auf das Olle Slat, es wird auch gelegentlich ein Fürst genannt, doch von all den andern Menschen, die es bauten, erhielten, darin lebten, litten und starben, ist nirgends die Rede. Die Mauersteine des verfallenen Schlosses haben sich nach und nach die Urenkel der Bauern und Maurer, die sie einst hinkarren und verbauen mußten, wiedergeholt und in ihren eigenen Katen vermauert.

In unserem Jahrhundert schließlich ließ der Führer einer wahrscheinlich völkischen Sekte dort eine Kapelle errichten, und es sollen Eheschließungen stattgefunden haben, deren Riten einem Pseudo-Germanenkult ähnlich waren.

Und heute? Alljährlich, wenn die Sonne wieder höher steigt und im Busch die gefiederten Sänger ihr Lied anstimmen, beginnt auf der Stätte der Hertesburg ein munteres Treiben im Ferienlager, das erst endet, wenn im Herbst wieder rauhe Winde von der See her durch den Darßwald wehen.

Der Ort Zingst auf dem Zingst war wie Prerow schon seit Ende des vorigen Jahrhunderts ein bekannter Badeort, besonders seitdem die ersten Dampfer aus Ribnitz oder Barth auch dieses Dorf anliefen. Hundert Jahre früher galt es noch als »sagenhaft fernes Land«. Kam jemand von Mecklenburg her, so waren das Fischland und der düstere Darß zu Fuß oder mit dem Pferdewagen zu durchqueren, kam der Reisende von Pommern, so mußte er zunächst auf schwankendem Kahn bei Bresewitz über den Bodden setzen und erreichte endlich ebenfalls nach beschwerlicher Wanderung oder holperiger Fahrt das Dorf Zingst.

Zäh und beharrlich hatten sich aber auch die Zingster schon lange davor ein geregeltes Gemeinwesen geschaffen, und ihre Vergangenheit ist nicht minder interessant als die ihrer Nachbarn auf dem Darß und dem Fischland. Der Ort Zingst erlebte zeitweilig sogar einen Aufschwung, wie ihn das selbstbewußte Wustrow gewiß nicht besser nachweisen kann.

Bereits im Jahre 1967 wohnten in der Gemeinde Zingst, zu der auch die Orte Müggenburg, Sundische Wiese und Pramort gehören, 2400 Einwohner, also mehr als in jeder anderen Gemeinde zwischen Meer und Bodden. Davon gehörten zur seefahrenden Bevölkerung allerdings nur zehn Offiziere und acht Matrosen. Darüber hinaus hatten 30 Personen früher etwas mit der Seefahrt zu tun gehabt; es handelte sich um Rentner, die einmal zur See gefahren waren, und solche, die die seemännische Arbeit mit einer Arbeit an Land vertauscht hatten. Bis 1974 erhöhte sich die Einwohnerzahl schon auf 3175. Zur See fuhren zu diesem Zeitpunkt nur noch zehn Einwohner.

Alle Betrachtungen über die Geschichte des Ortes beginnen gewöhnlich mit dem Rätselraten um die Entstehung des Namens. In den ältesten Urkunden steht Cingst, Cyngst, Czingst usw. geschrieben; Wörter, die gern von dem lateinischen »cingere«, umzingeln, vom Wasser umzingelt, abgeleitet werden. Auch das slawische Wort »seno«, Heu, wurde zur Deutung herangezogen und der Name mit »Heuort« übersetzt. Unter Zingst ist aber nicht nur der Badeort, sondern auch die ganze Landschaft zwischen dem Prerowstrom und dem neben der Einfahrt nach Stralsund liegenden Großen Werder zu verstehen.

Der Überlieferung nach soll der Zingst über den Großen Werder und den Bock mit der Südspitze von Hiddensee verbunden gewesen sein. Zwei gewaltige Sturmfluten haben angeblich die Trennung herbeigeführt. Nach der ersten, so heißt es, entstand nur eine schmale Rinne. Man warf einen Pferdeschädel hinein, trat darauf und konnte so ans andere Ufer gelangen. Nach der viel furchtbareren Sturmflut am 1. November 1304 habe die See dann den breiten Wasserarm, der bis heute blieb, aufgerissen. Von den Fischern wird berichtet, daß sie sich noch Jahrhunderte später an den unter dem Wasserspiegel stehenden Baumstümpfen die Netze zerrissen haben sollen. Wer weiß, wieviel Wahres an diesen Überlieferungen ist?

Der Kapitän und Schriftsteller Johann Segebarth wußte zu erzählen, daß sich die Einwohner von Zingst und Pramort lange Zeit als Pfarrkinder der am Südende von Hiddensee gelegenen Bauernkirche betrachteten. Ihre Toten segelten sie ebenfalls nach der Insel hinüber. Bei Eisgang bewahrten sie die Verstorbenen bei sich zu Hause auf, bis die See wieder offen war.

Was die politische Zugehörigkeit der »Halbinsel« Zingst betrifft, so wissen wir, daß Wizlaw II. von Rügen sie 1296 an das Kloster Neuenkamp (Franzburg) für 2 000 Mark verkaufte. Die Zisterzienser begannen sofort mit der Rodung, bauten eine Kapelle und legten Höfe an, bis sie die Insel – der den Zingst im Westen begrenzende Prerowstrom führte ja noch ins Meer – 1441 für 5 000 Mark an den Herzog Barnim VIII. abtraten.

Doch wir wollen uns vorerst weiter mit dem Ort Zingst be-

fassen. Wo sich heut breit und ausgedehnt der Badeort erstreckt, lagen früher zwei Dörfer, Pahlen am Ausgang nach Barth und Hanshagen in Richtung Sundische Wiese. Dazwischen stand wohl das in Urkunden gelegentlich erwähnte »Rote Haus«, auch Rötehof genannt, in dem sich das fürstliche Gestüt oder Jagdhaus befand.

Nach der Erhebung von 1532 lebten in Pahlen vier und in Hanshagen fünf Familien. Am Ende des 17. Jahrhunderts wohnten in beiden Dörfern 19 Familien. Es waren Bauern und Büdner, die Ackerbau, Viehzucht und Fischfang betrieben und in seefesten Schuten Holz und Torf nach Barth und Stralsund segelten. Hanshagen war der Schulzensitz, zugleich befand sich dort der Krug. Ein halbes Jahrhundert später, im Jahre 1767, hatten beide Dörfer zusammen schon 552 Einwohner. Sie begannen ineinanderzuwachsen, aber erst 1830 schlossen sie sich zu der Gemeinde Zingst zusammen.

Bereits 1696 hatten die »Zingster« acht Schiffe laufen. Wie schnell sich die Schiffahrt in diesen Dörfern entwickelt hat, ist auch daran zu erkennen, daß die alte Hafenstadt Barth 1783 nur 52 Schiffe besaß, während »Zingst« über 93 verfügte. Demnach muß es in der Ortschaft schon recht lebendig zugegangen sein. Wenn auch nicht alle Schiffe Kauffahrteischiffe waren, so war ihr Lastenraum zusammen doch größer als der aller Barther Schiffe. Schiffsbaumeister, Reifer, Zimmerleute, Segelmacher, Blockdreher und Schmiede hatten alle Hände voll zu tun und konnten ihre Familien gut ernähren.

Während und auch noch einige Jahre nach der französischen Besatzungszeit erlahmte das Leben, doch dann ging es bald wieder Zug um Zug vorwärts, bis um die Mitte des vergangenen Jahrhunderts auch für Zingst die große Stunde der Segelschiffahrt schlug. Auf den höhergelegenen, von Norden nach Süden verlaufenden Reffen entstanden schmucke Schiffer- und Bauernhäuser. 1862 war die neue Kirche fertig geworden. Sie erhielt allerdings keinen Turm, da allein der Barther Kirchturm den Schiffern als Landmarke dienen sollte. Die Zahl der Einwohner hatte 2000 erreicht. 1867 waren es schon 2170. Fast sah es so aus, als ob sich der Ort zu einer kleinen Stadt entwickeln wollte. Und dann war der Zenit überschritten. Vielen Einwohnern blieb nichts anderes übrig, als auszuwandern und sich andere Erwerbsmöglichkeiten zu suchen, denn mit der Segelschiffahrt schien es wie überall endgültig vorbei zu sein, und eiserne Schiffe konnten in Zingst nicht gebaut werden.

Erst das Badeleben sollte neuen Auftrieb bringen. Es hatte in den achtziger Jahren zaghaft begonnen. Einige Einwohner, darunter Kapitän Nehmzow und Navigationslehrer Mehl, nach denen noch heute Straßen benannt sind, gaben sich viel Mühe, ihr Heimatdorf den Gästen liebenswert er-

scheinen zu lassen. Die neue Eisenbahn Barth-Prerow berührte, nachdem 1910 die Brücke bei Bresewitz fertiggestellt war, auch den Ort. Deiche am Bodden und an der See waren nach der großen Sturmflut 1872 aufgeworfen worden. Übergänge zum Strand wurden geschaffen und der Dünenstreifen bepflanzt, dennoch war die Einwohnerzahl 1912 auf 1272 Einwohner gesunken.

Nach dem ersten Weltkrieg wurde ein neuer Anlauf genommen. Doch die Aufmerksamkeit der Öffentlichkeit hatte sich schon vorher mehr auf die Sundische Wiese als auf den Badeort Zingst gerichtet. Sie tat es danach erneut, denn Spekulanten witterten große Möglichkeiten; doch das ist ein Kapitel für sich, über das wir auf späteren Seiten ausführlich berichten werden.

Während auch in den Jahren zwischen den beiden Weltkriegen nie so recht deutlich war, was aus dem Ort und seiner Umgebung werden sollte, setzte um 1950 herum eine kontinuierliche Entwicklung ein. Man konnte jährlich mit einer ganz bestimmten Anzahl von Ferien- und Tagesgästen rechnen, die zudem im Laufe der Jahre ständig größer wurde. Die Urlauber erholten sich am steinfreien Strand und spielten Tennis und Volleyball auf den eigens hergerichteten Plätzen. Die nach dem jungen Widerstandskämpfer Bernhard Sikorski benannte Jugendherberge hatte ebenfalls viele Gäste, und das nach 1945 gebaute Kurhaus erfreute sich stets guten Besuches. In der Nähe des Bades entstanden bunte Urlauberdörfer, in denen jährlich Familien mit Kindern Möglichkeiten zu einem individuell gestalteten Urlaub finden. Ostseebad Zingst besitzt auch eine sachkundig eingerichtete Heimatstube, die anschaulich mit der Lebensweise der einfachen Menschen in den vergangenen Jahrhunderten vertraut macht. Dort befindet sich unter anderen alten Möbelstücken eine Wiege, die 1872 im Freesenbruch gefunden wurde, wo sie während der Sturmflut hingetrieben war.

Was den Wohnungsbau betrifft, so wurden wohl in keinem

Ort an diesem Küstenabschnitt so viele Wohnungen gebaut wie in Zingst. Dazu kamen Ende der sechziger, Anfang der siebziger Jahre ein mehrstöckiges Bettenhaus des FDGB, die neue Oberschule und der völlig umgebaute Wiener Hof. Zingst konnte seitdem mehr Gäste als alle Jahre zuvor unterbringen.

Ähnliches läßt sich aber über viele Badeorte an unserer Küste sagen, doch was dem Leben in Zingst sein besonderes Gepräge gibt, ist das Volkseigene Gut Zingst-Darß-Fischland für industriemäßige Futterproduktion, von dem später noch ausführlich die Rede sein wird.

Ödland, Pächter und Spekulanten

Ostwärts vom Ostseebad Zingst liegen die ehemaligen Dörfer Müggenburg, Sundische Wiese (mit den ehemaligen Pachthöfen) und Pramort. Sie gehören zur Gemeinde Zingst, aber sie alle haben ihre eigene Geschichte.

Sobald man das geschlossen angelegte alte Ostseebad Zingst über die Seestraße oder den Müggenburger Weg verlassen hat und der Blick zur Rechten über die Alte Straminke, ein stehendes Gewässer, mit der zum Landschaftsschutzgebiet erklärten ehemaligen Bruchlandschaft schweift, steht man auf einem Stück Erde, das bis zur Eindeichung jeder willkürlichen Laune der Elemente ausgesetzt war. Zeitweilig verband die Straminke sogar den Barther Bodden mit der See, spülte zu, wurde wieder aufgerissen und wieder zugeweht, bis sie endgültig durch einen festen Deich nach der See hin abgeschlossen wurde.

Dem Ufer gegenüber befindet sich im Boddengewässer die Insel Großer Kirr, zum Zingster Hafen hin schließt sich der Kleine Kirr an. Auf dem Großen Kirr liegen die Höfe Groß Kirr und Klein Kirr. Während der Hof Groß Kirr verfallen ist, wurde Klein Kirr als Ferienheim eingerichtet. Das ganze Inselgebiet wird als Weideland genutzt und dient nur noch selten vorkommenden Vogelarten als Brutplatz, wenn dort nicht eines Tages gedüngt wird, so daß die Brutpaare ihre Fluchtdistanz nicht mehr wahren können, denn dann werden auch diese Vogelarten unsere Küste verlassen.

Friedrich von Suckow, der sich im November 1831 in der Nähe der Straminke befand, links die drohende See, rechts die flache Sumpflandschaft, faßte seinen Eindruck in folgende Worte: »Als ich verzweiflungsvoll umherblickte, gewahrte ich einen schwarzen Katen hinter den nächsten Dünen, und nicht weit davon ragte aus einem verkrüppelten Eichenhain ein Hüttchen hervor... Es gehört wirklich viel Resignation dazu, auf dieser Erdscholle nicht zu verzweifeln. Der Fleck Landes, zwischen dem Binnenwasser und dem wilden Meer gelegen, hängt nur wie am seidenen Faden mit dem eigentlichen Zingst zusammen, denn er ist auf den zwei schmalsten Stellen nicht breiter als höchstens hundert Schritt. In jeder Sturmnacht muß man fürchten, mit Maus und Mann im Abgrund des Meeres begraben zu werden... Die größten Eichen verschlingt die wilde See; ein alter Obstgarten, an die Jägerei gehörend, ist bis auf die letzte Spur verschwunden, und wo noch vor 40 Jahren das alte Jägerhaus mit dem Backofen stand, gehen jetzt Schiffe und fängt man Heringe.«

Der »schwarze Katen«, den von Suckow 1831 dann betrat, war die Försterei. Sie wurde 1872 vom Meer fortgespült. Der Flurname dieser voll verborgener Dramatik steckenden Landschaft heißt Pussik. Dort und vor dem Deich, wo die See sprungbereit lauert, lag das Dorf Straminke. Wir wissen, daß 1532 fünf Familien in Straminke wohnten. Wahrscheinlich hat die See 1625 ihre Höfe fast vernichtet, denn 1696 befand sich dort nur noch ein Hof. 1767 sollen in Straminke wieder 33 Menschen gelebt haben. Später sprach man von einem dort stehenden »Vierwohnungskaten«. Heute befinden sich ungefähr in der Nähe des ehemaligen Dorfes, aber hinter dem Deich, ein christliches Heim und das Haus »Kiek aewer«. Sie deuten an, wo einst Straminke gelegen haben mag. Der Name wurde 1290 zum erstenmal in einer Urkunde erwähnt.

Und weiter führt die Straße. Es geht am Osterwald entlang nach Müggenburg. Hier sah der Fachmann früher sofort – aber auch der Laie spürte es, wenn er nur ein bißchen Sinn dafür hatte –, daß aus diesem Boden wohl Torf und Heu, doch wenig Getreide zu holen war. Dennoch ist Müggenburg die älteste deutsche Siedlung in dieser Landschaft. Wer weiß, was die Siedler bewogen haben mag, sich gerade an dieser Stelle niederzulassen? Vielleicht bot sie den besten Schutz gegen Feinde oder vielversprechende Möglichkeit für eine Viehweide; sicher ist, daß in ihr manche Hoffnung begraben wurde. Begonnen haben die von jenseits der Elbe eingewanderten Deutschen am »Alten Deich« in der Nähe des an der Straße liegenden Gehöftes.

Wenn man die Geschichte von Müggenburg betrachtet, das Anfang des vorigen Jahrhunderts schon nach Zingst eingemeindet wurde, so fällt auf, wie langsam es sich entwickkelte; im Grunde wurde es nie ein rechtes Dorf. Um die Mitte des 18. Jahrhunderts hatte es noch keine 40 Einwohner, und es hieß vielsagend: es habe schlechten Acker! Um diese Zeit versuchte die Stadt Barth – als Eigentümer des Bodens – im Brandmoor einen Torfstich nutzbar zu machen. Ein Torfgraben, der in den Zingster Strom mündete, wurde angelegt, damit die Ausbeute abgefahren werden konnte. Er ist im Laufe der Zeit zu einem unansehnlichen Graben geworden, und niemand kann sich recht vorstellen, wie in einer solchen Rinne mit Torf beladene Kähne vorwärtskamen. Sehr lohnend ist das Unternehmen wohl nicht gewesen. Die Stadt Barth wird sicher froh gewesen sei, als sie 1839 ihren Besitz für 17300 Taler verkaufen konnte.

Somit wurde Müggenburg ein Gut mit rund fünf Dutzend Einwohnern und ständig wechselnden Gutsbesitzern. Wer Müggenburg aber im Jahre 1970 besuchte, erkannte es nicht wieder: Eine moderne Stallanlage für mehrere tausend Rinder beherrschte das Bild.

Müggenburg liegt an der Westseite des 1000 ha großen »Forst Sundische Wiese«, an seiner Ostseite, im Wald versteckt, erstreckt sich der Zingster Ortsteil »Sundische Wiese«, bestehend aus einem Dorfkern und über acht Kilometer nach Osten verteilten Pachthöfen. Ganz am Ende liegt dann die alte Fährstelle Pramort, ein paar weit voneinander getrennt liegende Häuser.

Baumgruppen im Norden, Dünen, Deiche, rohrumwogte Lagunen, Zuflucht der Wildgänse, Wildenten und Kraniche, im Dickicht Schwarzwild, Hirsch und Reh, hüben und drüben Wasser, dazwischen dürftige Äcker und Felder, über ihnen hochragende Windturbinen – das war das Bild der Sundischen Wiese bis in das 7. Jahrzehnt des 20. Jahrhunderts hinein.

Betrachten wir zunächst erst die alte Geschichte dieses Gebietes. Von 1350 bis 1902 gehörte das Land der Stadt Stralsund; sie hatte die »graswüchsige Steppe« einst vom Kloster Hiddensee geschenkt bekommen. Noch im Jahre 1967 entdeckten wir in einem der durch den Wald verlaufenden Gräben einen Grenzstein mit dem Dreistahl, dem Herrschaftszeichen der Stadt am Strelasund. Es muß lange gedauert haben, bis sich in der weltentrückten Wildnis Menschen ansiedelten – ein Hirt vielleicht, ein paar Hausleute; schließlich waren es um 1600 eine gute Handvoll Familien. Vor dem ersten Weltkrieg bestand Sundische Wiese dann aus dem kleinen Dorfkern und 15 Pachthöfen. Eine Dorfgemeinschaft aber war es nur dem Namen nach, denn auf den einsamen Höfen lebte jeder für sich. Der karge Boden, bestehend aus einer dünnen Schicht, durch organische Beimengen schwarz gefärbt, beanspruchte jede Hand von morgens früh bis abends spät, wenn er seinen Mann notdürftig ernähren sollte. Getreide, Kartoffeln und Futterpflanzen reichten kaum für den Hausbedarf. Ein dürrer Sommer ließ das Vieh auf der Weide hungern, ein regennasser gefährdete die Kartoffelernte, und wenn einmal alles in gutem Verhältnis stand, drohte immer noch unermeßlicher Schaden durch das Wild. Trotzdem hat es Pächter gegeben, die ihrer Familie durch zähen Fleiß eine liebenswerte Heimat schufen, die sie, trotz aller Unbill, gegen nichts eintauschen mochten.

In der Regel aber wechselten dort Eigentümer und Pächter häufiger als in anderen Dörfern. Es kam zwischen den Menschen und dem Land selten zu der Bindung, wie sie auf dem Festland oder dem benachbarten Darß über Jahrhunderte bestand.

Wir erwähnten anfangs, daß Stralsund bis 1902 Eigentümer der Sundischen Wiese war. In jenem Jahr verkaufte die Stadt, die 12 000 Morgen große Insellandschaft für 310 000 Mark an den Baron von Klot-Trauvetter, der von einem Herrensitz am Meer träumte. Doch das Meer träumte nicht mit. In der Neujahrsnacht 1903/04 fiel es unter einem Orkan über das Land her. Der Baron saß in seinem Jagdhaus, als ihn die Nachricht von dem schwer gefährdeten Nordostdeich bei Pramort erreichte. Während sich alle Hände daranmachten, die schwache Stelle abzusichern, überfiel den Baron panische Angst, und er ließ sich noch in derselben Nacht mit seinem Motorboot über den im Windschutz liegenden Bodden nach Barth bringen. Damit hatte er von der Inselromantik genug; zwei Jahre genügten ihm.

Neuer Eigentümer wurde Graf von Eulenburg, ein erzkonservativer preußischer Adliger, der dem Baron eine phantastische Summe gezahlt haben soll. Von dieser Stunde an blieb die Sundische Wiese jahrelang ein ausgesprochenes Spekulationsobjekt. Der Graf, der über beste Beziehungen zum kaiserlichen Hof und zur Regierung verfügte, hatte natürlich nicht aus romantischen Gründen so tief in den Geldbeutel gegriffen. Er war ein nüchterner Spekulant, der mit vielfachem Gewinn rechnete, denn man trug sich in höchsten Kreisen mit der Absicht, die Route der Saßnitz anlaufenden Schwedenfähre wegen des störenden und oft zu Verspätung führenden Eisganges in der Binzer Bucht zu verlegen. Die neue Route sollte von Trelleborg durch die am Rande der Sundischen Wiese sich hinziehende Straminke nach Barth führen. Als nun der Graf die Sundische Wiese in der Tasche hatte, beauftragte er den Baron von Quintus als seinen Vertreter, erst einmal den Pachtzins seiner Pächter um das Dreifache zu erhöhen. Darauf verließen 16 Pächter ihre Höfe. Aber das interessierte den Grafen wenig, er ließ durch von Qunitus Müggenburg noch dazukaufen, um näher an die Straminke heranzukommen, könnte er doch mit einem gewaltigen Wertzuwachs des Bodens rechnen, sobald es an den Durchstich ging.

Eulenburgs Rechnung ging nicht auf. Aus dem Fährobjekt wurde nichts, der erste Weltkrieg zerschlug diese Pläne.

Neue Landwirte kamen und versuchten es mit der Schweinezucht im Weidegang. Pächter aus Oldenburg steckten ihre Arbeitskraft in den Boden und verließen enttäuscht bald wieder das Land. Inzwischen wurden mit zunehmender Kriegsdauer die Rohstoffe immer knapper. So kaufte dann das Berliner Zeitungsunternehmen Rudolf Mosse die Sundische Wiese, um Nesselplantagen für die Papierherstellung anzulegen. Dampfpflüge brachen die Erde um, zeitweilig tauchten ganze Arbeitsheere auf, doch dann scheiterte auch dieses Unternehmen. Schattengewächse gedeihen nun mal auf schattenlosen Flächen nicht.

Es wurde wieder still in der Sundischen Wiese. Viele Höfe standen leer und wurden »ausgeschlachtet«. Der Wind jammerte durch die Dachsparren und Fensterhöhlen. Die Wiesen blieben ungemäht und wurden wieder Ödnis. Da kam die Firma des Großaktionärs Hugo Stinnes und begann den Wald auszuplündern, verfrachtete das gewonnene Holz und erzielte enorme Gewinne. Dieser Raubbau war so verheerend, daß der Förster Spiegelberg aus Protest seine Stellung aufgab und mit seiner Familie Haus und Hof verließ.

Im Jahre 1920 wurde der Eigentümer veranlaßt, durch Staatszuschüsse die Pachthöfe wieder aufzubauen, aber es hatte sich inzwischen herumgesprochen, daß dort nicht viel zu holen sei. So fanden sich nur sehr zaghaft Pächter, unter ihnen auch solche, die überhaupt nicht geeignet waren, mit den besonderen Verhältnissen der Sundischen Wiese fertigzuwerden. Es gab auch viel Unredlichkeit. Windturbinenanlagen, die zur Entwässerung eingesetzt werden sollten, verschwanden, die Mühle wurde abgebrochen und verkauft, ja, es schien, als ob dieses Stück Erde ewiges Spekulationsobjekt bleiben sollte. Die Eigentümer wechselten so schnell wie die Pächter, und die Pacht wurde jedesmal höhergetrieben, so daß 1923 eine Enteignung des Gesamtbesitzes zugunsten der Siedlungsgesellschaft »Neuland AG«, Berlin, durchgeführt wurde. Es entstanden sogar drei neue Siedlerstellen, Meliorationsarbeiten begannen, und hinter den Deichen wurden drei Schöpfwerke eingebaut.

Endlich sah es so aus, als ob künftige Generationen in der Sundischen Wiese Fuß fassen würden, wenn auch schon wieder von neuen Durchstichplänen für den Schiffahrtsweg nach Barth die Rede war. Da kam im Jahre 1937 der Befehl zur vollständigen Räumung der Sundischen Wiese und Pramorts. Die faschistische Luftwaffe brauchte ein Bombenabwurfgelände. Es war bitter für die Menschen, die bisher, allen Spekulanten zum Trotz, ihr Stück Land weiter bebaut und Haus und Stallung in Ordnung gehalten hatten. Sie alle erhielten einen Reichsumsiedlungsschein, und wer die Kaufsumme noch nicht abgezahlt hatte, von dem behielt die »Neuland AG« das lebende und tote Inventar als Pfand.

Damit war die Sundische Wiese entvölkert, und die leeren Höfe dienten als Abwurfziele.

Ein Menschenleben in Pramort

Ein regennasser Novembertag des Jahres 1966. Am Himmel jagten dunkle Wolkenfetzen vorüber, und die Bäume jammerten im Wind. Durchgerüttelt auf der damals noch sehr schlechten Straße, strebten wir weiter der Ostspitze des Zingstes zu, bis wir Pramort erreicht hatten, schauten über den Deich und dachten: Wie in einer Novelle von Storm! Der wilde Himmel, die endlose See, das Wattenmeer und Deiche!

Wir klopften an die Tür des letzten Bauernhauses hinter dem Deich – es lag dort wie am Ende der Welt –, aber auf unser Klopfen rührte sich lange nichts. Als uns Einlaß gewährt worden war, saßen wir bald in einer gemütlichen Stube dem Ehepaar Schmidt gegenüber. Andreas Schmidt, bereits im biblischen Alter, doch noch rüstig und gesund, seit Kindesbeinen in Pramort, dieser alten Fährstelle zum Festland, kam bald ins Erzählen:

»Wir waren zusammen mit Vater und Mutter 15 Köpfe. Ich wurde 1890 als zehntes Kind geboren. Mein Ururururgroßvater Johann Schmidt hatte auf der Mitteldüne, wo kein Hochwasser hinkam, in der Hintersten Wiese – so wurde Pramort damals allgemein noch genannt – zusammen mit dem Schweden Dahlberg ein Doppelhaus gebaut. Nebenan bauten Gau und Jakobsen und die Brüder Simon. Dazu kamen ein Hirtenhaus und eine Jagdhütte in der Nähe des Waldes, Weu-Stäh (vermutlich »Wüste Stätte«) genannt.

Damals war die Rinne zwischen Pramort und dem Werder noch gut zehn Meter breit und zwei Meter tief, so daß Schoner, Galeassen, Jachten und Flunderboote auf dem kürzesten Weg von Barth in die offene See segeln konnten.

Abends am Herd erzählten uns die Alten von den Seeräubern, die neben der Rinne ein Feuer aufgestellt hatten, damit die Schiffe strandeten und ausgeraubt werden konnten. Natürlich wurde dabei auch von Störtebeker und Gödeke

Michel gesprochen, dieser sollte sogar aus dem an der Küste liegenden Michaelsdorf stammen. Mein Großvater und die anderen Pächter bauten auf dem höhergelegenen Land Getreide, Möhren und Zichorien. Zichorienkaffee war damals noch das Getränk des kleinen Mannes. Außerdem fischten sie. Die Stadt Stralsund hatte ihnen ein Mitfischereirecht bewilligt. Später, als der Deich gebaut worden war, betrieben sie in stärkerem Maße Ackerbau und Viehzucht.

Alle Pächter hatten viele Kinder. Als ich zur Schule kam, waren wir in Pramort 36 Schüler. Unsere Schule, meine ich, war ganz gut, doch mit den sanitären Einrichtungen sah es schlecht aus. Einmal ging es dort dramatisch zu. Vor dem Häuschen mit dem Herzen lag über der Grube ein Bohlenbelag, und ausgerechnet den benutzten unsere Väter als Standort, als sie sich mit dem Lehrer über die unzulänglichen Verhältnisse dieser Einrichtung aussprechen wollten. Plötzlich krachte es, und die Herren Väter sausten in die Tiefe. Wir Söhne kamen ihnen sofort mit Hallo und Leitern zur Hilfe und befreiten sie aus der übelriechenden Lage, worauf sie sich auf kürzestem Wege zu unseren Muddings begaben, die sie mit Wasser und Seife wieder zu umgänglichen Menschen machten.

Es gab auch ausgesprochen schöne Erlebnisse. Höhepunkte waren im Sommer das Vogelschießen – wir sagten als echte Plattdeutsche natürlich Vagelscheiten – und im Winter das Weihnachtsfest mit Lichterglanz und ›brun Päpernaet‹.

Als ich 14 Jahre alt war, packte ich meinen Seesack und ließ mich auf einem Zwei-Mast-Schoner anheuern. Mein Vater war in seinen jungen Jahren durch alle Meere gefahren und hatte das Steuermannspatent gemacht, und ich wollte auch zur See, denn die lag genau vor unserer Haustür und rief jeden Tag. Aber mein Vater, der, als er älter geworden war, den Hof meines Großvaters übernommen hatte, war sehr traurig, weil von seinen sechs Söhnen keiner bei ihm in der Landwirtschaft bleiben wollte. Nachdem er mich inständig gebeten hatte, packte ich meinen Seesack wieder aus und warf mich mit Humor auf die Landwirtschaft.

Vier Pferde waren meiner Pflege anvertraut, davon waren drei Fohlenstuten. Ich kaufte mir das Buch ›Pflügers Reden hinter dem Pflug‹ und schwang fortan kühne Reden beim Pflügen, wälzte Mathematik, Physik und andere Wissenschaften, während sich neben mir meine Fohlen unbeschwert tummelten. So wurde die Arbeit zur Freude, nur der Stralsunder Doppelkorn machte mich oft hundemüde, so daß ich mich ins Gras warf und einschlief. Mein Vater hatte es gut mit mir gemeint und dafür gesorgt, daß auch mir, wie allgemein üblich, ein doppelter Korn zum Frühstück mitgegeben wurde; dadurch schaffte ich aber meine Arbeit nicht. Mudding, bat ich, sag doch Vadding, er soll mir keinen so starken Köm mitgeben! Der Bitte wurde stattgegeben, und sofort ging es mit der Arbeit viel besser voran.«

Nach dem Kriege heiratete Andreas Schmidt, und er erzählte weiter: »Jede Woche wurden Butter und Eier zum Markt in Stralsund gebracht. Meine Frau kletterte auf meinen Rücken und ich trug sie trocken ins Boot. Wir segelten dann nach dem Festland hinüber und fuhren mit der Kleinbahn weiter in die Stadt. Wohl waren es Strapazen, doch es machte auch Spaß.

Mit der See standen wir auf du und du. Sie könnte nehmen, aber auch geben. Eines Nachts weckte mich meine Frau. Draußen tobte ein schwerer Nordost. Wir sprangen schnell in die Kleider und kämpften uns an den Strand. Bei der Hohen Düne lag ein gestrandeter Schoner; die Mannschaft hatte sich im Beiboot retten können. Was sahen unsere Augen weiter? Lauter Bretter, alles astfreies schwedisches Holz! Ohne langes Überlegen spannten wir an und machten uns ans Bergen. In Windeseile witterten die anderen Pramorter, was ich abfuhr, und schon waren alle dabei! Ein Drittel Bergelohn erhielt das Strandamt, ein zweites Drittel das Zollamt und das letzte Drittel der Berger.

Nicht weit vom gestrandeten Schoner lag ein zweiter Havarist. Der Kapitän lief wie ein Wachhund am Strand auf und ab und musterte jeden, der in seine Nähe kam, mit finsterem Gesicht. Er hatte Schmuggelware an Bord, hatte aber rechtzeitig einen Teil der Kanister zusammenbinden lassen, sie mit einem Anker versehen und versenkt. Seine Leute waren ausgeschickt, um jemanden zu suchen, der den Rest der Schmuggelware nach einem Waldstück bei Barth hinübersegeln würde. Es fand sich auch einer, und sie kamen gut im Walde an. Kaufleute aus Stralsund und Lübeck standen bereit, um das Schmuggelgut in Empfang

zu nehmen. Doch noch bevor sie alles verstaut hatten, war der Zoll da! Und nun kommt's: Die Kaufleute wurden bestraft, während der Kapitän ohne Strafe davonkam. Und wer war dieser Kapitän? Der Kommandant des im Kriege berüchtigt gewordenen Kaperschiffes ›Wolf‹.

Wie hieß es doch so schön? Der Kaiser ging, die Generäle blieben, und eine Krähe hackt der anderen kein Auge aus, oder so ähnlich. Genauso sah das Recht denn auch aus.

Auch eine traurige Strandung erlebten wir. Ein paar Flundernboote hatten draußen an der Steinreihe getuckt, wobei sie vom Sturm überrascht wurden. Da sie keine Motoren an Bord hatten, mußten sie von Darßer Ort bis zum Gellen gegen den Sturm aufkreuzen. Brecher und eisige Kälte erschwerten das Segeln so sehr, daß zwei kleinere Boote ausscheren mußten und bei uns aufliefen. Der Vorschootmann des einen Bootes, der beim Überstaggehen die Fock zu bedienen hatte, war durch die Spritzer vollkommen durchnäßt und erfroren. Wir konnten ihn nur noch als Toten bergen, die andern versahen wir mit warmen Getränken und Kleidern und brachten sie bei uns unter.

Am nächsten Tag kam die Stralsunder Fischerflotte herüber. Es waren 30 Boote, die im Strom vor Pramort Aufstellung nahmen. Ich fuhr den toten Fischer bis ans Wasser und übergab ihn einem Kleinboot. Es war erschütternd, als auf den Fischerbooten die Flaggen mit Trauerflor auf Halbmast gesetzt wurden. Dann segelte das Boot mit dem Toten voraus. Es war Ehrensache: keiner überholte das Boot mit dem toten Fischer.

Wenn man alles überdenkt, ist wohl zu sagen: Solange ich auch auf Pramort lebe, langweilig war es nie. Einmal kenterte ich mit meinem Segelboot, tauchte und zog unter Wasser das Segel ein, so daß sich der Mast wieder aufrichtete, worauf ich das vollgelaufene Boot hinter mir her an Land zog. Ein anderes Mal brach ich im Eis ein und konnte mich mit einem Peekhaken retten. Zwei Jahre später brach an derselben Stelle der Schornsteinfeger ein, rettete sich mit einem gewaltigen Sprung, während sein Fahrrad und die gehamsterte Butter in die Tiefe sanken.

An einem Sommertag hatte sich ein Bauer eine Schrotmühle gekauft. Unterwegs mußte er sich mal über die Reling hocken, dabei bekam sein Boot Übergewicht, die Schrotmühle kippte ins Segel, und schon lag alles im Wasser. Zufällig war ein Fischer in der Nähe, der den Mann mit seiner kostbaren Schrotmühle den Fluten entriß.

Doch nicht nur auf dem Wasser war was los, auch auf dem Lande gab es Sensationen. Mitten in der Nacht bullerte der Lehrer an mein Fenster und jammerte, Einbrecher seien in seinem Hause! Seine Frau habe sich im Hemd auf dem Heuboden verkrochen. Die Flinte von der Wand, dazu zwei Patronen, und schon sauste ich zur Schule hinüber. Was war geschehen? Die großen Jungs hatten ihrem Lehrer einen Streich gespielt, mannsgroße Strohpuppen mit geschulterten Stöcken um das Schulhaus aufgestellt, sich in einem Graben versteckt und von dorther grauenvolle Töne hinübergeschickt. Ich schoß in die Luft, und die Jungs machten, daß sie wegkamen. Selbst Krankheitsfälle und Kinderkriegen haben uns nie ratlos gemacht. Gewöhnlich richteten wir uns nach dem guten Prälaten Kneipp und machten Wasserkuren nach seiner Art; oder die Homöopathie mußte helfen, in schweren Fällen kam natürlich ein Arzt.

Als meine Tochter geboren wurde, erschien die Hebamme nicht rechtzeitig. Da holte ich das Kind selbst, nabelte es ab und besorgte auch alles andere. Acht Stunden später kam die Hebamme, erhielt ihr Geld, und ich hatte mein süßes Gör im Arm.«

In Richtung Einfahrt nach Stralsund liegen vor Pramort der Werder und der Bock. Es ist Schwemmland, das vom Fischland, Darß und Zingst abgebaut und dort angelandet wird. Besonders der Werder mit seiner Scheune sieht – vom Deich in Pramort betrachtet – wie eine Halliginsel aus. Es scheint so, als ob das tellerflache Sand- und Grasland auf

dem Wasser schwimmt und bei geringstem Seegang überspült werden könnte. Einst lebte auf dem Werder der Hirte
Karl Wilken aus Born mit seiner achtköpfigen Familie. Anfangs ging es ihnen nicht gut, erst als die Söhne herange-
wachsen waren und helfen konnten, ging es mit der Familie
bergauf. Sie hielten 100 Schafe, 4 Fohlenstuten und
20 Milchkühe, die in der Woche einen Zentner Butter
brachten. Dann starb unerwartet einer der Söhne. Wahrscheinlich wurde der Familie dadurch das Leben auf dem
Werder verleidet. Sie ist dann bald fortgezogen. Seitdem
haben sich noch viele Pächter vergeblich auf dem Werder
versucht, bis die Groß Mohrdorfer Genossenschaft ihn zu
nutzen begann.

Auch über dieses Eiland weiß Andreas Schmidt zu erzählen: »Eines Tages hatte auch der Werder seine Sensation,
aber eine traurige! Ein Oberleutnant a. D., der sich mittels
Zeitungsinserat eine Frau von der Insel Rügen geholt
hatte, pachtete den Werder. Da die Frau Geld besaß, wurden Herdbuchkühe gekauft und neben den Zugpferden
auch zwei Reitpferde. Das Ehepaar muß sich wohl wie Rit-
tergutspächter vorgekommen sein, denn wir sahen sie fast
täglich auf dem Werder oder an der See bei den Dünen vor-
beipreschen.

Auf meine Frage: Wollen Sie denn gar kein Futter für die
Tiere machen? erhielt ich die Antwort: Das haben wir nicht
nötig, wir bekommen alles vom Landwirtschaftlichen Ein-
und Verkaufsverein Stralsund!

Mir wurde bei diesem sorglosen Leben der beiden Menschen angst und bange, und ich sagte zu meiner Frau: Auf
dem Werder gibt es im Winter eine Katastrophe! Und so
kam es auch. Kühe und Pferde irrten in Schnee und Eis
umher und suchten nach Futter. Eines Tages kam die junge
Frau zu mir gelaufen und klagte: Meine Kühe stehen im
Stall und brüllen so, daß ich es nicht mehr mit anhören
kann; ich glaube, es ist eine Seuche ausgebrochen! – Als
ich die Rinder in Augenschein nahm, sah ich, was los war.

Sie hatten alle geschwollene Köpfe und Beine. Am Unterkiefer hing ein Sack mit Wasser. Wenn man ihnen die Rippen drückte, knackten alle Knochen.

Was füttern Sie denn? fragte ich, und sie antwortete: Futter hab ich nicht, ich gebe nur Wasser in die Krippen, damit sie nicht so doll brüllen. Mein Mann ist in Stralsund. Er will ja Futter besorgen, aber er kommt und kommt nicht zurück!

Als der Mann endlich kam, brachte er statt Futter die Schwiegermutter mit, worauf es ein Rededuell gab, das zeitweise noch lautstärker als das jammervolle Brüllen der Tiere vom Werder zu uns herüberschallte. Die Folge war der Zusammenbruch der Ehe und des Rittergutpächterlebens. Von dem guten alten Spruch ›Ohne Fleiß kein Preis‹ wußten die beiden nichts!«

Gefährliche Tage

Die linden Lüfte wehten über das Inselland und kündeten vom Frühling, als knapp drei Wochen vor dem Einmarsch der Roten Armee in Zingst Andreas Schmidt als Kompanieführer des Zingster Volkssturms zusammen mit einigen Männern an die Eisenbahnbrücke zwischen Bresewitz und Timm-Ort befohlen wurde. Der Kommandant des Luftwaffenübungsplatzes Zingst, sein Adjudant und der Ortsgruppenleiter teilten ihnen mit, daß eine Pioniereinheit an der Brücke Sprengladungen angebracht habe. Nach ausdrücklichem Befehl, dies als Geheimsache zu behandeln, wurde ihnen erklärt, wie solche Sprengladungen zur Zündung gebracht werden konnten.

»Zehn Tage vor dem Einmarsch der Roten Armee«, erzählte Andreas Schmidt, »hatte ich den Volkssturm zum Appell in der Schule antreten lassen, wobei ich zum Schluß gefragt wurde: ›Kompanieführer, was gedenkst du mit uns zu tun, wenn der Russe auf uns zukommt?‹ – Ich antwor-

tete: ›Das wirst du gleich sehen!‹ und rief: ›Kompanie auf-
stehen, Kompanie ist für immer entlassen!‹ Jetzt wußten
sie, daß sie nicht sinnlos gegen eine unüberwindliche Über-
macht eingesetzt werden sollten, und keiner von ihnen hat
mich beim allgewaltigen Ortsgruppenleiter verraten, sonst
hätte ich auch wohl bald danach am Galgen gehangen.
Vier Tage später erhielt ich einen Anruf vom Adjudanten.
Jetzt kommt's, dachte ich. Er wußte von nichts und gab mir
folgenden Befehl: ›Garnison setzt sich in vier Schiffen nach
Dänemark ab. Volkssturm übernimmt unter Ihrer Führung
die Rückendeckung und geht an der Eisenbahnbrücke in
Stellung. Totalsprengung der Brücke ist durchzuführen!‹
Ich antwortete: ›Befehl verstanden!‹ Absichtlich sagte ich
nicht: ›Befehl wird ausgeführt, Totalsprengung!‹ Der Adjudant überhörte es in der allgemeinen Fluchtstimmung und
legte auf .
Es gab also nur noch eines: Handeln! Als Amtsvorsteher
suchte ich Freiwillige, die das Gebot der Stunde begriffen
hatten und sich bereitfanden, die Brücke bis zur Übergabe
zu schützen.«
Ein anderer Augenzeuge dieser aufregenden Tage, der

Gärtner Walter Müller aus Zingst, wußte ergänzend folgendes zu berichten: »Ewald Keck kam mit einem Auftrag des Amtsvorstehers Andreas Schmidt, der ihm vom Kompaniefeldwebel Krebs überbracht worden war, in aller Frühe zu mir ins Haus und fragte mich, ob ich bereit wäre, mit an die Meiningen-Brücke zu gehen, um durch Verhandlung den Abzug der dort postierten Truppe zu erreichen. Ich erklärte mich einverstanden. Keck sprach noch andere Einwohner an, doch alle lehnten ab. Wir machten uns also allein auf den Weg und erkannten schon aus der Ferne, daß die Brücke ausgeschwenkt war. Im verbarrikadierten Wärterhaus trafen wir einen SS-Offizier mit seinem Hauptfeldwebel und meldeten ihm, daß der Volkssturm aus Zingst die Brücker verteidigen würde – was keineswegs den Tatsachen entsprach. Als nach Stunden immer noch keine Verstärkung für uns zwei Mann eintraf, wurde er mißtrauisch. Wir aber fanden Ausreden und erzählten, daß die Männer zusammengeholt werden müßten und dann erst durch den Ortskommandanten mit Waffen versorgt werden könnten.

Auf dem Bollwerk lag hinter den Sandsäcken neben der ausgeschwenkten Brücke ein Maschinengewehrnest, zwischen den Brückenpfeilern standen 21 Soldaten mit Panzerfäusten bereit, beiderseits der Brücke lagerten starke Baumstämme, zum Einbau als Panzersperren bestimmt, und neben der Auffahrtrampe waren Einmannlöcher eingebaut. Zwei schwere Maschinengewehre richteten ihre Mündung in Richtung Bresewitz.

Während sich nun Keck mit dem Offizier unterhielt, trat unauffällig ein Soldat an mich heran und forderte mich flüsternd auf, den Offizier doch ›umzulegen‹; dabei hielt er mir seinen Karabiner hin. Ich fragte mich aber, warum er es denn nicht selbst machte; außerdem stand der Offizier so ungünstig, daß der Schuß auch Keck treffen konnte. Es waren die aufregendsten Minuten meines Lebens, da sich immer neue Situationen ergaben. Es tauchte bei mir auch der

Gedanke auf, den Offizier in einem günstigen Moment einfach ins Fahrwasser zu stoßen. Doch wie würden sich die Soldaten verhalten? Wir wußten es nicht, denn wir mieden, um keinen Verdacht aufkommen zu lassen, jede Unterhaltung mit ihnen.

So vergingen Stunden. Immer mehr Flüchtlinge kamen vom Festland; sie wurden von einem Fischer übergesetzt. Wir horchten herum, hofften auf Nachrichten. Da wir mit keiner Verstärkung aus Zingst rechnen konnten, blieb unsere Rettung nur die Rote Armee, denn es wäre um uns geschehen gewesen, wären abgesprengte Soldaten der Wehrmacht auf uns gestoßen. Einmal hieß es, die Amerikaner seien schon in Barth-Stein und befreiten ihre gefangenen Kameraden, dann wieder, daß russische Panzer bereits durch die Straßen der Stadt rollten.

Plötzlich entdeckte der Offizier durch sein Glas die weiße Fahne auf dem Barther Kirchturm. Er fluchte, wir schwiegen und taten überrascht. Was sollten wir zwei Mann auch wohl sagen? Da er nicht mehr mit Verstärkung aus Zingst rechnete, gab er uns beiden den Befehl, sofort die Panzersperren einzubauen. Das war völlig sinnlos, denn die Brücke war ja ausgeschwenkt. Wir taten aber so, als ob wir seinen Befehl ausführten, und rollten die Baumstämme einfach quer über die Fahrbahn, ohne sie in den Brückenträgern festzuklemmen, was wir ohnehin gar nicht konnten. Zum Glück kontrollierte der Offizier die Ausführung seines Befehls nicht.

Inzwischen kam auch der nach Zingst geschickte Feldwebel zurück, und an die Soldaten erging der Befehl, sofort alle Waffen und Munition zu verladen, während wir beide je einen Karabiner mit fünf Schuß Munition erhielten; damit sollten wir die Brücke so lange verteidigen, bis der Volkssturm aus Zingst als Verstärkung eintraf. Die Motoren sprangen an, Minuten später standen wir allein neben der Brücke und holten erst einmal tief Luft.

Ums Hängen und Erschießen waren wir vorläufig herumgekommen. Dann warfen wir Waffen und Munition ins Wasser und wollten die Brücke einschwenken, doch da gab es keinen elektrischen Strom mehr! Also Handbetrieb, dafür aber fehlten die Seile. Sie lagen irgendwo versteckt. Hin zum Brückenwärter, doch der glaubte noch an das Märchen vom Volkssturm aus Zingst! Wir redeten ihm gut zu, so daß er uns schließlich das Versteck hinter dem Haus zeigte. Es gelang uns unter größter Mühe, die schweren Drahtseile aufzulegen, und dann ging es an die Winden. Mit äußerster Kraft schafften wir auch das. Die Brücke war kaum eingeschwenkt, als sich auch schon ein Strom von Flüchtlingen darüber ergoß. Der inzwischen hinzugekommene Sägewerkbesitzer Krebs half uns, zusammen mit kriegsgefangenen Franzosen, die bei ihm gearbeitet hatten, die letzten Sperren zu beseitigen.

Aufgeregt warteten wir dann auf das, was weiter geschehen würde. Kamen abgesprengte Truppenteile, so war es um uns geschehen, kamen aber Amis oder Russen, was dann? Da wir keine Verpflegung hatten, fuhr ich erst einmal nach Zingst, um Brot zu holen und wenigstens um Ablösung zu bitten. Es fand sich nur ein Mann bereit, später an die Brücke zu kommen. Viele waren in den Kasernen beim ›Organisieren‹, denn die Soldaten hatten sich in der Nacht abgesetzt. Ich fuhr also allein zurück.

Wir überlegten noch, was nun geschehen sollte, als ein Soldat der Roten Armee einsam über die Brücke geritten kam. Später folgten ihm andere, darunter ein Offizier in einem Kübelwagen. Niemand von ihnen ahnte, welch schrecklicher Kampf sich hier wenige Stunden früher hätte abspielen können.«

Während dieser kritischen Zeit hatte der Ortsgruppenleiter der Nazipartei beim Amtsvorsteher angerufen und gefragt, warum die Brücke nicht gesprengt würde, worauf er folgende Antwort erhielt: »Willst du die Verantwortung übernehmen, wenn die Russen, wütend über die gesprengte Brücke, von Bresewitz aus mit ihren Batterien Zingst in

Schutt und Asche legen? Ich sage dir, die Brücke wird nicht gesprengt! Als Amtsvorsteher untersteht mir die Polizeigewalt, und ich übergebe den Ort kampflos mit allen militärischen Anlagen!« Der Ortsgruppenleiter antwortete nur noch: »Dann zieh ich die Konsequenzen!«

Andreas Schmidt ging zum letzten Mal aufs Amt und erledigte die restlichen Geschäfte. Eine Abordnung aus dem Barther Offiziersgefangenenlager erschien. Der Rangälteste, ein französischer Kapitän, verlangte die Übergabe, da er sich, bis die Rote Armee alles übernahm, als kommissarischer Ortskommandant betrachtete. Schmidt übergab ihm die Amtssiegel und die auf Heller und Pfennig abgerechnete Amtskasse, ein kurzes Protokoll wurde beigefügt, worauf er das Amt verließ.

Das waren die gefahrvollsten Kriegstage der Halbinsel Zingst vor einem mühsamen, aber friedlichen Neubeginn, der rund zwanzig Jahre später ungewöhnliche Erfolge zeigen sollte.

Grünes Grasland hinter den Deichen

Nach dem zweiten Weltkrieg wurden im Verlauf der Bodenreform die Sundische Wiese und Pramort neu besiedelt. Vieles hatte sich schon verändert, als Müggenburg, Sundische Wiese und Pramort 1953 endlich elektrisches Licht erhielten. Voll Eifer machten sich die Neubauern an das Bearbeiten des von Bomben verwüsteten Bodens. Es schien aber, als ob auch sie, wie viele ihrer Vorgänger, scheitern sollten. So taten sich die Müggenburger Bauern zu einer Genossenschaft zusammen, um vereint den widrigen Umständen besser trotzen zu können. Ihr schlossen sich 1960 auch die letzten Bauern aus der Sundischen Wiese an. Wieder sah es so aus, als ob sich alles gegen eine rentable Bewirtschaftung dieses Bodens verschworen hätte. Aber es waren nicht allein die Eigenart und die Struktur der Landschaft, die fast alle Mühe vergebens scheinen ließen, es gab auch subjektive Gründe.

Jedes Stück Erde erfordert eine seinen Besonderheiten gemäße Bearbeitung, wenn es Ertrag bringen soll. Es kam darauf an, die gegebenen Voraussetzungen systematisch zu untersuchen und die Ursachen der bisherigen Mißerfolge zu erkennen.

Nachdem es in der Vergangenheit viele Generationen vergeblich versucht hatten, fand man unter sozialistischen Produktionsverhältnissen endlich den richtigen Weg, um die Sundische Wiese und das weite Ödland an den Boddengewässern erfolgreich zu nutzen. Dies geschah mit der Gründung des Volkseigenen Gutes Zingst-Darß, eines Spezialbetriebs für industriemäßige Futterproduktion, dessen riesiger Wirtschaftshof am Rande des Ostseebades Zingst liegt und heute »VEG Färsenaufzucht Zingst« heißt. Der Betrieb wurde am 1. Januar 1964 als Abteilung des Volkseigenen Gutes Dudendorf gegründet und ein Jahr später selbständig. Der aus mehreren Gebäuden bestehende Wirtschaftshof beherbergte die lange Lagerhalle für Dünger, den Kompaktbau mit Werkstätten, die Saatgut- und Ersatzteillager sowie Hallen für Maschinen und Spezialtraktoren, das Heizhaus und das Verwaltungsgebäude, in dem über 40 Ledigenwohnräume vorhanden waren. Es wurde hier also eine Zentrale geschaffen, von der aus sich ein weites Gebiet bewirtschaften läßt.

In der Nähe des Wirtschaftshofes entstanden 1967 37 Wohnungen, teils in Zwei-Familien-Häusern, teils in Wohnblökken. 1968 waren weitere Wohnungsbauten für 100 Familien bezugsfertig, und 1973 verfügte das VEG insgesamt über 170 Neubauwohnungen. Der Ort Zingst ist bewußt als Wirtschafts- und Wohnzentrum gewählt worden.

Die Fruchtbarkeit dieser zum Teil aus angeschwemmten Seesand bestehenden Landschaftsform, die sich von Kukshürn und Pramort im äußersten Ostwinkel über Sundische Wiese, Freesenbruch und Schwinkelsmoor im Westen bis zum Bliesenrader Moor, Undegen- und Rosenspeck und weiter am Saaler Bodden entlang erstreckt und auch die Ribnitzer Stadtwiesen im Süden einschließt, ist einzig und allein abhängig von einer einwandfreien Ent- und Bewässerung, der richtigen Düngung und einer alle diese Maßnahmen erst ermöglichenden und sichernden Eindeichung.

Bereits Ende des vorigen Jahrhunderts wurde dies erkannt, und man begann auch bald mit der streckenweisen Eindeichung des Gebiets. Ein enges Grabensystem, besonders in der Sundischen Wiese, sorgte für die Entwässerung, und Schöpfwerke beförderten das sich sammelnde Wasser über den Deich. Eine Fläche von gut 1200 ha, die von Pramort bis Zingst reichte, konnte somit genutzt werden. Eine feste Straße führte mitten hindurch und ermöglichte die Erschließung der anliegenden Ländereien und Waldungen. Alles zusammen erforderte hohe Investitionen, die in die Millionen gingen. Wir haben in den voraufgegangenen Kapiteln gesehen, daß besonders das Gebiet Sundische Wiese jahrzehntelang von einer Hand in die andere gegangen ist. Die Folge war eine Vernachlässigung der notwendigen Bearbeitung des noch recht jungfräulichen Bodens. Gleichzeitig hatte es sich aber auch erwiesen, daß fleißige und kluge Landwirte stellenweise eine überdurchschnittliche pflanzliche und tierische Produktion erwirtschaften konnten; ihre Frühkartoffeln und Jungrinder waren ihrer Güte wegen bis weit über den Darß hinaus bekannt.

Eine fast völlige Verödung begann, als der gesamte Osten der Halbinsel Zingst entvölkert und zum Bombenabwurfgebiet der faschistischen Luftwaffe erklärt worden war. Es bedarf keiner ungewöhnlichen Vorstellungskraft, um zu erkennen, welches Erbe die Neubauern nach der Bodenreform in diesem Gebiet angetreten hatten.

Doch nicht nur im Osten war der Boden unfruchtbar geworden. Auch um das Schwinkelsmoor, wo der »Reichsjägermeister« des »Dritten Reiches« allein für sich und seine Freunde ein Wisentgehege angelegt hatte, versteppte der einst von den Bewohnern der anliegenden Dörfer genutzte Boden immer mehr.

Ein paar Jahre nach der Bodenreform hatten sich in Müggenburg, Zingst, Prerow und Wieck landwirtschaftliche Genossenschaften gebildet, die zusammen mit Weidegenossenschaften des Festlandes und einigen Kleinbetrieben das Land recht und schlecht bebauten und mehr oder weniger gut nutzten. Hinzu kamen eine geringe Grünfläche im Deichvorland und besonders die 400 ha umfassende Insel Großer Kirr.

Wie bereits erwähnt, war das angetretene Erbe nicht sehr ermutigend gewesen. Trotz staatlicher Hilfe kamen die Genossenschaften denn auch nicht über die inneren Schwierigkeiten und überholten Wirtschaftsformen hinweg. Von Müggenburg wurden im Freesenbruch 130 ha überhaupt nicht und 600 ha auf dem Großen Kirr und ostwärts von Sundische Wiese nur mit geringstem Aufwand genutzt. Die Weidegenossenschaften vom Festland kümmerten sich zwar um den Viehauftrieb, nicht aber um die Erhaltung der Meliorationsanlagen und die Mehrung der Bodenfruchtbarkeit. Große Flächen blieben mehrere Jahre lang unbearbeitet. Da sich auch niemand so recht um die Vorfluter kümmerte, funktionierten die Meliorationsanlagen stellenweise überhaupt nicht mehr. Schilf, Seggen, Binsen und Unkraut wucherten und senkten die Leistungsfähigkeit des Bodens, der noch dazu jahrelang keinen künstlichen Dünger bekommen hatte. Solche Betriebe besaßen natürlich auch keine Anziehungskraft für die im Ort ansässigen Arbeitskräfte, so daß sich über hundert Einwohner, darunter viele junge Leute, Arbeit in den benachbarten Städten oder in Saisonbetrieben suchten.

So aber konnte es nicht weitergehen. Die verhältnismäßig günstigen natürlichen Voraussetzungen mußten für die Volkswirtschaft voll nutzbar gemacht werden. Durch eingehende Untersuchungen war von Fachleuten festgestellt worden, daß die Boden- und Meliorationsverhältnisse bei entsprechender Bewirtschaftung hohe Erträge zulassen würden. Da griff die Bezirksleitung der Sozialistischen Einheitspartei Deutschlands ein. In Auswertung der Beschlüsse des VI. Parteitages, auch in der Landwirtschaft industriemäßige Produktionsmethoden schrittweise einzuführen, wurde vom Rat des Bezirkes Rostock, unterstützt von der Akademie der Landwirtschaftswissenschaften, das Volkseigene Gut Zingst als erster Spezialbetrieb für industriemäßige Futterherstellung gegründet. Im Jahre 1967 war es bereits das größte Objekt dieser Art in Europa.

Der neue Spezialbetrieb umfaßte am Anfang 2000 ha landwirtschaftliche Nutzfläche und erstreckte sich über 28 Kilometer von Ost nach West. Sie bestand neben minderwertigen Weiden, Wiesen und Feldern zum überwiegenden Teil aus Ödland, mit dessen Kultivierung sofort begonnen wurde. Im Jahre 1967 wurden bereits 3000 ha bearbeitet, nachdem sich im August 1966 die LPG von Wieck und im Januar 1967 die LPG von Prerow mit dem VEG zusammengeschlossen hatten. Im Frühjahr 1968 folgte die LPG »Fischland« in Dändorf diesem Beispiel, drei Jahre später auch die LPG in Wustrow und Ahrenshoop. Im Jahre 1973 umfaßte das VEG 6600 ha Nutzfläche, wovon bereits 5500 ha intensiv bewirtschaftet wurden. Das Gebiet erstreckte sich auf einer Länge von 90 Kilometern. Außerdem wurden Weideflächen für rund 1000 Jungrinder auf der Insel Hiddensee in Nutzung genommen. 1974 traf man weitere Vorbereitungen, um große Flächen entlang der Küste über Klockenhagen bis Graal-Müritz für die Grasernte und als Weideland nutzbar zu machen.

Direktor dieses Volksgutes war jahrelang der Diplomlandwirt Herbert Malzahn. Er hatte bereits umfangreiche Erfahrungen bei der Grünlandbearbeitung sammeln können und lange der landwirtschaftlichen Produktionsgenossenschaft in Müggenburg als Pate zur Seite gestanden, mußte damals allerdings feststellen, daß seine Ideen bei den zerstrittenen Mitgliedern keine rechte Unterstützung fanden. Er folgte

darauf einem Ruf der benachbarten Prerower und unterstützte sie erfolgreich bei der Kultivierung des Ödlandes. Diese Erfahrungen wurden zum Ausgangspunkt für den Aufbau des Spezialbetriebes, dessen Aufgabe es ist, große Mengen an Futter für andere Betriebe zu produzieren. Herbert Malzahn wurde zunächst von einer Handvoll tüchtiger Traktoristen, erfahrener Landarbeiter und Bauern unterstützt, die mit Elan den von der Sozialistischen Einheitspartei Deutschlands gegebenen Auftrag in Angriff nahmen und sich durch keine Widrigkeiten abschrecken ließen. Sie betraten im wahren Sinne des Wortes Neuland, denn bei der Lösung dieser Aufgaben gab es kein Vorbild, auf das man sich berufen konnte. Die Arbeit verlangte von jedem Phantasie und Einsatzfreude in höchstem Maße. Ohne Verzug gingen sie bei Wind und Wetter und ohne Rücksicht auf die Tageszeit an die Eroberung der »Taiga«. Es begann ein zäher Kampf in rauhem Klima, in weglosem Gelände, gegen Voreingenommenheit und mit einem über weite Flächen völlig zerstörten Boden voll oft tiefer Bombentrichter; es sollen 14 000 Löcher gewesen sein; viele davon mußten mit 20 bis 30 Kipperladungen Sand und Boden gefüllt werden. Aber es fanden sich bald ortsansässige Genossenschaftsbauern, die erkannten, daß eine so gründliche Arbeitsweise, in großzügiger Weise vom Staat unterstützt, Erfolg bringen müßte. Es dauerte nicht lange, da boten auch sie ihre Mitarbeit an.

Das erste Ziel war die Wiederherstellung und Steigerung der Bodenfruchtbarkeit. Das setzte voraus, daß das vorhandene Land kultiviert wurde, die Meliorationsanlagen mußten neu angelegt werden, und es mußten Maßnahmen zur Anreicherung des Bodens mit mineralischen Pflanzennährstoffen und Humus getroffen werden.

Ackerkulturen hatten in diesem Gebiet bisher nur niedrigste Erträge gebracht. Die Untersuchungen ergaben, daß der Wasserreichtum des Bodens nur im Futteranbau Höchsterträge ermöglichen würde, und so konzentrierte man sich auf eine Kleegrasproduktion, die industriemäßig mit vollmechanisiertem Maschinensystem durch Spezialisten zu betreiben war.

Die Wasserregulierung des Bodens war in diesem Betrieb die erste Voraussetzung für alle weiteren Maßnahmen, galt es doch, die Grundlagen neuer großflächiger Meliorationssysteme bei gleichzeitiger Kultivierung der Flächen, ihrer Neuansaat und einer maximalen Silageproduktion zu schaffen. Die Meliorationsbrigade konnte wegen des günstigen Klimas im ersten Jahr auch im Winter fast täglich arbeiten. Eine ihrer ersten Aufgaben war der Anschluß des Schöpfwerkes Mittelhof in der Sundischen Wiese. Im Freesenbruch und im Gebiet der Hertesburg, das oft mehrmals im Jahr überschwemmt wurde, zogen die Meliorationsfachleute kilometerlange Deiche, bauten zwei Schöpfwerke und legten Vorflut- und Binnengräben an. Nach harter Arbeit waren 500 ha ungenutzten Landes noch ertragfähig geworden. Bereis im gleichen Jahr konnte ausgezeichnetes Futter geerntet werden.

Das Roden und die Bearbeitung des Bodens – Umbrechen mit Spezialflügen, Planieren, Tellern, Fräsen, Kalken und Düngen – konnte, mit kurzen Pausen bei einzelnen Arbeitsgängen im Januar und Februar, ununterbrochen betrieben werden, wobei die Düngung zum Teil aus dem Flugzeug erfolgte. Zur Aussaat kamen vier der Qualität des Bodens angepaßte verschiedene Kleegrasgemische, nicht zuletzt, um die Erntezeiten zu staffeln. Die Erwartungen hinsichtlich der Ertragssteigerung wurden gleich im ersten Erntejahr weit übertroffen, und in den nächsten Jahren gab es eine weitere Steigerung. Nach einer mehrmaligen Kleegrasnutzung wurde eine starke Anreicherung des Bodens mit aktivem Humus und somit eine verläßliche Bodenfruchtbarkeit erreicht, so daß zum Reinanbau hochleistungsfähiger Gräser bei hoher Stickstoffdüngung übergegangen werden konnte. Der Vegetationsrhythmus verlangt genau eingespielte Brigaden, die die weiten Flächen vom Mai bis November abernten.

Für die Herausbildung dieser Spezialisten ist die Vertiefung der beruflichen Kenntnisse von besonderer Wichtigkeit. So manche Stunde der Freizeit mußte also für das theoretische Studium weiterhin genutzt werden.

Die Mitglieder der Erntebrigaden bildeten sich zusätzlich als Hilfsschlosser aus, damit sie in arbeitsschwachen Monaten in den Werkstätten helfen können. Ihnen standen genügend Traktoren und Raupenschlepper bis 100 PS zur Verfügung; von Anfang an setzte man vor allem starke Arbeitsmaschinen ein.

Die Konservierung des geernteten Futters wurde noch im Jahre 1966 zum großen Teil als Silage in Flachsilos vorgenommen. Im Jahr 1965 waren etwa 300 000 dt Grünfutter geerntet und siliert worden. 1966 hatte das Volkseigene Gut Zingst die halbe Million um 70 000 dt Kleegras und Gras überschritten, 1967 war bereits eine Million Dezitonnen erreicht worden. 1968 wurden zwei Millionen Dezitonnen Grünfutter industriell geerntet und zu hochwertigem Viehfutter verarbeitet.

Ein Teil der Futterernte wurde 1966 schon in kleinen fahrbaren Grünfutterheißlufttrockenwerken zu Kraftfutter getrocknet. Das restliche Futter wurde weiterhin siliert, um die Leistungsfähigkeit des Bodens und der Erntebrigaden voll auszuschöpfen. 1968 wurde ein stationäres Grünfutterheißlufttrockenwerk in Betrieb genommen. Es war das größte dieser Art in Mitteleuropa und stand als weithin sichtbares Wahrzeichen der technischen Revolution in der Landschaft zwischen Sundische Wiese und Pramort. Die beiden Trockenwerke des VEG Zingst-Darß-Fischland produzierten 1969 in einer Ernteperiode 16 000 Tonnen hochwertige Grüngutpellets und Grünmehl. 1973 wurden vom Trockenwerk in der Sundischen Wiese mehr als 19 000 Tonnen Trockenpellets hergestellt. Da nun so viel Futter ohne große Investitionen für Stallbauten und weitere Ansiedlung von landwirtschaftlichen Spezialisten nicht im eigenen Betrieb verwertet werden kann, wird es dem Staat und Kooperationsbetrieben zur Verfügung gestellt. So kann bei in Not geratenen Betrieben durch Futterlieferung ein Produktionsausfall verhindert werden.

Am 29. Januar 1966 wurden die ersten Kooperationsverträge mit den Inlandsgenossenschaften in Semlow und Trinwillershagen abgeschlossen. Zingst zog 1968 bei höchster Intensität über 2 000 angekaufte Kälber auf und verkaufte diese Tiere im Alter von 27 bis 28 Monaten als hochtragende Sterken. Das Jungvieh weidete in Zingst von Mai bis September vorwiegend auf dem Salzgrünland außerhalb der Deiche und auf dem Großen Kirr – auf Gebieten, die infolge öfteren Überflutens parasitenfrei und wegen ihrer vorteilhaften Auswirkungen auf Gesundheit und Froh-

wüchsigkeit der Rinder bekannt sind. Basis einer industrie-
mäßigen Jungrinderproduktion ist eine überwiegend hoch-
intensive Grasproduktion, die beim VEG Zingst-Darß-
Fischland absolut vorhanden ist. Im Sommer 1972 wurden
zum Beispiel 2 930 000 dt produziert, die zu Anwelksilage,
Grünmehlpellets und Grünfutter verarbeitet werden konnten. Neben dem Verkauf an den Staat und einer zurückge-
haltenen Bezirksreserve wurden weitere Mengen gegen
Kraftfutter getauscht, wodurch – zusammen mit dem eigenen Futter – eine vollwertige Ernährungsgrundlage aus eigenem Aufkommen gesichert war.
Damit war die Garantie für eine industriemäßige Rinder-
zucht voll gegeben. So errichteten eigene Baubrigaden moderne Rinderaufzuchtanlagen in Zingst-Müggenburg, Born
und Dierhagen. 1974 betrug der jährliche Absatz bereits
7 000 Färsen.
Um einen durchlaufenden Betrieb zu sichern, schloß das
VEG mit Tbk- und brucellosefreien landwirtschaftlichen
Produktionsgenossenschaften unbefristete Kooperationsverträge ab, so daß sämtliche gesunden weiblichen Kälber
dem VEG überlassen werden. Dafür versorgte das VEG
den Vertragspartner mit dem gewünschten Bedarf an Färsen, damit dessen Rinderbestand wieder hergestellt werden
konnte.
Alles dies entstand in einem Staat, der noch keine zwei
Jahrzehnte alt war, und es ist das Werk von Frauen und
Männern, die die ihnen aufgetragene Aufgabe zu ihrer ur-
eigenen Sache machten. Ob es die alten Bauernfamilien,
die Viehzüchter, die jugendlichen »Nordlandfahrer« waren,
die unter der energischen Leitung einer jungen Wissen-
schaftlerin gewissenhaft Kälber und Sterken betreuten,
oder die Beherrscher der Technik auf den sich durch die
Ödnis wühlenden Traktoren; die das lebensspendende
Wasser regulierenden Ingenieure, Bauern, Arbeiter, Briga-
diere und der Produktionsleiter – sie alle haben sich keinen Augenblick geschont und waren selbst im Hochsom-

mer zusammen mit ihrem Direktor lange vor Sonnenaufgang am Werk.

Stellen wir fest: Solange der Wind über den Darß weht, hatte in der Vergangenheit kein Staat Zeit und Geld aufgebracht, um den Vordarß durch einen Deich vor der verheerenden Überflutung zu schützen. Kein Ritter, Junker oder Gutsbesitzer hatte Wert auf die Bewirtschaftung des Bodens in der unwirtlichen Gegend zwischen Meer und Bodden gelegt. Niemand hatte sich um das weite Ödland von Pramort bis hinunter nach dem Fischland ernsthaft bemüht. Der Deutschen Demokratischen Republik blieb es überlassen, das Land wirksam zu schützen und zu kultivieren.

Über die Zingster

Auch in Zingst gab es Leute, die gut »vertellen« konnten. Zum Aufschreiben aber nahmen auch sie sich keine Zeit, »so etwas« erzählt man sich von Mund zu Mund und möglichst unter sich. Eine aber, sie hieß

Martha Müller-Grählert

wirkte über den heimatlichen Raum hinaus. Nachdem sie manche schöne Erzählung und empfindsame Gedichte veröffentlicht hatte, starb sie sehr arm im Jahre 1939 und wurde in Zingst begraben. Sie und kein anderer, wie oft behauptet wurde, dichtete das von S. Krabich vertonte »Ostseelied«:

> Wo de Ostseewellen trecken an den Strand,
> Wo de geele Ginster bleuht in'n Dünensand,
> Wo de Möwen schriegen grell in't Stormgebrus,
> Da is mine Heimat, da bün ick to Hus.
>
> Well' und Wogenruschen wier min Weigenlied,
> Un de hogen Dünen seg'n min Kinnertied,

Seg'n uck mine Sehnsucht un min heit Begehr,
In de Welt tau fleigen öwer Land un Meer.

Woll hett mi dat Leben dit Verlangen stillt,
Hett mi allens geben, wat min Hart erfüllt,
Allens is verswunden, wat mi quäl un drew,
Heww nu Freden funden – doch de Sehnsucht blew.

Sehnsucht nah dat lütte, stille Inselland,
Wo de Wellen trecken an den witten Strand,
Wo de Möwen schriegen grell in't Stormgebrus –
Denn da is min Heimat, da bün ick to Hus.

Dieses noch heute gern gesungene Lied wurde fälschlich
als Nordseewellenlied hoch- und plattdeutsch während der
Nazizeit angepriesen und interpretiert, die Dichterin aber
wurde vergessen. »Sie starb, fast erblindet, völlig verarmt,
obwohl Druck und Verbreitung ihres Liedes noch zu ihren
Lebzeiten den Verlegern, dem Rundfunk und einer Schall-
plattenfirma Gewinne einbrachten, sie selbst hatte keinen
Teil mehr daran.« So schreibt Rudolf Gertz. Martha Müller-

Grählert fand in der Nähe des Glockenstuhles auf dem Zingster Friedhof ihre letzte Ruhestätte. Auf dem Stein steht ihr bekanntes Wort: »Hier bün ick to Hus.«

Ein Wort über Einsamkeit

Als wir im äußersten Ostwinkel des Zingst waren und das Wort vom Ende der Welt fiel, bemerkte der alte Pramorter Andreas Schmidt: »Ich bin doch hier nicht einsam. Kommt mir jemand auf unseren Wegen entgegen, so bietet er mir einen guten Tag, geht mir aber jemand in der Stadt vorbei, sagt er weder weiß noch schwarz, kein Wort! Nein, hier fühl ich mich nicht einsam, in der Stadt, da bin ich einsam!«

Von allem viel!

Der damals noch blutjunge Meliorationsingenieur Max Klitzing, der 1960 aus dem Oderbruch nach Zingst kam, erzählte Journalisten: »Junge, Junge, dachte ich, in was für eine Gegend bist du hier geraten? Alles war verwildert. Ich zweifelte, daß hier in Zingst jemals etwas Brauchbares herauskommen könnte. Aber bald merkte ich, daß es in dieser Gegend von allem viel gibt. Viel Arbeit, viel Essen, viel Wohlstand, viel Geld und viel Freude an dem, was geworden ist. Obwohl ich von alten Einwohnern gehört hatte, daß früher selbst die Bauern oft trockenes Brot mit Sirup essen mußten, weil die Armut hier wie die Pest herrschte, begriff ich bald, daß der Satz, mit dem ich von einigen empfangen wurde, ›Der Sozialismus auf dem Darß geht nicht‹, durch das Kollektiv des Volkseigenen Gutes widerlegt worden ist.«

Barth an der Barthe

Rote Dächer zwischen Wiesen, Weiden und Äckern, um-
spült vom Wasser des Boddens, flankiert von Hügeln im
Osten, so steht Barth an der Barthe schon fast 800 Jahr und
blickt mit seiner Kirchturmspitze über alle Boddengewässer
zum Zingst, zum Darß und zum Fischland hinüber.
Seine Geschichte beginnt mit der alten Burg, dort, wo die
Altstadt liegt; slawisch noch, doch schon mit Gericht und
Marktgerechtsame, war die Siedlung Mittelpunkt des Landes Barth. Dann kamen Ende des 12. Jahrhunderts die deutschen Siedler, steckten ohne Rücksicht auf slawischen Besitz ihre Straßenzüge ab und bauten die mittelalterliche
Stadt. Im Jahre 1325 zogen sie eine Mauer mit Türmen, Toren und Wiekhäusern aus Findlingen und Ziegeln. Bald
stand ein Schloß darin, und ein prächtiger gotischer Giebel-
bau war Sitz der Herren vom Rat. Beide Bauten stehen
nicht mehr, das herzogliche Schloß wich im 18. Jahrhundert
dem adeligen Fräuleinkloster, das Rathaus fiel 1871 unter
der Spitzhacke.
Im Schutz der Mauern lag auch die Badstüberstraße, wo zur
Ader gelassen wurde, Schröpfköpfe und Blutegel dem
Kranken helfen sollten und wo man sich, Männlein und
Weiblein, bei kräftigem Bier fröhlich im Zuber verlu-
stierte. Da waren die Fischer-, Papen- und Kleinschmied-
straße, auch die Hunnenstraße, in der sich ein fürstlicher
Hundezwinger befand und wo der Hunne oder Vogt
wohnte. Es gab eine Scharfrichterei; und als nicht mehr gerädert, gehenkt, gebrannt, gefoltert und geköpft wurde,
bauten die Barther an jener Stelle eine Mädchenschule und
stellten schmunzelnd fest: Erst war's eine Schinderkule,
jetzt ist es eine Kinderschule.
Im mittelalterlichen Schloß residierten gelegentlich Herzöge, die vor ihren räuberischen Vasallen nicht recht sicher
waren und gern den Schutz der Stadt in Anspruch nahmen.
Später trieben sie Steuern ein und schonten selbst die Ar-

men in den Kellerlöchern nicht. Einer war darunter, der jagte die Juden, wenn sie nicht Christen werden wollten, aus dem Land und schlug ihr Eigentum dem seinen zu. Seine verstorbene Frau klagte er des Ehebruchs an, um die Mitgift nicht herausgeben zu müssen. Selbst roh, treulos und vertragsbrüchig, schuf er sich im Domherrn Nikolaus Brune ein willfähriges Instrument; Brune ließ rücksichtslos die Pacht eintreiben, bis seine Leute von den gepeinigten Bauern »verbleut und blutig« geschlagen wurden. Geführt wurden die Bauern von Jürgen Steinkeller. Die Chronik erzählt wenig von ihm. Soviel aber ist sicher, daß Steinkeller ein mutiger Mann gewesen sein muß, da er es wagte, die Bauern zum Widerstand gegen Fürsten und Pfaffen aufzurufen und – zu handeln.

Brune und sein Fürst waren erbitterte Feinde der Reformation. Wie das Volk über sie und ihresgleichen in deutschen Landen dachte, zeigt mit ihren Holzschnitten auf vielen Seiten die berühmte plattdeutsche Barther Bibel. Da stürzen Papst und Kardinäle kopfüber in die Hölle, und Könige feiern Hochzeit mit des Seilers hanfener Tochter.

Wesentlich vorangetrieben wurde die Reformation in Barth durch Dr. Johannes Block. Er hielt hier als erster Pastor 1533 eine lutherische Predigt – unter freiem Himmel auf dem St.-Georgs-Friedhof, da ihm von den Priestern die Pfarrkirche verweigert wurde. Als er starb, vermachte er der jetzt wohl 4000 Bände umfassenden Kirchenbibliothek seine gesamten Bücher.

Feuersbrünste, hispanischer Pip, Pestilenz und andere ansteckende Krankheiten wüteten in der kleinen Stadt. Aber trotz aller Rückschläge führten die Bürger doch nützliche Neuerungen ein. So wurden Wasserleitungen gelegt. Auch das Schloß bekam von diesem so sehr begehrten Naß – Barth hat noch heute ausgesprochen gutes Trinkwasser – nur das ihm zugestandene Maß und nicht zuerst, sondern zuletzt. Außerdem mußte der Fürst dafür auf dem Markt eine Wasserkunst anlegen lassen.

Vom Geist der Renaissance beseelt, regierte von 1574 bis 1603 der Herzog Bogislaw XIII. statt in Wolgast in Barth. Auf ihn ist die Gründung der fürstlichen Druckerei zurückzuführen, die sich in der Hunnenstraße befunden haben soll. Noch heute sind 45 größere Druckwerke nachzuweisen, die in dieser Druckerei gesetzt und gedruckt wurden. Einige der Druckerzeugnisse befinden sich in der Barther Kirchenbibliothek, davon liegen ein paar der kostbaren Stücke in der südlichen Turmhalle unter Glas zur Ansicht aus. Neben einem wie gestochen wirkenden, Seite für Seite handgeschriebenen Priesterbrevier aus dem Jahre 1250 (!) – zusammen mit einigen Wiegendrucken wohl das wertvollste Exemplar der Sammlung – befinden sich in den Schaukästen mehrere Bibeln aus der Lutherzeit, darunter die schon erwähnte plattdeutsche Barther Bibel, die 1588 nach einem noch von Luther selbst korrigierten Exemplar im Quartformat in der fürstlichen Druckerei zu Barth gedruckt wurde, auf 1616 Seiten das Alte und das Neue Testament umfaßt und 100 zum Teil farbige Holzschnitte enthält.

Von dieser Druckerei heißt es in einer 1756 erschienenen Jubiläumsschrift: »Das Schwedisch-Pommersche Städtgen Bard oder Barth hat die Ehre, daß es schon in seinen Mauren bey nahe in dem ersten Jahrhundert nach Erfindung der gesegneten Buchdruckerkunst, eine Buchdruckerey gehabt, deren Druck, an schöner Einrichtung und ungemeiner Sauberkeit, vielen großen Städten in Deutschland noch iezt den Rang streitig machen würde, dem Hertzog Bogislaf dem 13ten zu dancken, welcher sie auf seine Kosten angeleget und unterhalten hat.«

Bogislaw XIII. förderte auch andere Zweige des Handwerks. Diese Periode wies aber auch große Schattenseiten auf. Noch lange hatten mittelalterliche Polizeigesetze, unterstützt durch Halseisen, Zuchtrute, Pranger und Gefängnis, »Ruhe und Ordnung« aufrechtzuerhalten. Ohne Zweifel gab es im 16. Jahrhundert auch besinnliche Zeiten, doch Hader und Streit der Mächtigen ließen nie lange auf sich warten. Und dann kam die schreckliche Zeit, in der Kaiserliche und Schweden dreißig lange Jahre gleich rücksichtslos die Bürger bis aufs Blut peinigten, so daß noch 50 Jahre nach Friedensschluß nicht mehr als knapp 200 Einwohner in Barth lebten.

Die Stadt mag sich etwas erholt gehabt haben, als 1710 der entthronte polnische König von Schwedens Gnaden, Stanislaus Leszczynski, mit Hofleuten, Bediensteten, Knechten, Pferden und Bagage sieben Monate das Gastrecht in Anspruch nahm. Danach soll Barth aber ziemlich ausgepowert gewesen sein. Beträchtlichen Schaden verursachte auch ein großer Brand. Das Schloß, von 1635 bis 1733 Eigentum Schwedens, wurde zum Fräuleinkloster für adelige Damen umgebaut.

Trotz aller Unbill blieben die Barther zäh, oft waren sie auch schlauer als ihre Peiniger, so daß sie immer noch etwas in der Hinterhand behielten. So entwickelte sich die Stadt stets weiter. Sie wurde sogar Anziehungspunkt für beachtenswerte Männer des Geisteslebens. Von 1756 bis 1764 – es war die Zeit als Preußen seine Schlesischen Kriege austrug – lebte in Barth der in Tribsees geborene Theologe Joh. Joachim Spalding, den eines Tages sogar der Schweizer Student und spätere Philosoph Lavater aufsuchte. Spalding war ein Prediger und Schriftsteller, der mit viel Menschenliebe für religiöse Aufklärung wirkte, bis er, nach Berlin berufen, 1788 durch das preußische Religionsedikt veranlaßt wurde, sein inzwischen angetretenes Amt als Oberkonsistorialrat niederzulegen. Ewald Jörn schreibt in der zur 700-Jahrfeier der Stadt Barth herausgegebenen Festschrift: »Auch als Sprachreiniger und Sprachschöpfer ist Spalding von Bedeutung. Schuf er doch unter anderem für das bis dahin ausschließlich gebrauchte lateinische Wort ›faktum‹ (gegenwärtig oft wieder gebraucht als ›Fakt ist‹) das treffende deutsche Wort ›Tatsache‹, das Lessing im ›Anti-Goeze‹ sogleich aufnahm.«

Allmählich hatten Handel, Schiffbau, und Bierbrauen manchen Bürger wohlhabend gemacht. Daneben gab es jedoch über tausend Stadtarme, die durch Almosen hingehalten wurden, damit sie nicht zur Gefahr wurden. Außerdem sorgte die schwedische Krone stets für ein genügend großes Militärkommando, damit jede Unruhe gleich im Keim erstickt werden konnte. Dennoch kam es 1784 zu einer spontanen Bewegung unter den Handwerksgesellen. Der Grund war zwar unwesentlich – er betraf die Verlegung ihrer Herberge –, aber es war deutlich geworden, in welchen Schrecken einfache Gesellen Behörden und Besitzbürger versetzen konnten, wenn sie sich zusammentaten. Elf Jahre später, als eine Hungersnot zu befürchten war, kam es sogar zu einem Aufstand. Dieses Mal waren auch Bürger beteiligt. Sie sperrten die Tore und verhinderten die Ausfuhr von Getreide. Militär stellte schließlich die sogenannte Ruhe wieder her.

Im Jahre 1799 waren einige Handwerksgesellen in den Fangelturm geworfen und somit gewöhnlichen Dieben gleichgesetzt worden. In bewundernswerter Einmütigkeit erklärten darauf die übrigen Barther Handwerksgesellen, daß sie allesamt die Stadt verlassen würden, wenn ihre Brüder nicht sofort die Freiheit erhielten, worauf sich der Rat gezwungen sah, den Freiheitsentzug in eine Geldstrafe umzuwandeln.

Die bald folgende »Franzosenzeit« brachte neue Unruhen. Wo die Barther nur konnten, sabotierten sie die Anordnung der Besatzungsmacht und waren bereit, gegen sie zu kämpfen, was sie auch durch die Tat bewiesen. Als nämlich in ihrer Stadt 1813 die Fußbatterie der Russisch-Deutschen-Legion aufgestellt wurde, traten ihr viele Bürger bei.

Preußisch geworden, erlebte Barth das Vier-Steuerklassen-System dieses Staates mit seinen peinlichen und schmerzlichen Pfändungen. Demokraten und wandernde Handwerksgesellen wurden beschnüffelt und überwacht, dennoch marschierten 1848 Straßenbauer unter einer roten Fahne durch das Lange Tor in die Stadt. Sie verlangten zwar nur, daß das Gewicht des Brotes bei gleichem Preis erhöht werden sollte, aber damit bekam auch Barth etwas vom Wind dieser Jahre zu spüren.

Inzwischen hatte sich, trotz des engen und flachen Fahrwassers, die Schiffahrt kräftig weiterentwickelt. Im Jahre 1815 besaß Barth bereits 65 Schiffe, 1877 stand es mit 172 Seeschiffen, 16 Küstenschiffen und einem Dampfer – die meisten Schiffe waren auf den vier Werften der Stadt gebaut worden – an der deutschen Ostseeküste an zweiter Stelle. Zwar mußten die größten Schiffe noch immer draußen im Gellen leichtern, doch immerhin war die Fahrrinne mit einem Handbagger schon auf eine Tiefe von drei Metern bei Mittelwasser gebracht worden; eine Steinmole schützte den Hafen vor dem Versanden.

Die ersten Dampfschiffe, darunter die »Fortuna«, wurden jubelnd begrüßt; man ahnte damals nicht, daß sie das Ende der Barther Schiffahrt einleiteten. Die wirtschaftliche Unsicherheit nahm mit der Zeit immer mehr zu, die Kredite schwammen davon, und die Werften stellten nach und nach ihre Arbeit ein, denn für den Bau von Eisenschiffen waren sie nicht geeignet. Immerhin hatten die Schiffszimmerleute in den Jahren der Hochkonjunktur die Gründung der Schiffszimmergesellen-Brüderschaft und eine Lohnforderung durchgesetzt.

Der Krieg 1870/71 aber war gewonnen worden, und auch die Barther Industriellen hatten ihren Anteil von den fünf Milliarden erhalten, die das besiegte Frankreich zahlen mußte. Die Eisengießerei und die Maschinenfabrik für Schiffsteile waren nun in der Lage, sich auf den Bau von Landmaschinen umzustellen. Als Pommersche Eisengießerei und Maschinenfabrik errichtete sie sogar Filialen in Stralsund und Stettin. Immer mehr Industriewerke entstanden, darunter die Piassavawaren- und Sackfabrik, die Zucker-, Möbel-, Fischkonserven-, Leder-, Bürsten- und Schokoladenfabrik, das Sägewerk, die Dampfmühle und die Jutespinnerei. Mit der Entwicklung der Industrie wuchs die Solidarität der

Arbeiter. Bereits vor der Jahrhundertwende kam es zur Bildung von Gewerksvereinen, bis 1904 der Allgemeine Deutsche Gewerkschaftsbund gegründet wurde; vorher war schon ein Arbeiterbildungsverein ins Leben gerufen worden. Bei den folgenden Wahlen fielen die meisten Stimmen auf die sozialdemokratischen Kandidaten. Auf Grund des Dreiklassenwahlrechts kam der linke Kandidat jedoch nie durch. Als es einmal auf einer Versammlung zu einer handfesten Auseinandersetzung gekommen war, da der konservative Redner die Sozialisten schwer beleidigt hatte, stellte sich die Mehrheit entschieden auf die Seite der Beleidigten. Fortan hieß die Stadt »das rote Barth«!

In den folgenden Jahren wurden auch hier die sozialen Gegensätze immer krasser; auf der einen Seite stand die kleine Schicht der wohlhabenden und immer reicher werdenden Bürger, auf der andern das größer und ärmer werdende Industrieproletariat. Die Erbitterung der Massen wuchs, aber auch der Snobismus der »besseren Kreise«; so wurden Gelder für ein Kaiser-Wilhelm-Denkmal großzügig bewilligt, während für ein Krankenhaus für die ärmere Bevölkerung kein Pfennig zur Verfügung stand.

Der Ausbruch des ersten Weltkrieges lenkte das öffentliche Interesse vorübergehend von den sozialen Problemen ab und lähmte das gesellschaftliche Leben. Nach dem Krieg rückte dann eine linke Mehrheit ins Stadtparlament ein. Eine Ortsgruppe der sozialdemokratischen Partei war schon um die Jahrhundertwende gegründet worden und besaß bis zum Verbot 1933 etwa 800 bis 1000 eingeschriebene Mitglieder.

Nach dem ersten Weltkrieg war mit rund 20 Mitgliedern eine Ortsgruppe der Kommunistischen Partei gegründet worden, die schließlich 1933 100 Mitglieder zählte. Im Kapp-Putsch sicherten beide Parteien noch gemeinsam ihre Stadt, doch zunehmende Uneinigkeit gab auch in Barth bald der Willkür der Herren der Fabriken und Güter immer mehr Raum. Sie buchten den ersten Weltkrieg ab und hofften

nun das ganz große Geschäft zu machen – doch dor har 'ne
Ul säten!

Im Jahre 1926 war Barth Kreisstadt geworden. In der Nazizeit hatte sich die Anzahl der Einwohner durch den Zuzug
von Rüstungsarbeitern verdoppelt, zugleich entstand damit
für die Machthaber ein Problem, dem sie, trotz schreckli-
chen Terrors, nicht gewachsen waren. Das rote Barth hatte
erstaunliche Verstärkung erhalten.

Im zweiten Weltkrieg wurde die Stadt zwar von Bomben
verschont, aber unter den Zwangsarbeitern, die auf dem
Flugplatzgelände im Teillager eines Konzentrationslagers
eingepfercht waren und für die Ernst-Heinckel-Werke unter entsetzlichen Bedingungen arbeiten mußten, wütete die
SS in diesen Jahren besonders schlimm, so daß viele umka-
men oder umgebracht wurden. Den Ermordeten zur Ehre,
allen andern zur Mahnung, erhebt sich auf einem Hügel neben der Stadt ein weit sichtbares Mahnmal.

Am 1. Mai 1945 war Barth von der faschistischen Herrschaft
befreit worden. Die Arbeiter der Industriewerke hatten in
letzter Minute die Zerstörung der Betriebe verhindern können und somit gute Voraussetzungen für einen besseren
Anfang geschaffen. Die Stadt begann unter humanen Bedingungen neu zu arbeiten, und Fischwaren, Tauwerk,
Landmaschinen, Möbel, Zucker- und Molkereiprodukte aus
Barth hatten bald wieder einen guten Ruf.

Der Arbeitsrhythmus dieser traditionsreichen Stadt am
Bodden wurde im wesentlichen bestimmt durch die volkseigenen Betriebe (Landmaschinenbau, Fischverarbeitung,
Schiffbau- und Reparaturwerft, Zuckerfabrik, Holzindu-
strie, Saatzucht), die landwirtschaftlichen Produktionsgenossenschaften und die Genossenschaften des Handwerks;
der Anteil der Frauen an der Zahl der Beschäftigten erhöhte sich in den letzten Jahren wesentlich.

Der volkseigene Landmaschinenbaubetrieb in Barth, der
sich aus einer unbedeutenden Eisengießerei entwickelt
hatte, lieferte in viele Länder landwirtschaftliche Maschi-

nen, darunter Düngerstreuer verschiedener Typen, Groß-flächentellerdüngerstreuer und Aufsattelgeräte.

Sein Vorgänger hatte eine für kapitalistische Verhältnisse nicht ungewöhnliche Entstehungsgeschichte, was folgender Bericht verdeutlicht:

»Ein Angehöriger des Betriebes, der Meister Sella, hatte in seiner Freizeit eine Maschine erfunden, den sogenannten Kunstdüngerstreuer. Franz Schlör hatte als weitschauender Kaufmann die Vorzüge dieser Maschine und die damit verbundenen Profit-Aussichten sofort erkannt. Der Erfinder wurde, zumal es einem einfachen Arbeiter nicht möglich war, die seinerzeitigen hohen Patentgebühren aufzubringen, mit einer geringen Summe abgefunden. Als sogenannter ›Schlörscher Düngerstreuer‹ wurde diese Maschine nunmehr vom Betrieb Barth gefertigt. Franz Schlör selbst ließ sich im Jahre 1884 für diese von ihm für billiges Geld von einem Arbeiter aufgekaufte Idee ein Deutsches Reichs-Patent und später eine Anzahl ausländischer Patente geben.«

Aus dem einstigen volkseigenen Landmaschinenbaubetrieb – mit 800 Beschäftigten der größte Betrieb der Stadt – wurde in der Folge einer nicht gewöhnlichen Umstellung 1970 der VEB Schiffsanlagenbau Barth. Er baut Ver- und Bearbeitungsmaschinen sowie Transportanlagen für Fischereifahrzeuge. Damit begann ein neuer Abschnitt in seiner Geschichte. Die Barther Maschinenbauer konnten diesen Schritt wagen, hatten sie doch in zwei Jahrzehnten ein so hohes Ergebnis erzielt, daß sie den Weltstand auf ihrem Gebiet mitbestimmten.

Im Jahre 1861 machte sich ein Barther Bürger mit zwei Arbeiterinnen an die Verarbeitung des angelandeten Fisches. Daraus entwickelte sich die Firma F.W.Krüger, später dann der volkseigene Fischverarbeitungsbetrieb Barth mit 160 bis 180 Betriebsangehörigen.

Denkt man an frühere Jahre, so gab es manche Bartherin, die sehnlichst wünschte, daß möglichst viel Fisch angelandet würde, damit sie wenigstens für ein paar Tage oder Wochen zu Krüger gehen konnte, um dort etwas Geld zu verdienen. Die Arbeit war schwer. Die Frauen und Mädchen mußten nicht nur Fische reinigen und verarbeiten, sondern auch Kisten ent- und beladen, dabei wogen diese nicht weniger als 90 kg. Dies geschah bei jedem Wetter und unter trostlosen sozialen und sanitären Bedingungen. Der Stundenlohn betrug noch nicht einmal 50 Pfennig, und die Frauen waren froh, wenn sie am Ende der Woche einen Bruttolohn von 23 Mark mit nach Hause nehmen konnten. War der größte Teil des Fanges verarbeitet, so wurden die meisten Arbeiterinnen schon bald wieder entlassen.

Als dieser Betrieb in Volkseigentum überging, begann ein entscheidender Abschnitt im Leben der Fischverarbeiterinnen. Neue Lagerhallen wurden gebaut, die Fließfertigung wurde vorherrschend und die Heizung von Brikett- auf Ölfeuerung umgestellt. Mit neuen sozialen und hygienischen Einrichtungen und mit entsprechender, vom Betrieb gestellter Bekleidung war die Arbeit menschenwürdiger geworden. Der Druck, nur für Kurzarbeit eingestellt zu werden, war von den Arbeiterinnen genommen worden, so daß auch sie nicht mehr von der Hand in den Mund zu leben brauchten, sondern planen und sich auch besser einrichten konnten. Es wurde ihnen außerdem die Möglichkeit gegeben, sich im Abendstudium von der ungelernten Arbeiterin über die Fischfacharbeiterin bis zur Ingenieurökonomin zu qualifizieren. Diese Chance wurde genutzt, das Ergebnis war, daß die Bartherinnen ihre Wirkungsstätte durch Qualitätserzeugnisse bis an die Spitze fischverarbeitender Betriebe entwickelten.

Eine andere wichtige Ernährungsquelle der Barther war lange der Schiffbau, doch gibt es heutzutage wohl kaum noch einen, der sich aus eigener Anschauung an die große Zeit der Schiffbauer erinnern kann, doch von denen, die sich genau an das Jahr 1953 erinnern, als 45 Barther dort wieder begannen, wo einst die stattlichen Segelschiffe auf

Kiel gelegt worden waren, gibt es noch manchen. Es begann aber keineswegs gleich mit der Kiellegung großer Pötte und bald danach mit festlichem Stapellauf, sondern ganz einfach mit dem Bau kleiner Paddelboote, auch mit Jollenkreuzern und Rettungsbooten, außerdem wurden Fischereifahrzeuge repariert. Das war ein sehr schlichter Anfang, doch es war wenigstens einer, und diese Tatenlust wurde belohnt. Die volkseigene Boots- und Reparaturwerft entwickelte sich schnell zu einem Betrieb, der bald über 170 Personen beschäftigte, Fischkutter baute, und als sich die Holzbootsbauer zu Stahlverarbeitern und Schweißern qualifiziert hatten, verarbeiteten die Schiffsbauer auch beste Stahlbleche sowjetischer Walzwerker zu anerkannt guten Fahrzeugen. Schubprähme mit einer Tragfähigkeit von 400 t, ein Vermessungsschiff und eine Arbeitsbarkasse hatten 1969 die Werft verlassen, und Reparaturen an Einzelfahrzeugen waren vermehrt durchgeführt worden. Inzwischen wurde die Werft dem VEB Schiffsanlagenbau angeschlossen.

Eine große Zahl der Urlauber, deren Ziel die viel besuchten Badeorte auf dem Zingst, dem Darß und dem Fischland sind, reist über Barth. So hat die Stadt mit einer großen Beanspruchung ihrer Verkehrseinrichtungen zu rechnen und ist deshalb besonders bestrebt, ihre Hafenanlagen voll auszunutzen. Neben dem Knotenbahnhof für Güterumschlag ist nämlich der Hafen wegen seiner günstigen Lage geeignet, einen großen Teil des Urlauberverkehrs sowie des Güterumschlages abzuwickeln und damit die Straße zum Darß mit ihrem Ballungspunkt an der Meiningenbrücke zu entlasten.

Um dem Erholungsbedürfnis der eigenen Bürger, zugleich aber auch dem der Sommergäste entgegenzukommen, wurde 1968 in Tannenheim mit dem Bau einer Raststätte begonnen, die 150 Plätze für Innenveranstaltungen und 100 Plätze für die Gartenwirtschaft bietet. Zur Verbesserung der Naherholungseinrichtungen wurde 1970 eine gründliche Umgestaltung der Badeanstalt vorgenommen.

Die Stadt nun mit ihren alten und neuen Einrichtungen hebt sich äußerlich von anderen Städten gleicher Größe wenig ab, doch ihre Geschichte verlief wesentlich anders als die der meisten ehemals mecklenburgischen und pommerschen Städte in ihrer Nachbarschaft. Sie war seit Beginn der Industrialisierung im vorigen Jahrhundert wiederholt Schauplatz erbitterter Klassenkämpfe und deshalb ja auch bald als »das rote Barth« bekannt. So stellten sich die Barther nicht zuletzt aus diesem Grunde die Aufgabe, im Stadthaus ein Museum einzurichten, in dem besonders der mit der Entwicklung der Stadt verbundenen Ereignisse aus der Geschichte der Arbeiterbewegung gedacht wird. Somit wäre auch hier ein Stück Geschichte festgehalten, das in der Vergangenheit nur zu gern übergangen worden ist.

Damit endet unsere Reise durch das Land zwischen Meer und Bodden. Wir begannen in der Rostocker Heide, hätten aber auch an der Barthe beginnen können – oder wo auch immer. Land und Leute, Meer, Bodden und Wälder sind – von welcher Seite und zu welcher Jahreszeit auch immer man sich ihnen nähert – voller Eigentümlichkeit und gleich reizvoll.

Inhalt

Vordarß und Darß

Zingst und Barth